物語ることと〈私〉
心理療法における物語の可能性

長谷川千紘

Narratives and Subjectivity:
A Study on the Story of Psychotherapy

Chihiro HASEGAWA

創元社

刊行によせて

　箱庭療法 (Sandplay Therapy) は、スイスの心理療法家カルフ氏によって創案され、河合隼雄 (本学会創設者) により1965年に日本に導入された。その非言語的な性質や適用範囲の広さ、そして日本で古くから親しまれてきた箱庭との親近性などから、心理療法の一技法として、以降広く国内でも発展を遂げてきたことは周知のことであろう。現在でも、心理相談、司法臨床、精神科・小児科等の医療、さらに学校・教育など、さまざまな領域での心理臨床活動において、広く施行されている。

　一般社団法人日本箱庭療法学会は、我が国唯一の箱庭療法学に関する学術団体として1987年7月に設立された。以来、箱庭療法学の基本的課題や原理に関して、面接事例およびその理論的考察などの発表を通して、会員の臨床活動および研究活動の相互発展を支援することを目的に活動を行ってきた。

　そして、本会学会誌『箱庭療法学研究』では、創刊10周年を機に、夢・描画などの、箱庭療法と共通するイメージへの深い関与が認められる研究も取り上げることとなった。今後ますます社会的な要請に応えていかなければならない心理臨床活動において、「イメージ」を根底から見据えていく研究は必須でありまた急務である。こうして本学会は、箱庭療法研究推進の中核的役割を担うとともに、広く心理療法の「イメージ」に関する研究推進を目指し、会員の研究、研修や活動支援を行う学術団体へと発展しつつある。

　このような経緯のなか、このたび、「木村晴子記念基金」から予算を拠出し『箱庭療法学モノグラフ』シリーズを刊行する運びと

なった。本シリーズは、箱庭をはじめとする、心理臨床における「イメージ」に関わる優れた研究を、世に問おうとするものである。

　故・木村晴子氏は、長年にわたり箱庭療法の実践と研究に取り組まれ、本学会においても理事や編集委員として大きな貢献をされてきたが、まことに残念なことながら、本会理事在任中の2010年にご逝去された。その後、箱庭療法を通じた深いご縁により、本学会が氏の特別縁故者として受けた財産分与金によって設立されたのが「木村晴子記念基金」である。

　氏は、生前より若手研究者の研究促進を真に願っておられた。本シリーズの刊行は、そうした氏の生前の願いを受ける形で企画されている。本シリーズが、箱庭療法学ならびに「イメージ」に関わる心理臨床研究の発展に寄与することを願ってやまない。

2014年10月
一般社団法人　日本箱庭療法学会

木村晴子記念基金について

　故・木村晴子氏は、長年にわたり箱庭療法の実践・研究に力を尽くされ、主著『箱庭療法——基礎的研究と実践』(1985，創元社)をはじめとする多くの業績を通し、箱庭療法の発展に大きな貢献をされました。また、氏は本学会の設立当初より会員(世話人)として活動され、その後も理事および編集委員として本学会の発展に多大な貢献をされました。2008年には、本学会への貢献、並びに箱庭療法学発展への功績を評され、学会賞を受賞されています。

　木村晴子記念基金は、上記のように箱庭療法に取り組まれ、本学会とも深い縁をもつ氏の特別縁故者として本学会が受けた財産分与金によって、2013年に設立されました。『箱庭療法学モノグラフ』シリーズと題した、博士論文に相当する学術論文の出版助成や、本会学会誌『箱庭療法学研究』に掲載される外国語論文の校閲費等として、箱庭療法学の発展を支援するために使途されています。

　なお、詳細につきましては、本学会ウェブサイト内「木村晴子記念基金」のページ(URL：http://www.sandplay.jp/memorial_fund.html)をご覧ください。

一般社団法人　日本箱庭療法学会

目　次

刊行によせて　i
木村晴子記念基金について　iii

はじめに　3

第1章　物語というパラダイムとその揺らぎ……………7
1. 方法としての「物語」の発見　7
2. 分析心理学における「物語」の展開　9
3. 心理療法と「物語る私」　15
4. 「物語」の揺らぎ　19
5. 「物語」を問い直す　26
6. 本書の構成　28

第2章　物語ることの実像……………30
大学生における「箱庭物語作り法」の検討

第1節　問題　30
1. はじめに　30
2. 箱庭療法と「物語ること」　31
3. 「物語ること」の実像を描く──本章の目的　34

第2節　方法　35
1. 調査対象　35
2. 手続き　35

第3節　箱庭制作過程からみた「物語」の検討　38
1. 物語の構造　38
2. 物語の生成過程　46

第4節　物語制作過程からみた「物語」の検討　59
　1．物語の構造　60
　2．物語の生成過程　63

第5節　イメージを物語る──本章のまとめ　84
　1．イメージと「物語る私」　84
　2．次章に向けて　85

第3章　心身症・身体疾患と物語ることの問題　86
甲状腺疾患における物語の検討

第1節　問題──甲状腺疾患における物語　87
　1．はじめに　87
　2．甲状腺疾患におけるこころの問題へのまなざし　87
　3．甲状腺疾患の心身医学的面接記録を読む　88
　4．身体化の心理療法──アレキシサイミアと病態水準　90
　5．甲状腺疾患における「物語ること」──本章の目的　93

第2節　方法　94
　1．二つの調査──半構造化面接とバウムテスト　94
　2．調査対象　95
　3．手続き　98

第3節　バウムテストにみる甲状腺疾患の心理構造　98
　1．バウムテストを用いた甲状腺疾患の研究　98
　2．調査対象　99
　3．手続き　100
　4．分析と結果の全体像　100
　5．各疾患群のバウムの形態的特徴の検討　110
　6．考察──バウムテストにみる甲状腺疾患の心理構造　129

第4節　甲状腺疾患患者の語りとその構造　139
　1．甲状腺疾患患者の語りとその構造　139

2．調査対象　139
　3．手続き　140
　4．分析と結果の全体像　140
　5．各クラスターの語りの類型的特徴の検討　142
　6．考察——語りにみる甲状腺疾患患者の心理構造　171

第5節　「物語ること」と主体　179
　1．語りにおける〈私〉という定点——近代主体と神経症　179
　2．語りにおける〈私〉の揺らぎ　181
　3．中世の物語にみる主体　184
　4．心理療法における課題　188
　5．次章に向けて　192

第4章　〈私〉と物語ることの問題：物語における〈私〉の現れ　193

「私がない」ことを訴える青年期女性の物語の検討

第1節　問題　194
第2節　事例の概要　194
第3節　事例のプロセスの検討　195

　[第Ⅰ期　整った物語]
　1．〈私〉の不在とリアリティなき語り　196
　2．他者の不在とループする語り　197

　[第Ⅱ期　整った物語の綻び]
　3．露わになるリアリティのなさ　199
　4．生きられない・死ねない　200
　5．他者の予感　201

　[第Ⅲ期　〈私〉を定めてほしい]
　6．枠組みを求める　203

> 第IV期　〈私〉がない

7. 空っぽな〈私〉　205

> 第V期　もがく

8. 怖くて動けない　207
9. 死の訪れ　207

> 第VI期　〈私〉に出会う

10. リフレクション　210

> 第VII期　〈私〉を見つめる

11. 目覚めと内省　212

> 第VIII期　現実を生きる

12. 〈私〉をかける　214
13. 立ち上がる〈私〉　214

その後　216

第4節　考察——主体のあり方からみた物語　216

1. 〈私〉をめぐる問い　216
2. 問いの始まり——思春期における自己像の揺らぎ　217
3. 〈私〉がない　218
4. 〈私〉なき物語　221
5. 物語れない　222
6. 反転——意思する〈私〉の現れ　222
7. 〈私〉の物語　224

終　章　〈私〉の物語としての心理療法　227

1. 「物語ること」と「物語れないこと」　227
2. 心理臨床場面における「物語」の類型　228
3. 「物語る私」と「物語」の位相　230
4. 「中空構造」に学ぶ　232

5. 〈私〉の物語としての心理療法　234

引用文献　236
人名索引　244
事項索引　246
初出一覧　249
謝　辞　250

物語ることと〈私〉
心理療法における物語の可能性

はじめに

　私の一生は、無意識の自己実現の物語である。無意識の中にあるものはすべて、外界へ向かって現われることを欲しており、人格もまた、その無意識的状況から発達し、自らを全体として体験することを望んでいる。私は、私自身の中のこの成長過程を跡づけるのに科学の用語をもってすることはできない。というのは、私は自分自身を科学的な問題として知ることができないからである。

『ユング自伝——思い出・夢・思想』(Jung, 1963)

　深層心理学の礎を築いた一人、ユング (Jung, C. G.) は、晩年に著した『自伝』において自らの生涯をこのように語り始める。こころという内的な営みは、客観性に基づく自然科学からアプローチすることは難しい。それはただ、物語ることによってのみ可能となるのだ。

　ユングは、心理療法のプロセスに物語が作用していることを発見し、神話や昔話の研究を通してこころの深みに至る思索を深めていく。「内的な見地からすると我々はいったい何であり、人はその本質的な性質において何のように思われるかを我々は神話を通してのみ語ることができる」(Jung, 1963)——こころの動きは、物語ることのなかに映し出され、また物語ることを通して実現される。これは、患者の、そして自らの内面を探求し続けてきたユングが見出した臨床的な真実なのだろう。

　人間のこころに働きかけるものとして物語の力を信頼する姿勢は、ユング

派分析家、河合隼雄にも受け継がれている。河合（2002a）は、事象の外側に立って対象を扱おうとする自然科学の知を唯一の真理のように取り違えることによって「多くの現代人はこの世との『関係』を切断され、根無し草のようになってしまった」と警鐘を鳴らす。こころという内面との関係もまた、我々から切り離されてしまったものの一つだろう。近代になってこころの病が出現した背景には、一端にこのような内面との関係喪失が推測される。これに対して、物語は〈私〉という主体を関わらせることによって、事物を「つなぐ」「関係づける」働きをもつという（河合, 2002a）。その出来事は他でもない私にとってどのような意味をもつのか、物語ることを通して〈私〉のこころの動きがそこに織り込まれていく。主と客、自と他、こころと身体、そして私と私の内面とがつながるために、物語は力を発揮するのである。

　このような考えを基礎に置く心理療法では、「物語ること」のなかにこころの様相を織り成し、また「物語られるもの」を通してこれを見通していこうとする。そして、クライエントとセラピストの間に呈示される夢・箱庭・語りといったイメージを物語のように受け止めていくのである。このような意味で、心理療法は、「物語」あるいは「物語ること」を一つのパラダイムとしている。

　けれども、こころの問題が多様化するなかで、どのようなこころの動きが映し出されているのか理解しがたい物語、あるいはこころの動きが織り込まれていないようにさえ思われる物語が見出されることになる。19世紀後半に神経症の治療から始まった心理療法は、自らの対象を広げるうちに、物語というパラダイムの通用しない症例群に直面するのである。それは、例えば境界例や心身症・身体疾患、解離性障害、発達障害、さらには特定の病理としては位置づけがたいけれども物語を生成することの難しい症例などである。

　物語に支えられてきた心理療法は、今、物語というパラダイムを超えていく現象に出会い、これに向き合うことを要請されている。このような事態に対して、心理療法はどのように応えることができるだろうか。──本書は、

このような問いに始まり、物語というアプローチによっては展開しがたいと思われてきた症例群を含めて、心理臨床場面に現れる物語の位相を捉え直そうと試みるものである。

　それは、心理臨床の道を歩み始めた筆者が、従来的な物語を前提とした見方では太刀打ちできない事例に出会っていく過程と重なるものであったかもしれない。本書には、その過程が第2章から第4章まで三つの調査研究・事例研究として収められている。

　第2章で検討されるのは、そもそも物語というのがどうしてこころの問題にアプローチする方法となりうるのかという素朴な疑問を出発点とする、「物語ること」の実像である。箱庭物語作り法を用いた調査実験を通して、イメージを物語る体験の諸相が描かれるとともに、「物語れない」「物語がない」と言及される体験もまた見出される。これが、後に心理臨床の現場で出会うことになる、物語ることに難しさを抱えた症例について深く考える契機となっていく。第3章では、アレキシサイミア (Sifneos, 1973) という概念から物語ることの難しさが指摘されてきた「心身症・身体疾患のスペクトラムにおける語り」について検討している。これは、筆者が甲状腺疾患専門病院で行われた心理調査に調査員として参加したことから触れることになった物語である。そして、第4章では「私がない」ことを訴えて、他の誰でもない自分のこころの様相について物語ることができなかった自験例を扱っている。

　本書の内容を先取りすれば、第3章・第4章で検討される臨床群においては、物語る主体としての〈私〉が定点となっておらず、ただ物語るに任せるのみではこころのリアリティに触れていけないという実像が浮き彫りになる。そして、このような症例を考える糸口として、本書では、「物語る私」と「物語」の関係に着目する。物語というパラダイムの枠外に置かれてきた症例についても、「物語」のなかに「物語る私」の姿を見いだすことによって、心理療法によりアプローチすることができるのではないか──。その際、河合隼雄による日本神話や昔話、中世の王朝物語の分析が大きな示唆を与えて

くれることになる。これらの物語を研究する意義について、河合 (2002a) は、「近代ヨーロッパにおいて確立された意識とは異なる意識によって物語られる内容から、われわれが現代に生きる、つまり、現代人として物語をつくり出す上において、示唆を得られるのではないか」と述べている。日本の前近代の物語とそこに見られる日本的な主体のあり方は、神経症を生み出す近代的な主体とは異なる〈私〉によって織り成される物語について、多くのことを教えてくれるだろう。このようなプロセスを通して、心理臨床場面における物語の可能性について探求していくことにしたい。

第1章
物語というパラダイムとその揺らぎ

　フロイト (Freud, S.) やユングに始まる深層心理学的心理療法は、「物語」あるいは「物語ること」を一つのパラダイムとしている。心理療法というと、クライエントがセラピストに対面して物語っている姿がごく自然に思い浮かべられるのではないだろうか。物語は心理療法のあり方と深く結びつくものであるが、そもそもどうして物語というのがこころの問題にアプローチする枠組みとなりうるのだろうか。そして、どうして現在その枠組みの通用しない事例が増えつつあるというのだろうか。

　本章では、まず物語が心理療法のパラダイムとして展開していった過程と、その後、こころの問題が多様化するなかで、それが岐路に立たされている現状を概観する。それによって、物語というパラダイムを超えていく症例群に対して、心理療法がいかに応えることができるのかについて考える糸口を得たい。

1. 方法としての「物語」の発見

　心理療法の遠祖は古代シャーマニズムにまで遡るが、近代の心理療法は19世紀末のフロイトによる神経症患者の治療によって歩み始める (Ellenberger, 1970)。なかでもその第一歩とされるのは、ウィーンの開業医・ブロイアー

(Breuer, J.) に報告されるアンナ・O嬢の症例だろう。フロイトの『ヒステリー研究』(Freud, 1895) に所収されるこの症例は、理論や技法が確立される以前の心理療法例であり、手探りで治療の進められる様子がうかがわれる。しかし、そうであるがゆえに、そこには後に発展していく心理療法のエッセンスが凝縮されているように思われる。よく知られたエピソードであるが、以下に要約して紹介したい。

「症例：アンナ・O嬢」(Freud, 1895)
アンナ・O嬢は、最愛の父が重篤な病を得た21歳頃から、激しい咳・頭痛・筋肉の不全麻痺といった多彩な身体症状に苦しむようになる。治療にあたったブロイアーはまもなくこれを「重篤な心の病的変質」と確信する。というのも、彼女は頻回に意識障害を起こし、その間に「ファンタジー」を形成していたことが分かったのである。それはやがて悲しくも美しい「物語」として語られ始める。そして、このように内的なファンタジーを物語ると、彼女は束の間の心理的安定を取り戻すことができたという。

父の死を経ると、物語の詩的装飾は削がれ、症状に結びつく出来事がもっと切迫して語られるようになる。症状をめぐる内的体験がリアリティをもって物語られると、驚くべきことにその症状は消失したのである。この発見は効果的なものとして治療に取り入れられ、約2年にわたって次々に呈せられた症状は物語られることで一つずつ消失し、彼女はすっかり治癒に至ったのである。

この治療過程は、物語ることの意義を実感していたアンナ・O嬢本人によって「お話し療法」と呼ばれていた。本症例をふまえて、フロイトはヒステリー治療の心的機制を次のように考察している。「誘因となる事実の回想を完全な明白さで呼び起こして、それによって、これに随伴していた感動を呼び覚ますことに成功し、しかる後に、患者が自らその事実をできるだけ詳細に描写して感動に言葉を与えれば、個々のヒステリー症状はたちどころに

消滅し二度と起こるものではない」(Freud, 1895)。ここに言及されるのは、自らの体験を内面的に物語っていくことがヒステリー治療の中核となるという指摘だろう。諸症状は物語ることで心理的な体験として統合され、それによってアンナ・O嬢は神経症状態を脱していったのだと考えられる。

　ここではフロイトのヒステリー論の詳細に立ち入ることは控え、こころの苦難に取り組む術として物語ることの有効性が見出された点に注目したい。心理療法は、投薬や手術といった近代医学の手法とは異なり、物語ることを主要な方法としたのである。この後、様々な学派が起こって心理療法の技法はいっそう精緻かつ多様なものとなるが、「クライエントがセラピストという相手を得て自らを内面的に物語る」という最初期の発見は、学派に左右されない心理療法の基本的なあり方として今なお貫かれている。

2. 分析心理学における「物語」の展開

　現在に連なる心理臨床の理論のなかで、ユングによる分析心理学は物語の力に最も信頼を置くものの一つだろう。分析心理学では、物語は単に面接手法というだけではなくて、こころをめぐる現象を見通すための理論的、実践的枠組みとして展開する。以下では、ユングの心理療法のあり方を参照し、そこで物語というのがどのように捉えられてきたのかを概観する。それによって、本書の依拠する物語の基本的な考え方を整理する緒としたい。

(1) ユングの心理療法とイメージ

　論文『臨床的心理療法の基本』において、ユングは心理療法を単純で一義的な方法と見なす姿勢を否定する。そうではなくて、心理療法とは「二人の人間の間の対話、もしくは対決」(CW16, §1) なのである。こころは無限の多様性を呈するものであり、苦悩する近代人に向き合うには、唯一の理論も型通りのやり方も定めることはできない。心理療法の本質は単なる知識や技法を排したところ、すなわち対決と表現されるようなクライエントとセラピス

トの関わり合いにこそある。心理療法の根底をなすこのような姿勢は、『転移の心理学』にも明瞭に表れている。ユングはクライエントとセラピストの転移関係を忌避しえぬものと考え、以下のように述べる。「医師は、患者のこころの苦しみを親身になって理解しようとすることによって、患者を苦しめている無意識内容に触れ、そのためその誘導効果にも曝される」(*CW*16, §364)。これは「無意識的な結合」(*CW*16, §364)と表現されるような深い治療関係であろう。セラピストがクライエントの苦悩に真に応えようとするとき、クライエントは意識的な理解を超えた次元においてセラピストのこころを巻き込まざるを得ないのだ。

　心理療法ではこのような深い二者の結びつきが生じるが、興味深いことに、ユングはこれを単純な二者関係とは捉えていない。「この避けられない心的感染によって両者は第三の変容を迫られ変容させられる」(*CW*16, §399)と言われるように、深い転移関係のうちにクライエントとセラピストの間に"第三のもの"が立ち現れ、この"第三のもの"に出会うことによって二人は認知や態度の改変といった以上の変容に導かれると考える。

　分析心理学に基づく心理療法は、このように二者の関係を超えた"第三のもの"を尊重する姿勢をもっている。そしてこれは、こころの活動であるファンタジーとして捉えられる。

　具体的には、クライエントとセラピストの間に示される夢、箱庭、描画、そして語りなどのイメージがこれに当たるだろう。「自分がこれらの空想を創ったと思い込むが、本当は空想の方が彼らの方に落ちかかってきたのである」(*CW*16, §13)とユングが言うように、イメージはそれ自身が自律性をもっている。夢は夢見手の意思などお構いなしに現れてくるし、箱庭を作っていると自分でも思わぬものが表現されたりする。イメージは二者の間に開示されると同時に、どちらからも独立した"第三のもの"なのである。この"第三のもの"によってこそ、心理療法は変容をもたらす器となりうるのだ。

(2) イメージを見通す「物語」

そして、このようなイメージを尊重し、これに接しようとするとき、「物語」というのが重要なパラダイムとして浮かび上がってくる。

再びユングに立ち戻ってみたい。ユングは、心理療法のなかに、神話と極めて類似したイメージが現れてくることに気づく。「心の構造 (The structure of the psyche)」に紹介される事例では、クライエントの夢や妄想が古い神話と驚くほど重なり合い、それがクライエント理解の転回点となっていく有様が示されている。このような事例から、個人の生育史などには還元できないより深い層を仮定した普遍的無意識という考えが生まれるのだが、同時に、ユングは「この一片の無意識は、どうやら神話的な表現をとることをこのむものらしい」($CW8, \S308$)と、こころの深層が物語を創造することを指摘している。そして、「回復の過程はこれらの力を自らの目的のために動員しているかのように見える。(中略) なぜなら神話的イメージはそのこころの深奥から生まれてきて、われわれの今日の理性が理解し難い言葉を語るが、この言葉はいわば人間の最も奥深いところをゆさぶるからである」($CW16, \S19$)として、内的な深みから物語が創造されること、またそのような物語に包まれることに、治癒の力を見出すのである。

こころの働きとしてのイメージが物語のような表現形態をとるという経験に基づいて、心理療法では、様々なイメージを、筋立てをもった物語構造から捉えようと試みる。ここでの「物語」は、自己展開するイメージの表現形態であり、またイメージを理解するための視点でもある。前者はイメージの物語的展開性、後者はイメージの物語的理解と言い換えることができるかもしれない。以下では、夢、箱庭、語りを取り上げて、これらのイメージに物語という枠組みがどのように作用しているのかについて見ていきたい。

▶夢

夢は無意識的な内容の現れとされ、夢分析は分析心理学における心理療法の中核を担う。ユングは、夢を「意志や願望、自我の意図や目標設定によら

ない特定の機能である」として、「夢は、(中略)自然現象である」との見方を示している (Jung, 1987)。ユングの考えに従えば、夢に対する姿勢としては「できる限り先入観にとらわれず、事の成り行きに任せるのが、おそらく最も正しい」のだけれども、「それにもかかわらず、解釈だけは述べねばならない」とも指摘される (Jung, 1987)。こころが何を訴えようとしているのかを理解するために、我々は夢イメージの意味を問わざるを得ない。これは生育史など外的なものを解釈に持ち込むということではなくて、「夢はそれ自体の解釈である」(CW11, §41) と言われるように、夢そのものを深めていくことなのである。

「夢解釈の方法論について」(Jung, 1987) と題されたセミナーで、ユングは夢を解釈する際に起承転結という物語構造に着目することを提案する。すなわち、「場所」「導入部」「転回点」「大詰め」の四段階から夢を把握して筋を読みとっていく。これは夢を理解する方法として示されたものだが、同時に「たいていの夢が、このドラマティックな構成を示す」と述べられるように、本来的に夢は物語的に展開するという考えがあるのだろう。このように、夢は物語のように展開すると見なされ、物語構造を足がかりに意味を読み解こうとするのである。

▶箱庭

箱庭療法は、内側が青く塗られた箱の中で砂やミニチュアを用いて様々な表現をしていく技法である。ローエンフェルト (Lowenfeld, M.) によって内的な「世界」を映し出す方法として子どもの心理療法に取り入れられたのを始まりに (Lowenfeld, 1939)、カルフ (Kalff, D. M.) において分析心理学の枠組みにおいて理論・実践ともに深められ、「砂遊び (Sandspiel)」として現在ユング派の心理療法で広く用いられている (Kalff, 1996)。カルフは箱庭をイメージと捉え、象徴解釈によって理解を深めようとしたことで知られている。象徴解釈と言うと理論重視のような印象を受けるけれども、実際には、「無意識の問題は箱庭のなかである一つのドラマのように演じられる。(中略) この表象

の遊戯は子どもの無意識の力動性に影響を与え、その心に大きな作用を及ぼすのである」(Kalff, 1996) と述べられるように、箱庭を作るうちにイメージが物語的に動き出し、そのイメージに入り込んで遊ぶという、体験的な要素が大切にされていたのである。

　日本にはカルフのもとで学んだ河合隼雄によって「箱庭療法」として紹介された。「言語を主体とせず、感性に訴えて治療を行う」ことから「日本人向き」と直感された通り、他国に比べても多様な現場で広く受け入れられている (河合, 1969)。解釈に対する河合の姿勢はカルフを尊重したものであるが、箱庭のなかでイメージが動き出す様子を「ものすごい怪獣が出てきたとか、物語的にしか言えない、だから箱庭表現そのものが物語的」(河合, 2002b) と表現しているように、イメージの物語的展開に着目する姿勢がより強いように思われる。これは現在、箱庭療法を用いるセラピストの基本姿勢となっている。織田 (2002) は、箱庭制作を見守る時には「作品がどのような物語、つまり神話を表現しているのか」に注目するとしているし、山中 (2002) は、連続する箱庭作品を見る時は「その主人公になったつもりで、周囲との関係性に目を配りながら、ストーリィを考えてみる」と述べている。箱庭療法の事例報告には、それ自体が一つの物語となっているように思われるものも多い。箱庭イメージもまた、物語的展開性と物語的理解の双方から捉えられる。

▶語り

　夢や箱庭に比べて、語りをイメージに位置づけるのは奇妙に感じられるかもしれない。一般に語りはもっと外的事実に関わるもの、あるいは出来事の客観的な描写と思われるのではないだろうか。けれども、クライエントの語りを聴いていると、他者から見たいわゆる外的事実とクライエントの語る内的事実にずれの見られることは意外に多いように思われる。これは、どちらが正しくてどちらが間違っているか、という次元で議論するものではないだろう。心理療法で語られる内容は、あくまでもクライエントにとっての現実なのである。

こころの現実を映し出した語りとして『ユング自伝──思い出・夢・思想』(Jung, 1963) が挙げられよう。ここに現れているのは、編者ヤッフェ (Jaffé, A.) に「彼の精神的な世界の雰囲気や、心というものが深遠な現実であった一人の人の体験を、伝えてくる」と述べられるように、夢、ヴィジョン、こころの思想といった内面的な事象に満ちた世界である。外的な出来事でさえ、内的な意味が映し出されたものとして読みとることが可能である。こうした『自伝』の執筆過程を、ユング本人はヤッフェの「はしがき」において次のように述べている。「私の著作は常に一種の運命的な出来事であった。書きすんでいる間に、何か予測し難いことがあり、私は何らかの前もって定められたコースを、自分自身に指示することができない。かくて、この『自伝』も、今や最初私が思っていたのとは大分異なった方向をたどりつつある」(Jung, 1963)。ここでの語りは、意思とか意図を超えた自律的な動きをもって自らを表現し始めており、夢や箱庭と同じく、こころの動きを内面的に物語っていくものとして機能している。

　これは必ずしもユングの語りに限定されることではない。心理療法においてクライエントの語りが当初の問題から思わぬ方向に変化していき、広がりや深みを増すというのはよくあることであろう。こうした現象に対して、河合 (2013) は、「心理療法における語りも、(中略) クライエントが語っているのではなくて、心理療法における第三のものであると考えられる。つまりクライエントが語っているように見えても、じつは語りが第三のものとしてクライエントを通して自ら物語るのである」と指摘する。このように考えると、語りもまた"第三のもの"としてのイメージと言えよう。そして、心理療法におけるイメージとしての語りを見通す方法として、土居 (1992) は、筋立てや起承転結をもった「ストーリ」や「劇」として把握する方法を提案している。夢や箱庭と同様に、物語の構造を捉えることで語りを理解する一助とするのである。

(3) 分析心理学における「物語」

ここまで、分析心理学において物語というのがどのように考えられ、用いられてきたのかについて概観した。改めて整理すると次の3点を指摘できるだろう。

ⅰ）心理療法ではクライエントとセラピストの間に生じる"第三のもの"としてのイメージを尊重する。
ⅱ）"第三のもの"は、夢・箱庭・語りといったイメージによって自らを物語ってゆく。あるいは、これらのイメージは物語のように展開する傾向（物語的展開性）をもつ。
ⅲ）夢・箱庭・語りなどのイメージは、筋立てをもった物語構造を一つの枠組みとして読み解かれていく。

ここには、物語が二つの方向をもっていることが示されていよう。すなわち、"実現すること"と"理解すること"である。ユングは、「現実とは一人一人の人間の魂のうちに働いているものに他ならない」（CW6, §54）、「魂は日々現実を創造する。私はこの活動を、ファンタジーという言葉でしか言い表すことができない」（CW6, §78）と述べている。イメージが物語として展開していくことは、その人にとって一つの現実の創造である。またそれは同時に、物語という枠組みを通して現実を把握することでもあるのだ。河合（1992）はこれを「リアライゼーション（realization）」という言葉で表現している。我々が生きる現実というのは、物語ることを通して実現され、また理解される。これはいわゆる客観的な事実とは異なるけれども、こころにとってのリアリティをもつのである。

3. 心理療法と「物語る私」

物語というのがこころにとっての現実を創造し、またそれを見通していく

パラダイムであることを確認した。心理療法の実際では、これは「物語ること」を通して成し遂げられるように思われる。続いて、物語ることがどのような特性をもち、それが心理療法とどのように関連しているのかについて検討していきたい。

(1)「物語」と「記述」
　ユングは、自らの軌跡を描き出そうとした『自伝』において、物語るという方法をとった理由を次のように述べている。「神話はより個人的なものであり、科学よりももっと的確に一生を語る。科学は平均的な概念をもって研究するものであり、個人の一生の主観的な多様性を正当に扱うにはあまりにも一般的すぎる」(Jung, 1963)。
　ここで、物語は科学の方法と対比されている。科学は「平均的な概念」にアプローチするには適しているけれども、「個人の一生の主観的な多様性」を扱うには物語ることをもってするほかない、というのがユングの見解である。さらに『自伝』の内容を加味するのであれば、夢やヴィジョンあるいは精神症状といった内的な事象に取り組むのであれば、なおさら物語ることによってしかなしえない、ということになろう。
　ユングと異なる形でありながら、彼と同時代に同様の視点から物語に高い価値を置いた一人として、ここで折口信夫を紹介したい。折口は、伝説研究の一つの成果として小説『身毒丸』を上梓し、その附言に次のような一節を残している。「わたしどもには、歴史と伝説との間に、さう鮮やかなくぎりをつけて考へることは出来ません。殊に現今の史家の史論の可能性と表現法とを疑うて居ます。史論の効果は当然具体的に現れて来なければならぬもので、小説か或は更に進んで劇の形を採らねばならぬと考へます」(折口, 1974)。坂部恵(2008)は、昨今の物語をめぐる問題に応えるものとして『かたり――物語の文法』を著すにあたり、上述した折口の附言を冒頭に取り上げている。坂部(2008)によると、折口の姿勢は、近代科学を背景にした「対象ないし客観の〈記述〉」に偏ったあり方を批判し、「いわば〈かたり〉として

端的にひとに訴えかけ、ひとのこころの形成にあずかる力（中略）をとりもどさせよう」とする試みとして理解される。『身毒丸』は、学術的成果を「小説」や「劇」の形態で表現することによって、実証を重んじる近代科学の方法論を超えようとする革新的な挑戦だったのである。近代科学は「ひと」を可能な限り排除する「記述」をもって客観性を追求したのに対して、「かたり」はむしろ「ひと」や「ひとのこころ」を巻き込むことにこそ積極的な意義を見出すのである。

　物語という方法を通してユングや折口が試みたのは、主観を排した「記述」では扱うことのできない、人間の内的活動としてのこころに光を当てることだったのではないだろうか。近年、種々の学問領域において「物語」がますます注目を集めている。例えば、近代科学に基礎づけられた医療現場でも実証診断中心のあり方から、患者の語りに耳を傾けることで患者の体験を大切にしようとする「ナラティブ・ベイスト・メディスン」が提唱されるに至っている（Greenhalgh & Hurwitz, 1998）。河合（2001）の言うように、「人間を対象として考える学問においては、物語ということを考えざるを得ない」ということになろう。こうした潮流は、近代科学の方法論に対する新たな知の枠組みとして、物語あるいは物語ることの価値を見直そうとする動きと言えよう。

(2)「物語ること」と主体、内面

　物語ることは人間の、そしてその内的活動としてのこころにアプローチする方法となる。とすれば、クライエントが自らの内面を見つめる心理療法において、昨今の流行に先駆けて、物語という方法が発見されたのは当然の成り行きであったかもしれない。そして、物語がこころに働きかける力をもつのは、そこに〈私〉という物語る人の主体が関わってくるからではないかと思われる。

　物語を哲学的に考察した坂部（2008）は、「かたり」と「はなし」の比較から、物語の特質として、①「すじ」をもち、起承転結の構造を備えていること、②「語る」が「騙る」に通じるように、反省的屈折の過程が存在すること、③

一回性の高い行為として、同じ話をかたるにしても必ずなんらかの新たな変容が加えられること、などを挙げている。そしてこれらに通底するのは「主体のあり方の問題」であるとする。また、科学哲学という視点から物語を論じた野家（2005）は、物語るという行為を「諸々の出来事を一定のコンテクストの中に再配置し、さらにそれらを時間系列に従って再配列する」ことと定義しているが、この文脈の背景にはやはり、「再配置」「再配列」する主体の働きがあると考えられる。

　分析心理学を基礎に物語の研究を進めた河合隼雄は、心理臨床との関連から、物語の本質を〈私〉の主体的行為にある、と捉えている（河合, 1992, 1993, 2001, 2002aなど）。物語ることは、事象と事象の間に〈私〉が筋を見出していくという意味で「私という人間が入っている」（河合, 1993）。そして、物語られたもの、すなわち物語というのは「それを語る語り手の主体的関与があって、はじめて成立する」（河合, 1992）のである。ここで強調したいのは、心理療法という場において物語を考えるのであれば、物語るという行為は単に知的な作業として事象を構成することを意味しない、という点である。物語の原初的形態として神話を捉える時、ユングはその成立過程について「嵐や、雷鳴や、雨や、雲が、形象として心にのこるのではない。感動によってひき起こされた空想が、心にのこる」（CW8, §331）と説明している。河合（1967）はこれを受けて、強いインパクトが引き起こされた時には、「外的な現象に対して、『なぜ?』と尋ね、それを合理的な知識体系へと組織化してゆくと同時に、その底においては、心の内部に流れる体験を基礎づけ、安定化させる努力、すなわち、神話を作り上げることが行われている」と述べている。つまり、物語ることは、〈私〉が自らの内面に触れ、それを内的にも外的にも〈私〉に統合していく過程となるのである。このような意味で、物語は〈私〉の内面に深く関わっている。

(3)「物語ること」と心理療法

　こころを対象とする心理療法においては、とりわけ物語る主体としての

〈私〉のあり方が重要になる。河合（2002a）は、「人間は自分の経験したことを、自分のものにする、あるいは自分の心に収めるには、その経験を自分の世界観や人生観のなかにうまく組み込む必要がある」として、これが物語ることを通して実現されることを述べている。心理療法に訪れるクライエントは、「自分の経験したことを、自分のものにする、あるいは自分の心に収める」ことができないからこそ苦しいのである。心理療法は、自分はなぜこうした症状に苦しんでいるのか、また症状は自分にとってどのような意味があるのか、クライエントという〈私〉が自らの内に問いかけ、物語ることを通してそれを自らに位置づけていく過程であると言えよう。このような意味で、心理療法は「来談された人が自分にふさわしい物語をつくりあげていくのを援助する仕事だ」（河合，2002a）と表現されるのである。

「クライエントがセラピストという相手を得て自らを内面的に物語る」という19世紀後半に見出された心理療法の基本的な方法は、物語ることを通して〈私〉という主体を関わらせていくものであり、またそれによって〈私〉が自らの内面を扱うことを可能にするものだと考えられるだろう。そしてこれはイメージの次元から物語ることによって、内的リアリティに深く結びつくものとなるのである。

4.「物語」の揺らぎ

19世紀末にこころの苦難に取り組む方法として物語ることの意義が発見されて以来、心理療法は物語を一つのパラダイムとして、クライエントが自らを内面的に物語るという方針を基礎に置いてきた。ところが、心理療法はやがて物語の通用しない症例に直面することになる。これは、ヒステリーに始まる神経症の分析から生み出された心理療法が20世紀半ばに境界例や心身症といった神経症水準とは異なる病態の疾患群に出会っていく過程であり、また1990年頃から現在にかけて解離性障害、発達障害、そして特定の病態を想定できないけれども内面を物語ることの難しいクライエントに次々

と出会っていく過程と重なっている。彼らとの出会いは、心理臨床における物語というパラダイムに大きな揺らぎをもたらすことになる。物語に突きつけられた問題について、まず病態水準論との関連から整理し、続いて現在まさに増加しつつある物語ることに困難を抱える症例群を取り上げて検討することにしたい。

（1）病態水準と「物語ること」の問題

　まず、病態水準を軸に、物語ることの問題を見ていく。病態水準は症状の背景にあるパーソナリティ構造のあり方から病理のレベルを捉える考え方で、神経症水準・境界例水準・精神病水準の三つのレベルが想定されている。カーンバーグ（Kernberg, O. F.）によって自我機能や防衛操作、対象関係のあり方に基づいて精緻化された（Kernberg, 1967, 1975）。神経症水準は自我の統合性が高く、抑圧を中心とした高次の防衛機制が用いられるのに対して、精神病水準は自我が脆弱で、原始的で低次の防衛機制が用いられる。境界例水準はこの間に位置づけられ、現実吟味能力は維持されているものの自我脆弱性を有し、分裂を中心とした低次の防衛機制が用いられるとされる。DSM-Ⅲの導入により記述的診断が広く用いられるようになったけれども、精神力動に基づく病態水準論の考え方は、症状ではなくクライエントその人をどう見立てるのかにおいて、今なお精神科診療や心理臨床の現場では有用な指標であり続けている。

　続いて、それぞれの病態水準と物語というパラダイムの関係を見ていきたい。

▶神経症水準と「物語」

　心理療法は神経症と出会うことによって始まり、その理論・技法を発展させてきた。物語によって内面にアプローチするというのは、そもそも神経症水準のクライエントを対象に展開してきた方法である。河合（2013）は、「神経症症状は主体による物語や象徴によって作り出される。（中略）そして心理

療法はそれをまた物語と象徴によって治療しようということになる」と指摘する。

　これを参考に、神経症水準における物語について、再びアンナ・O嬢の症例から考えてみたい（Freud, 1895）。アンナ・O嬢は、激しい喉の乾きを覚えていながらどうしてもコップに口をつけることができず、水を飲めないという症状に苦しんでいた。催眠下で話を聴くと、あまり好きではなかったある婦人の子犬がコップから水を飲んでいるのを見て激しい嫌悪を覚えたものの、失礼にならないようにそのことについて何も言わなかった、という出来事を語る。そして、これを語りながら、その時押し込められていた情動がリアリティをもって体験される。すると、彼女はもはや何のためらいもなくコップに口をつけて水を飲むことができるようになっていたのである。

　子犬（と婦人）に嫌悪を覚えたという出来事は真に体験されることなく抑圧され、「コップに口をつけることができない」という苦しみに転換される。そのような意味で、症状は自分の外側に新たに創り上げられた物語なのである。物語ることは、嫌悪という内的な動きを本当の意味で自分のものとし、自分の物語に統合する作業であっただろう。アンナ・O嬢の症例では治療技法として催眠が用いられていて、後々その難しさが明らかになるのだが、心理療法における物語ることの基本的なあり方はすでにここには認められよう。神経症水準の心理療法はまさに物語によって創られ、物語によって乗り越えられるのである。

▶︎精神病水準と「物語」
　病態水準論において精神病水準は最も重篤な病理レベルに位置づけられる。ただし、ユングが統合失調症患者の夢や妄想に神話との重なりを見出したように、神経症水準とは異なる次元で物語が有効なアプローチとなる。
　典型的な精神病水準ではないものの、河合（1998b）は、重症例のうち「症状やその内的世界が分裂病的になる」というものを総称して、「分裂病親和型」と名づけている。このような点でこれを本質的には精神病水準に近いも

のと位置づけることも可能だろう。「分裂病親和型」は、「神経症圏の場合と異なって、病因を因果的に構成しにくいし、個人を超えた次元での症状やイメージが生じてくること」(河合, 1998b) に特徴づけられる。そして、このような「個人を超えた次元にふれるひとつの手段」としてイメージを用いた心理療法があり、「イメージをうまく扱うことによって治療が機能することが多い」とされる (河合, 1998c)。その際に有用な視点になるのが、集合的なイメージとしての神話である。例えば統合失調症患者のイメージは、個人的な物語としては理解できなくても、神話的な世界観から理解がもたらされることもある。ユング派の精神科医である武野は、神話に包まれることそのものに治療的意義があることを指摘しつつ (武野, 2001)、統合失調症の病理を「意識と無意識とのあいだに適切な関係性が成立していないこと」と捉えて、「意識と無意識とを意味深く出会わせるための個人神話の創造」を治療目標の一つに置いている (武野, 1998)。「分裂病者においては自我から疎外されている病的体験を自身のなかにおさめることのできる神話を創造していくこと」(武野, 1998) が目指されるのである。精神病水準の心理療法においては、このような次元で、物語ることが意味をもつのである。

▶境界例水準と「物語」

ところが、1920年代から1940年代にかけて、神経症様の症状をもって来談する患者のなかに、神経症水準と見なして治療を開始すると激しい破綻や破壊的衝動行動を呈する一群のあることが注目を集め、彼らへの心理療法の導入には注意を要するとの警鐘が鳴らされるようになる。1950年前後より「偽神経症型分裂病」(Hock & Polatin, 1949)、「境界状態」(Knight, 1953) など、これらの患者群を包括的に記述しようとの試みがなされる。その後、カーンバーグによってパーソナリティ構造の病理としての考え方が示され、神経症水準と精神病水準の間に位置づけられるものとして「境界例人格構造」という概念が示される (Kernberg, 1967, 1975)。

境界例水準は、現在で言うところの人格障害の患者群にほぼ該当するとさ

れるが（衣笠, 1998）、河合（1998b）は先述した「分裂病親和型」と区別して、「いわゆる境界例といわれるものは、境界性人格障害を中心とするタイプに限定してとらえたほうがよいように思われる」との考えを示している。この考えに従うと、境界例の臨床像は、セラピストとの二者関係にこだわり、それに伴って激しい行動化や見捨てられ不安、強い怒りなどが訴えられることで知られている。神経症水準のように物語ることやその内容が問題になるのではなくて、あくまでも直接的な二者関係の次元に問題が呈せられるのである。そのため、"第三のもの"としてのイメージはクライエントとセラピストの間に成立しがたく、イメージすら二者関係におけるやりとりの道具となってしまう。これは「第三のものとしての個人を超えた魂や、無意識の自然な過程に対する素朴な信頼が通用しない世界」（河合, 1998b）なのである。

　むしろ境界例の心理療法的アプローチとしては、「治療者のクライエントへの態度がなまなかではなく、きっちりと彼らを守っていこうとの姿勢に貫かれていることがクライエントに見えてくれば、いつしか、収まっていくものだ」という山中（1998）や、「患者個人の精神内界の病理だけを対象とするのではなく、患者と外界の他者との現実の関係のあり方に着目し、その変化をうながす必要がある」という成田（1998）らの知見に示されるように、セラピストの態度や関係性といった、もっと直接的な次元で取り組まれることになる。これに明らかなように、面接室において自らを物語ることで内面的に深めていくという、神経症水準を対象とした従来的な方法は通用しないのである。このような意味で、境界例水準の心理療法は物語の外で展開していくと言えるかもしれない。

▶心身症・身体疾患と「物語」

　心身症とは、広義には、身体疾患に何らかの心理社会的要因の関与が想定されるものと捉えられる（野間, 2006）。境界例の概念化が進むのとほぼ同時期の1950年頃、従来的な心理療法のやり方が通用しない一群として、いわゆる古典的心身症の症例が相次いで報告されるようになる。この時、心理療

法を困難にしている大きな要因に挙げられたのが、「感情の言語化能力が明らかに欠けている」(MacLean, 1949)、「言語的・象徴的表現の障害」(Ruesch, 1948)などと指摘される、語り方の特異性である。シフネオス(Sifneos, P. E.)はこれらの報告をふまえて、心身症患者に共通して見られる特性として「アレキシサイミア」という概念を呈示する(Sifneos, 1973)。アレキシサイミア(alexithymia)というのは「a=欠如、lexis=言葉、thymos=情動」から成るシフネオスによる造語で(Taylor et al., 1997)、失感情症とも訳される。これは、「情動体験やファンタジーに乏しく、自分の気持ちを把握して言語的に表現することが難しい」という特徴を示し、心理療法の場面では、夢などのイメージや葛藤的感情といった内面的なテーマが現れてきにくく、具体的出来事が詳細に描写されるなど外的話題に終始するといった様相を呈する(Sifneos, 1973)。

　病態水準という観点では、心身症は神経症水準より重篤なレベルに位置づけられるとの指摘がある。精神分析を基礎に心身症・身体疾患のパーソナリティ構造を検討したアモン(Ammon, G.)は、彼らの自我機能は神経症水準ではなく、境界例水準に並ぶほどの脆弱性を有するものと見なしている(Ammon, 1974)。その後、心身症・身体疾患患者を対象にした種々のパーソナリティ検査においても、アモンの知見を肯定する結果が示されている。心理療法の実際では、「いわゆる心身症を治療していると、なかなか心理療法として展開しにくいと同時に、ひとたび治療が動きだすと分裂病的な世界が現れてくることがある」(河合, 1998b)や、「精神病圏のようなすさまじい世界が展開される」(大山, 2005)といった危うさが報告される。

　心身症・身体疾患の心理療法では、このように、物語ることそのものに問題が呈せられると言えよう。物語ることによって、〈私〉が自らの情緒やイメージを捉え、深めていくという心理療法の前提がそもそも成立しがたいのである。河合(2013)は、これを「象徴機能の弱さ」と捉え、「その意味で身体疾患を持つクライエントとの心理療法においては、象徴や物語によるアプローチがむずかしい」と指摘している。このような点で、やはり神経症水準を対象として展開してきた心理療法は不適であるとの考え方が優勢で、アレキ

シサイミアを呈示したシフネオスの頃より、支持的心理療法や行動療法、ケースワークなどの具体的かつ直接的な支援の形態が提案されている（Sifneos, 1973）。

（2）現代に広がる「物語ること」の問題

　物語というパラダイムは神経症の心理療法から生まれ、神経症とともに展開してきたけれども、より重篤な病態が想定される境界例水準の疾患では、物語という枠組みによってアプローチするのは難しいことが分かってきた。さらに近年では、必ずしも病態水準の重さが想定されないにもかかわらず、内面を物語ることに困難を抱える事例の増加が指摘されるようになっている。

　高石（2009）は大学生の学生相談のなかで、岩宮（2009）は中学校・高等学校のスクールカウンセリングのなかで、いずれも悩むのできない学生・生徒に出会うようになったことを報告している。悩みを抱えて自らの内面を物語っていくというかつての典型例は見られなくなりつつあり、代わりにどこまで聴いても内面に行き着かないような事例が増加しているという。高石（2009）は、こうした事例の背景に「自分の内面の情動を『言葉にする』力が十分に育っていない」、あるいは「自分の内面を語れない」という問題が潜在していることを指摘する。例えば、自傷行為をくり返す学生に「どんな気持ちで切ったのか」「何がきっかけか」など問うても、「気づいたら、切っていた」と言うのみで、それ以上に自分の内面の動きを捉えることが困難なのである。問題の抱え方が、不快な出来事について悩み、葛藤するという神経症構造から、バラバラのまま併存するという解離の構造へと変化しつつあるという。

　更には、岩宮（2014）によると、大学附属の相談室においても、「不適応を起こしているのに本人は不適応とも思っておらず、悩む気配もなかったり、たとえ困っていても何に困っているのかまったく言語化できなかったりする人」や「主訴を丸投げにしてくる来談者」、「その場その場での感情は動くものの、その感情についてあとで振り返ることができにくい人」が増えている

ことを実感するという。悩むというのは内面に如何ともしがたい葛藤を抱えることであり、"私が私を見つめる"ことにより生じてくる。そもそも悩みを抱えているからこそ心理療法に来談すると思われるのだが、もはやこの前提は成り立たないようである。言うなれば「なかなか自分自身の『物語』の生成に至らない、『物語未満』を生きているクライエント」(岩宮, 2014) との心理療法が喫緊の課題になっているのである。

　河合 (2010) は日本における心理的症状の流行を主体という観点から論じるなかで、日本的な神経症であった対人恐怖が減少し、1970年代・1980年代の境界例、1990年代の解離性障害、そして2000年代の発達障害と、時代とともに移り変わる症状を取り上げている。河合 (2010) によると、境界例は「主体のアンビヴァレンス」、解離性障害は「主体の分裂」、発達障害は「主体の欠如」を特徴とし、「心理療法はそもそも主体性があって、自分の内面と向き合える人を前提としているのに対して、境界例以後の症状をもつ人はそうでない人であり、今後もその傾向が続いて、それどころか強まっていく可能性は強いであろう」との展望が示されている。このような指摘をふまえると、物語る主体としての〈私〉のあり方が変化してきており、私が自らの内面を物語っていくという心理療法が基本に置いてきた方法はもはや通用しなくなりつつある状況なのかもしれない。

5.「物語」を問い直す

　「物語」は心理療法のあり方に深く関わっている。それはまずこころの問題に取り組む方法として物語ることの有効性が発見されたのに始まり、夢・箱庭・語りなどイメージにアプローチする上で物語というのが一つの枠組みとして用いられてきた。クライエントという〈私〉が自らの内面を見つめ、統合していく心理療法は、まさに物語ることを通して実現されてきたのである。

　ところが、時代とともにこころの問題が多様になるなかで、心理療法は物

語というパラダイムの通用しない症例群に出会う。それは、例えば病態水準の問題として、あるいは現代的な意識の問題として取り上げられ、「物語ることの外でしか展開しない」「内面的な動きを物語ることができない」「その場その場でバラバラにしか物語ることができない」など、物語を前提とした心理療法を超える現象が報告されるようになる。心理療法は、そのあり方に大きな困難を突きつけられたのである。このような症例では物語ることによる心理療法は否定され、より指示的・具体的な支援の方法が提案されるようにもなっている。それでは、心理療法は物語を諦めて別の枠組みを探っていくべきときに来たのだろうか？　それとも、物語を基礎とした心理療法は従来的な方法の通用しない症例群を自らの枠外のものと位置づけ、排除するほかないのであろうか？

　そうではなくて、たとえ内面的な動きが感じられなくても、バラバラで筋立てがなさそうに思われても、このような物語り方をもってクライエントは〈私〉の現実を示しているとは考えられないだろうか。河合（2001）は、物語をもっと大きな視野で捉え、「各人の生きている軌跡そのものが物語であり、生きることによって物語を創造しているのだ」と述べている。このような考えに基づけば、いくら物語っても内面に焦点づけられないように思われる症例においても、そうした特徴のなかにクライエントという〈私〉がどのように現れているのかを見出すことができるのではないだろうか。今一度、心理療法の根幹に立ち戻るならば、それは「二人の人間の間の対話、もしくは対決」（*CW*16, §1）なのである。心理療法という場においてセラピストがクライエントに向き合うとき、それがどのような形であっても、物語ることを通して二人の間に示されるものをまずは真剣に受けとめることが必要だろう。それによってこそ、クライエントという〈私〉にとって現実がどのように立ち現れているのか、すなわち彼らが世界をどのようなものとして象り、意味づけ、自らに統合しようとしているのかを見通していくことが可能になるように思われる。

　本書では、物語による心理療法の枠外と見なされてきた現象を含めて、心

理臨床の場で人はどのように自らを物語るのかについてありのままに描き出すことを目指したい。それは同時に、心理療法における物語というパラダイムを見直すことにもつながるのではないだろうか。従来的なあり方を貫いているのみでは治療的展開を望みにくいのであれば、今まさに進行している問題に沿った新たな視点を模索する必要があるだろう。「もろもろの原イメージは際限なく変化しながらもつねに同じ一つのものであり続けるが、しかしそれらが理解されるのは新しい形においてのみである」(CW16, §396) としたユングは、変わらないこころの古層に基礎づけられながらも、もはや神話的世界のリアリティを生きられなくなってしまった近代人のこころの苦難に向き合う理論を問い続けてきた。「新しい時代のこころの苦難と苦悩を解決する答えはどこにあるのか。現代的な意識が発達するにつれて出てきたこころの問題を扱う知識はそもそもどこにあるのか」(CW16, §396) というユングの問いにならえば、我々は絶えず心理療法のあり方を問い続け、見直しと再発見を行っていく必要があるのではないだろうか。

6. 本書の構成

このような問題意識に基づき、本書では、従来的な物語というパラダイムを超える現象も視野に入れて、心理臨床場面における物語の位相を捉え直そうと試みる。この試みは、五つの章からアプローチされる。

本章に続く第2章では、「物語ること」の基本的な特質を検討する。一般に「物語ること」がどのようになされているのかについてその実像を捉えることを目的に、非臨床群を対象とした調査実験を行う。実際的な心理療法を考察の視野に入れるのであれば、これはイメージの次元から考えることが適切であろう。このような観点から「箱庭物語作り法」を導入し、〈私〉という主体が自らを物語る過程の様相を描き出していく。

これをふまえて第3章・第4章では、物語に基礎づけられた従来的な心理療法では展開の難しいとされてきた臨床群を通して、「物語ること」の問題

を考えていく。

　第3章は、身体に問題の訴えられる心身症・身体疾患における物語を取り上げる。心身症・身体疾患は、アレキシサイミア（Sifneos, 1973）という概念から説明されるように、「物語ること」そのものの難しさが指摘されてきた疾患群である。ここでは甲状腺疾患を対象として、実際の医療の現場で臨床心理学的調査面接を実施する。甲状腺疾患を対象としたのは、専門病院内に精神科やカウンセリング室が併設されているように、心理療法へのニーズが高いこと、そして想定される心身相関の程度に幅があるため身体因と物語の関係のヴァリエーションを広く描き出すことが可能であると考えられたことによる。調査面接で得られた「語り」の特徴を把握するとともに、そこに映し出される〈私〉のあり方を考察する。

　第4章では、重篤な病態水準を想定できないにもかかわらず、「物語ること」に困難を覚えた自験例を取り上げる。「私がない」ことを訴えるクライエントにおいて、〈私〉はいかに自らを物語ろうとし、また継続するプロセスのなかで、その物語がいかに展開していくのかを検討する。ここでは、物語と物語る主体としての〈私〉の関係を中心に考察を加える。

　終章では、第2章から第4章にわたる三つの研究をふまえて、心理臨床における物語の位相を整理し、物語というパラダイムの課題と、心理療法がそれにどのように応じることができるのかを考察していくことにしたい。

第2章

物語ることの実像
大学生における「箱庭物語作り法」の検討

　心理療法は、こころにアプローチする方法として、またこころの活動を見通す枠組みとして「物語」を見出した。物語ることを通して心理的なテーマに取り組むとともに、それによってこころの現実としての物語が創造されることを期待するのである。特にイメージに基礎づけられた心理療法では、これが意思や意図を超えたイメージの次元で実現されることが目指される。

　本章では、次章以降で臨床群の物語を扱うのに先立って、「物語ること」の基本的特質を検討する。大学生を対象とした非臨床群において箱庭を用いた調査実験を行い、それによって、物語るという行為がどのようになされ、そこに「物語る私」がいかに関わっているのかについて描き出してみたい。

第1節　問題

1. はじめに

　「魂は日々現実を創造する。私はこの活動を、ファンタジーという言葉でしか言い表すことができない」(CW6, §78)というユングの考えに従えば、〈私〉にとっての現実はこころの活動であるファンタジーによって創造され

る。そして、ファンタジーの一端は物語ることを通して現実に立ち現れ、その意味が把握されるのである。

本章では、非臨床群を対象に調査実験を行い、物語ることを通して〈私〉という主体が現実をどのように「リアライズ」していくのかを検討する。また心理療法の実際を加味すれば、物語ることをイメージの次元も含めた行為として捉えることが望ましいだろう。このような目的に照らして考えると、箱庭療法というのが一つの方法として浮かび上がってくる。以下では、箱庭療法を取り上げて、調査の具体的方法を検討する。

2. 箱庭療法と「物語ること」

調査を行うにあたって、まず箱庭療法において物語というパラダイムがどのように位置づけられるのかを整理する。第1章と重なる部分もあるが、本章の全体像を見通す上で重要と思われるので改めて確認することにしたい。

(1) 箱庭療法における二つの「物語」

箱庭に接するとき、砂と箱とミニチュアという「モノ」から「物語」が生まれてくるのを目の当たりにすることがある。実際の箱庭療法のなかでこのような物語が立ち現れてくる瞬間を捉えたエピソードを、河合隼雄による『トポスの知』(河合・中村, 1993) から紹介したい。

「抑うつを訴える50代女性」(河合・中村, 1993)
箱庭に取り組むなかでクライエントは「帽子がふわっと天から舞い落ちてきたというイメージ」を抱くがそれをうまく表現することができなかった。次回、自ら赤いリボンを持参して、もう一度箱庭に向かい、「二人の少年を乗せたつば広帽が、赤いリボンをなびかせて舞い落ちる」という情景をつくる。「あまりにメルヘン的な感じ」を覚えたセラピストが「これはなにかお話ができそうですね」と言うと、クライエントは次のようなお話をつくる：孤

児の少年が夢で白いリボンをもらう。その白いリボンは、太陽の出る瞬間の露で染めると赤くなるというもので、少年は、毎朝、それを一滴一滴集めてとうとうリボンを赤く染めあげる。するとルビーという少年が現れて、希望の世界へ彼を導いていくのである。

　このエピソードには、二つの次元で物語が出現しているように思われる。一つは、セラピストに「あまりにメルヘン的な感じ」を与えたもので、お話という形で明確に作られる以前の物語である。そしてもう一つが、セラピストの「お話ができそう」との言葉に触れて、クライエントによって改めて作られた物語である。

　前者は、イメージの物語性と言えるだろう。「無意識の問題は箱庭のなかである一つのドラマのように演じられる」というカルフ（1996）の言葉を思い起こすと、箱庭に動き出したイメージは物語的に展開していくことが想定される。箱庭イメージが物語的に展開するというのは、「箱庭表現そのものが物語的」（河合，2002b）や、「箱庭をもとに、自覚的、内省的に物語や状況が本人に把握されたり治療者に解説されたりしなくても、箱庭を作ることそれ自体がすでに物語を語ることだ」（山口，2001）などと表現されるように、セラピストにしばしば実感される現象と言えそうである。箱庭は本来非言語的な技法なので、この次元の物語は必ずしも自発的に語られるわけではないし、そもそも自覚されてさえいないかもしれない。ここで言う物語とは、あくまでもイメージに内在する物語の萌芽、あるいは物語として展開していく可能性なのである。

　それに対して後者の物語は意図的に作られたものである。河合（1992）は、セラピストとして箱庭療法に携わるとき、箱庭に内在する物語を読みとるだけでなく、時にクライエントに「箱庭作品を素材として物語をつくることをすすめ」るという。こうしたセラピストの判断は、イメージに内在する物語性を発展させ、意識の次元で理解を深めようとするものだろう。上述のエピソードでは箱庭制作から物語作りまでが心理療法のプロセスのなかで自然に

生じているけれども、これが一つの技法として意図的に用いられる場合がある。続いて、この技法としての物語作りについて見ていきたい。

(2)「箱庭物語作り法」

箱庭をもとにした物語作りは、三木 (1992) の「モノローグ」、岡田 (1993) の「箱庭物語作り法」、そして東山 (1994) の「サンドドラマ法」として、心理療法家を志す者の訓練のために教育分析や実習に導入されたことに始まる (表記の揺れを避けるため、以下では「箱庭物語作り法」と統一して記す)。三木 (1992) は、自分の作った箱庭を体験的に理解する方法を模索するうちに、「私の内奥に迫り、確かな総合的掌握をもたらす」ものとして物語を作るに至ったことを述べている。この技法の先駆的存在である上記の3名はいずれも、物語作りの意義を箱庭イメージの意識的把握に置いている。岡田 (1993) の説明を取り上げると、物語作りを通して「意識レベルでのイメージの拡大を促そうとしている」のであり、「作品をより深く、多様に把握し、理解しようとする」ことが目指される。つまり、箱庭物語作り法はイメージの物語的展開性を前提とし、これをより意識の次元で行おうとする技法と言えるだろう。

心理療法家の訓練として始まった箱庭物語作り法であるが、基礎研究 (片坐, 1984；安福, 1990；金田・小山, 2006) や調査事例研究 (片坐, 1990) が重ねられて理論的検討がなされるとともに、実際の心理療法にも適用されている (服部, 1993；森, 2007)。さらには大前 (2007, 2010) によって認知行動療法の考え方が取り入れられ、クライエント自身による心理的課題の認知・達成を志向する「認知−物語療法」が提案されている。これらの研究は、物語作りによってクライエント自身に内的課題の把握と洞察の深まりをもたらすことを報告しており、心理臨床の実践における意義を指摘している。

(3)「物語ること」の両面性

ただ、意図的に物語をつけるという方法は必ずしも有効に作用するばかりではない。東山 (1994) は、訓練技法として活用していた当初から、物語作

りについて「せっかく直接的に自己のイメージが布置されているものを、わざわざもう一度、知性化させるところがある」「セラピストの聞き方によって、せっかくの生き生きした世界が、固定されたおもしろみのない世界に変わってしまう危険性がある」と警鐘を鳴らしている。また田中 (2012) は、大前 (2010) の提案する「認知－物語療法」に対して、「本来テキストではない箱庭に、自然発生的にではなく、あらかじめ決められたこととして、さらに物語やタイトルを付与させるなら、そのような非テキストとしての箱庭が（あるいはそのプロセスが）もつ『醍醐味』『生命』を殺してしまうことにならないだろうか」と疑問を呈している。これらの言及は、意図的な物語作りによって箱庭本来のもち味である生き生きとしたイメージが相殺されてしまう危険性に触れたものだろう。ベリー (Berry, P.) が指摘するように、イメージと物語は必ずしも等価ではない (Berry, 1974)。物語は、一貫性と連続性を要求するのである。箱庭を物語るというのは、イメージのリアリティに対する「騙り」になるかもしれないのである。箱庭に物語作りを導入すると、イメージの理解にさらにもう一段階、意識的関与の強いプロセスを設定することになる。物語という表現形態を用いて箱庭イメージを意識化することについて、これまでその有用性に光が当てられてきたけれども、この危険性については十分に吟味されてこなかったように思われる。しかし、物語ることの本質を検討するためには、こうした物語の両面性を全体として捉える必要があるのではないだろうか。箱庭物語作り法は、箱庭制作と物語作りという二つのプロセスから物語ることの両面性に触れるため、物語の本質を全体的に捉えるのに適した方法であると考えられる。

3.「物語ること」の実像を描く——本章の目的

本章では、非臨床群を対象にした調査実験を通して、「物語ること」の基本的な性質を検討する。「箱庭物語作り法」による①箱庭制作に伴う第一の物語と②物語制作に伴う第二の物語という二つの物語を取り上げて、それぞ

れの物語がどのように創造され、制作者である〈私〉がそこにどのように関与しているのかについて描き出していく。それによって、"第三のもの"としてのイメージを物語るという、物語に基づいた心理療法の基本的なあり方を検討していきたい。

第2節　方法

1. 調査対象

　箱庭を用いた調査実験に、協力の同意の得られた非臨床群の大学生24名（男性9名、女性15名）を調査対象とした。年齢の平均は、21.38歳（SD=2.02）であった。

2. 手続き

　岡田（1993）と東山（1994）によって整理された箱庭物語作り法の実施手続きを参照し、箱庭制作を行う「セッション1」と物語作りを行う「セッション2」を設定した。各セッションの詳細は以下の通りである。

（1）セッション1

　セッション1では箱庭制作を行い、生成されるイメージを物語る過程を「第一の物語」として検討した。具体的な手続きは以下の通りである。

① 箱庭制作

　通常の箱庭制作と同様に、「箱のなかに、砂とミニチュアを使って好きなものを作ってください」と教示した。

② 箱庭制作に伴うイメージの描出

箱庭制作が終わった後、箱庭イメージを物語ることを目的に、「箱庭制作中に浮かんできたイメージや空想・お話について、思いつくままにできるだけくわしく書いてください」と教示した。これは、箱庭イメージの物語的展開を仮定し、それを抽出しようとしたものである。箱庭に内在する物語の萌芽という意味で、これを［物語#1］と表記する。

③ セッション1の振り返り：自由記述質問紙1とインタビュー

最後にセッション1の体験を振り返るために、「箱庭制作体験」についての3項目と、「箱庭への関わり」についての4項目から成る自由記述質問紙1［表2.2.1.］への記入を求めた。その後、この記述内容をもとに補足点などを尋ねるインタビューを行った。

(2) セッション2

セッション2は、セッション1の1週間後に実施された。これは、岡田(1993)による教育分析や片坐(1990)による調査事例研究を参考に設定され

［表2.2.1.］セッション1における質問項目

箱庭制作体験
① 何らかのイメージやストーリーが浮かんできたとき、またはそれを書きとめているとき、どのような感じがしましたか？
② 何らかの感情や五感的な感覚を覚えることはありましたか？
③ 作品としての一貫性や次の展開を意識することはありましたか？

箱庭への関わり
① 箱庭はあなたにとって、どのように感じられますか？
② 箱庭に対して、あなたはどこにいるように感じますか？ 入り込める感じはありますか？
③ 箱庭の世界とあなたは、どのような関係や距離感があると思いますか？
④ 箱庭の中で、意外な感じがしたり不思議に思ったりするところはありますか？

た期間である。

セッション2では箱庭イメージをもとに物語作りを行う過程を、「第二の物語」として検討した。具体的な手続きは以下の通りである。

① 物語制作

セッション1で制作した箱庭について写真を見て振り返りを行った上で、「箱庭をもとに物語を作ってください。長さや形態などは自由です」と教示した。これは、イメージの物語性を前提に［物語#1］を改めて物語化する作業であり、［物語#2］と表記する。

② セッション2の振り返り：自由記述質問紙2とインタビュー

最後にセッション2の振り返りを行うために、「物語制作体験」についての4項目と、「箱庭への関わり」についての4項目から成る自由記述質問紙2［表2.2.2.］への記入を求めた。その後、この記述内容をもとに補足点などを尋ねるインタビューを行った。

［表2.2.2.］セッション2における質問項目

物語制作体験
① 物語を作ってみて、どうでしたか？
② 物語はどのように始まり、どのように広がり、完結していきましたか？ 物語ができあがっていくようすについて、感じたことがあれば自由にお書きください。
③ 何らかの感情や五感的な感覚を覚えることはありましたか？
④ 作品としての一貫性や次の展開を意識することはありましたか？

箱庭への関わり
① 箱庭はあなたにとって、どのように感じられますか？
② 箱庭に対して、あなたはどこにいるように感じますか？ 入り込める感じはありますか？
③ 箱庭の世界とあなたは、どのような関係や距離感があると思いますか？
④ 箱庭の中で、意外な感じがしたり不思議に思ったりするところはありますか？

続く第3節と第4節では、それぞれ［物語#1］と［物語#2］について、制作者という〈私〉がいかにイメージを物語っていくのかについて、「物語の構造」と「物語の生成過程」の分析から検討する。

その際、調査協力者をS1〜S24と表記し、ゴシック体の「　」は自由記述およびインタビューからの引用を、『　』は［物語#1］［物語#2］からの引用を表すものとする。なお、引用部分は原則として協力者による原文を尊重し、修正を加えないまま掲載する。

第3節　箱庭制作過程からみた「物語」の検討

第3節では、［物語#1］を取り上げて、箱庭制作の過程でイメージがどのように展開していくのかについて「物語の構造」と「物語の生成過程」という二つの分析から検討する。

1. 物語の構造

まず、［物語#1］がどのようなものであったかについて、その構造的特徴を記述する。

（1）検討の方法

物語るという行為は「諸々の出来事を一定のコンテクストの中に再配置し、さらにそれらを時間系列に従って再配列する」ことと定義される（野家, 2005）。物語は、ただ事象が羅列されるのではなく、筋立てをもって構造化されることで成立するのである。そして、どのように物語を構造化するかという点に〈私〉という主体のあり方が反映されると考えられる。イメージの次元から物語ることを捉えようとするとき、物語の構造は一つの重要な検討点となろう。

本項では、［物語#1］として描かれた全24作品の構造に着目し、「描写型」

と「構成型」という二つの分析を行う。それによって、[物語#1]の基本構造とそのヴァリエーションを検討することにしたい。なお、タイプ分けは筆者を含む2名が独立して行い、不一致の見られた作品は協議のもと最終的なタイプを決定した。

(2) [物語#1] の描写型

[物語#1]の全24作品に目を通すと、イメージ内容だけではなく、イメージをめぐる制作者の主観的体験も同時に描写されているものが散見された。そこで、制作者の主観の有無を基準に、イメージ内容のみの「イメージ型」と、イメージ内容と制作者の主観的体験の混在した「イメージ・体験混合型」に分類を試みた。

その結果、「イメージ型」に6例（25.0%）、「イメージ・体験混合型」に18例（75.0%）が該当した[表2.3.1.]。実に75.0%の作品において「イメージや空想・お話」のなかに制作者の主観的体験が織り込まれていたのである。

[物語#1]が実際にどのように描写されているのかについて「イメージ・体験混合型」から一例を取り上げて示したい。[例2.3.1.]は、S14（23歳女性）の作品である。

下線部分は制作者の主観に関わる記述を、下線のない部分はイメージ内容を示している。例えば、『キリンと壺の質感が最高。肌ざわりが良い』というのは、制作者の視点で描かれた、制作者自身の体験内容である。それに対して、『動くのは波と砂　あとは　どんどん　砂に埋もれていく（キリンも）』というのは、箱庭においてイメージが独自に展開している様子が描かれており、イメージの側に主体があると考えられる。ただ、なかにはイメージと制作者の主観とを明確に区別できない描写も存在する。破線部で記した『静寂』がこれに該当する。これは、制作者を実際に包み込む静寂であると同時に、箱庭を包み込むイメージとしての静寂でもあるだろう。ユングは、外的現象と内的現象が融合して神話が成立することに触れて「外におこることは、彼の内部にもおこり、また彼の内部におこることは、外にもおこるのである」

[表2.3.1.] [物語#1] の描写型

	人数（割合）	定義	該当者
イメージ型	6人 (25.0%)	イメージ主体記述のみが記述される。	S1, S6, S8, S11, S18, S22
イメージ・体験混合型	18人 (75.0%)	イメージ内容と制作者の体験に関わる記述が混合している。	S2, S3, S4, S5, S7, S9, S10, S12, S13, S14, S15, S16, S17, S19, S20, S21, S23, S24

[例2.3.1.] 箱庭（S14）

[例2.3.1.] [物語#1]（S14）

静寂
何か以前に起こって、終わった後みたいなかんじ
動くのは波と砂
あとは　どんどん　砂に埋もれていく（キリンも）
噴水からの水が海に流れ出していって、
大地が乾燥・風化していっても　水は枯れず
海は永遠に広がっていく。
キリンと壺の質感が最高。肌ざわりが良い。
キリンの哀愁が箱庭全体に広がって　もう何も置けなかった。

(*CW*8, §329)と説明しているが、イメージが物語として展開するとき、制作者という〈私〉はこうした融合的な状態に身を置くことになるのだろう。「イメージ・体験混合型」の多くがこうした特徴を備えていたことから、［物語#1］は、内的体験と外的体験とが交錯して織り成されたものと捉えられる。

(3)［物語#1］の構成型

物語の構成という点でも［物語#1］には、単語が列挙されたものから、箇条書きのもの、文章体で一連の流れが描かれたものまで幅広い形態が見られた。そこで、①全体として一貫性・連続性のある物語が描かれているか、②複数に分かれているが各部分では一貫性・連続性のある物語が描かれているか、という二つの基準のもと、「全体型」「部分型」「列挙型」という三つのタイプに分類を試みた。

その結果、「全体型」に6例（25.0%）、「部分型」に9例（37.5%）、「列挙型」に9例（37.5%）が該当した［表2.3.2.］。

［物語#1］が実際にどのように構成されているのかについて、三つのタイプからそれぞれ一例を取り上げて示す。

① 全体型

「全体型」は、全体として一つの連続性をもった物語が描写される作品群

[表2.3.2.]［物語#1］の構成型

	人数（割合）	定義	該当者
全体型	6人（25.0%）	全体で一つのストーリーを構成している。	S1, S4, S6, S9, S12, S14
部分型	9人（37.5%）	部分ごとにストーリーが展開される。部分間の順序や時間的つながりが明確ではない。	S3, S5, S7, S8, S10, S13, S16, S20, S23
列挙型	9人（37.5%）	短文や単語が列挙される。それぞれの順序や時間的つながりが明確ではない。	S2, S11, S15, S17, S18, S19, S21, S22, S24

である。先述した［例2.3.1.］のS14（23歳女性）がこれに該当する。描かれた［物語#1］では登場する水・砂・キリンが一連の流れのなかにあって、全体として物語の世界を構成している。ただ［物語#1］においては3タイプのうち最も構造度の高い「全体型」であっても、事象の「再配置」「再配列」（野家, 2005）と言えるほど明確な物語構造を備えた作品は見られなかった。［例2.3.1.］でも、『何か以前に起こって、終わった後みたいなかんじ』『海は永遠に広がっていく』とゆるやかな時間の流れが示されているが、起承転結のような筋立った構造化はなされていない。むしろ「ふしぎな感じ。勝手に出てくるから、ストーリーはおもちゃをみていると自然に出てくる」と内省されるように、［物語#1］は箱庭制作の過程でイメージの自律的な動きに沿って展開していったものと考えられる。

② 部分型

「部分型」は、箱庭の各構成部分に対応して複数の物語が別個に展開するもので、必ずしも全体として一貫性・連続性をもった物語とはなっていない作品群である。これに該当するものとして、［例2.3.2.］にS3（20歳男性）を示す。

［物語#1］では、『一番最初に浮かんだ』と、身動きのとれないヘビと悩む青年の姿が、続いて『他のテーマが広がっていった』と箇条書きで複数個のエピソードが示される。メインテーマを中心にそれぞれ緩やかにつながっており、各エピソードが展開して一つの物語となっていくことが予感される。しかし、現段階ではまだそれぞれ点在した状態である。このように描かれた［物語#1］は、ヘビと青年から始まって各部分が形成されていった箱庭制作のプロセスと重なり合うものである。

③ 列挙型

「列挙型」は、部分的にも物語の展開は見られず、単文や単語が列挙される作品群である。これに該当する作品として、［例2.3.3.］にS18（20歳男性）

第2章 物語ることの実像

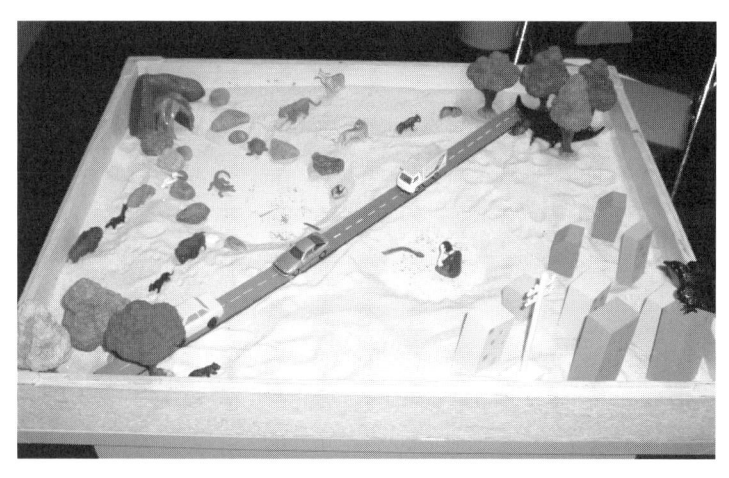

［例2.3.2.］箱庭（S3）

［例2.3.2.］［物語#1］（S3）

最初は、イメージがあまり浮かんで来なかった。
一番最初に浮かんだのは、真ん中の"ヘビ"のイメージで、このヘビは、1つの湖から、もう一方の湖へうつろうとして、失敗し、はさまった状態にある。その前で頭を抱えている青年は、そのヘビを何とか助けようとしているが、どうにもいかず、悩んでいる。
これをメインに、他のテーマが広がっていった。

- そのヘビの上を、何事もないように通っている道路には、車が走っており、緑の森から、色あせた枯れた森へと向かっている。
- 左上部の洞くつは、ヘビがやって来た所であり、その入り口には湖が広がっている。その水を飲みに、動物が列をなしてやってきている。
- 道路で隔てられたもう一方（右下）は、都会のビルであり、沈黙が支配している。その象徴のような大きなカラスが一羽おり、そのカラスのせいで、青年は、策を練れず、悩んでいる。
- 湖の水を飲み終えた動物は、再び列をなし、反対の境界、つまり都会側へ向かう。すでに、トラが一匹と、猫と大きなエイが、青年の方へと向かっている。これらの動物は、青年・ヘビを助けるだろう。エイは大きく、とても力強い。

＊このテーマは、途中でふと、湧いてきたので、とても不思議だった。

を示す。

　S18によると、[物語#1]は「浮かんだことを浮かんだ順に書き記した」もので、なかでも鍵括弧内は「実際にことばで浮かんだもの」で、「はっきり浮かんできてわかったこと」だという。短文や単語が用紙の各所に配置されていて、文章や詩というよりは文字を用いたグラフィックデザインのような印象さえある。ここには、S18の内的リアリティに基づいたイメージの展開が描かれているのだろう。ただ、これは物語構造とは確かに異なる形態である。

(4) [物語#1]の構造的特徴に関する考察

　「描写型」と「構成型」という二つの型の検討から指摘しうる[物語#1]の構造的特徴を改めて整理する。まず、以下の2点を挙げられよう。

ⅰ) 物語の描写においては、イメージ内容と制作者の内的体験とが分かちがたく結びついていた。
ⅱ) 物語の構成においては、個々のイメージの列挙からなる作品、複数個の独立した物語の描かれる作品、全体で一つの物語の描かれる作品といったように構造化の度合いにヴァリエーションが見出された。しかし、いずれも明確な筋立てや時間軸による物語構造をもつとまでは言えなかった。

　[物語#1]は、箱庭制作過程におけるイメージを物語ることを意図したもので、「箱庭制作中に浮かんできたイメージや空想・お話」が描かれている。物語ることの特質として〈私〉という主体の関与とそれによる物語の構造化が挙げられるが、本調査の「構成型」による分析からは、緩やかに構造化された物語が展開しつつも、明確な筋立てや時間軸をもつとまでは言えない作品が多いことが示された。内面のイメージを物語るとき、その主体のあり方は必ずしも「再配置」「再配列」（野家, 2005）という定義から想定される、知的な作業としての構造化を行うものではなかったように思われる。そうでは

第2章　物語ることの実像　　45

[例2.3.3.] 箱庭 (S18)

[例2.3.3.] [物語#1] (S18)

```
「誇り」、荒々しさ　→　動物　　地盤　→　貝　－　巻貝
　　　　　　　生　　　　　　　　　　　歴史
　　　　　　　　　　　　　　　　　　　遺産
ふくろう（小）　わし（大）
山　　と　小山と地平、　できるだけでこぼこに、一様でなくする
　　　　　　　　　　　　　　　　　　ビー玉
「争いや戦いではない、分断はない」
完全や対象でなくてもいいが釣り合いがほしい、バランスをとる
活力の流れ、　エネルギー、　円環　→　つた葉
知性、　知恵、　知識
大きく、　強く、　たくましく
「このような円環活動の結果　何か美しいものが生じなければならないはず」
　泉
対　　　　　（てきとう）
応
　卵
```

なくて、イメージに主体を委ねつつ、それに関わる、あるいはそれを受け止めるという形で〈私〉を関わらせていくようなあり方ではなかっただろうか。これは、こころの活動としてのイメージを物語ることの避けがたい性質であるように思われる。

「描写型」の分析において〈私〉の内的体験とイメージ内容との混合が75.0%に見られたように、〈私〉が自らの内面を物語るとき、必然的にイメージ内容と制作者の内的体験とが重なり合った物語が生成されるのではないだろうか。ただ、これは必ずしも〈私〉という主体が弱いことを意味しない。河合俊雄 (2002) は心理臨床における主体のあり方について「主体であるということは、むしろ自分を何かに委ねてしまい、いわばコントロールを失うこと」として、箱庭療法では「主体的であろうとすることは、できていく箱庭に主体を委ね、主体をいわば逆に捨てることなのである」と述べている。箱庭に〈私〉が真に向き合うからこそイメージが動き出すのだろうし、その動きに〈私〉を委ねるからこそ"第三のもの"としての物語が立ち現れるのだろう。

イメージは物語的展開性をもつとされるが、ベリーが指摘するように、イメージと物語形式は必ずしも等価ではない (Berry, 1974)。イメージは物語的に展開する場合もあるし、詩的な場合も、図像的な場合もあるのではないだろうか。イメージの次元で物語るという行為を考えるとき、イメージの自己展開のあり方と、そこに関わる〈私〉のあり方という双方の要素がいかに結びつくのかによって、生成される表現は多様なヴァリエーションをもった構造となる。構造化の度合いがどのようなものであれ、イメージのインパクトがリアリティをもって〈私〉に体験されたとき、それは意味のあるものとして制作者に受け止められたように思われる。

2. 物語の生成過程

第1項で [物語#1] の構造的特徴を検討した結果、イメージに基礎づけら

れた物語の創造には、そこに関与する〈私〉という主体意識のあり方が大きく影響していると考えられた。続いて本項では、［物語#1］の生成過程の分析から、物語ることの性質にアプローチする。

(1) 検討の方法

［物語#1］がイメージと〈私〉の関連においてどのように生成されていくのかを検討するにあたって、箱庭制作過程における制作者の主観的体験を取り上げる。

▶分析対象

上述の目的に従って、セッション1における「箱庭制作体験」に関する自由記述質問紙1と、それに基づくインタビュー記録を分析対象とした。

▶分析方法

制作者の体験に基づきながらそれを考察しうる枠組みの生成を目指して、データの分析方法として修正版グラウンデッド・セオリー・アプローチ（以下、M-GTA）(木下, 1999, 2003) を採用した。これは、データを切片化する「コーディング」と「深い解釈」を同時に行うことで、データに密着しつつも、恣意的ではない説明力のある概念の生成を目指す手法である。

M-GTAはもともと社会学の領域で活用されている質的研究法であるが、石原 (2007) は、この特性を詳細に検討し、箱庭制作における制作者の「主観的体験」の分析に有効であることを示している。本研究もこれにならい、物語るという行為における〈私〉の体験にアプローチしていきたい。

▶分析手順

M-GTAを提唱した木下 (1999, 2003) の方法に従い、以下の手順で自由記述質問紙1とインタビューデータを分析した。

① 箱庭制作過程に関連するデータ箇所に着目し、それを一つの具体例として他の類似具体例をも説明できると考えられる「概念」を生成した。
② その際、分析ワークシートを作成し、概念名・定義・最初の具体例などを記入した。
③ 分析を進める中で新たな「概念」を生成し、分析ワークシートを個々の概念ごとに作成した。
④ それぞれの「概念」について、具体例が豊富に出てこなければ、その概念は有効でないと判断した。
⑤ 生成した「概念」は、類似例だけではなく対極例も見ていくことにより、解釈が恣意的に偏る危険を防いだ。
⑥ 「概念」同士の関係を個々に検討し、
⑦ 複数の「概念」の関係から成る「カテゴリー」を生成した。

（2）箱庭制作体験の分析

続いて、M-GTAによる「箱庭制作体験」の分析結果について、以下に、具体例を引用しつつ記述する。その際、カテゴリー名は【　】で、概念名は〔　〕で示す。

▶M-GTAによる分析結果

上述の手続きのもと、以下に記す八つの概念が生成された。1)〔イメージが浮かぶ〕、2)〔イメージに身を任せる〕、3)〔イメージとやりとりする〕、4)〔イメージを体感する〕、5)〔イメージが明確化される〕、6)〔一貫性を意識する〕、7)〔イメージがずれる〕、8)〔意図に沿う〕。

これら八つの概念から、1)【自律的イメージに沿う】、2)【イメージを把握する】、3)【制作意図に沿う】、という三つのカテゴリーが見出された。結果の全体像を、［表2.3.3.］に示す。

[表2.3.3.] M-GTAによる箱庭制作体験

カテゴリー	概念	定義	具体例
自律的イメージに沿う	イメージが浮かぶ	ミニチュアや砂を前にして、「自然に」「勝手に」イメージが浮かんでくる。	・制作中にイメージが浮かんできたが、とても不思議な感じがした。イメージを湧かす(変な表現だが)のは難しく、イメージが湧いてくるのは突然であり、それは、おもちゃを選んでいる時であったり、配置している時であった。 ・ふしぎな感じ。勝手に出てくるから。ストーリーはおもちゃを見ていると自然に出てくる。
	イメージに身を任せる	イメージが自律性を帯びて動き始め、制作者はその動きに身を任せる。	・小説を読んでいる時のように、映像(文章)がひとりでに頭の中に浮かび、流れてゆく。ものを見て浮かんだイメージに動かされることがほとんど。 ・特に何の違和感もなく、それらのイメージに身を任せる感じ。とても自然な感じ。
	イメージとやりとりする	自律的イメージとモノとしての箱庭制作との間でバランスをとりながら制作を進める。	・イメージがまた新たなイメージをどんどん湧かせていって。パッと湧いてきたイメージを置くんですけれども、それが他のイメージとうまく合ってなくて、バランスがとれなくなったりするのを調節していって、一つのものにまとめていった。 ・これを置いたらまとまるだろうな、と思う時でも、気持ち悪くて置けず、結局まとめにかかるというよりは、イメージに当てはまるものを置いたという感じ。
イメージを把握する	イメージを体感する	イメージを五感で体験する。	・サルが嫌だ。嫌というか、嫌いなタイプだと思ったんですよ。 ・ことばに書き留める際には、自分が箱庭の中に入ってあたかも本当に体験しているような感じがした。文面にあるようにすがすがしい気分や花・木の香りをたくさん吸い込んだような気持ちよさを感じた。
	イメージが明確化される	漠然とした体験やイメージが、自らに納得される形で明確化される。	・書き留めているときは、自分のふだんの性格や考え方が反映されているなと改めて気づきました。 ・書くことで頭の中のストーリーがよりはっきりと具体的になった。 ・好きなように、何も考えずに作っていたのに、"ストーリー"といわれるとややメルヘンチックな「お話」が思いついておもしろかった。
	一貫性を意識する	全体としてのまとまりが意識される。	・制作後、書き留めている時は、バラバラだったイメージを、一つのストーリーに構成していくかのような感じであった。 ・全体的にストーリーをもたせられたら面白いなと思ったが、結果的に断片的なストーリーが羅列されたように思う。
	イメージがずれる	言語化に伴って、元来の体験やイメージとずれが生じているかもしれないことが指摘される。	・今書いていることが本当に思っていたことなのかなァということ。あとは書いたあとに、あぁ、自分はこういう風に思っていたのだ、と確認し納得する感じがした。 ・言葉になる前の段階まではっきり感じられなかった。言葉で表現しているほど、はっきりと感じていたわけではない。ただ何となくそう思っただけ。 ・書き留めている時のイメージは、それがアイテム選択中のまだ箱庭に置かれていないときなのか、置いている途中なのか、それとも置いた後に全体を見て起こったものなのか分からなくなってきた。ただ、どれも悪くない。今はその全部を見てるんだと思う。
制作意図に沿う	意図に沿う	何らかのイメージが先にあり、意図に沿わせる形で制作を進める。	・自分なりに「ここは〜エリア」というのを意識してつくっていて、次は「〜エリア」に置こうと思ってからアイテムを探すことが多かった。 ・できるだけ本物の自然に近いような配置にしたいと思った。

▶M-GTAによるカテゴリーの検討

以下では、M-GTAによって抽出されたカテゴリーの様相を具体的に記述する。なお、社会学から出発したM-GTAでは生成された概念を第一義とするが、本研究は臨床心理学的検討を目的としたものであるため、概念を一つの枠組みと捉えて、個人の体験を尊重することにしたい。そこで、カテゴリーの説明の際に、具体的事例を適宜取り上げることにする。

① 自律的イメージに沿う

【自律的イメージに沿う】は制作者の意図を超えたイメージの自律的な展開を基盤として［物語#1］が描かれる体験で、〔イメージが浮かぶ〕〔イメージに身を任せる〕〔イメージとやりとりする〕という三つの概念から構成される。内的なイメージと現物の箱庭とのバランスを調整しつつ、［物語#1］が展開する。

本カテゴリーを代表する一例として、上述した三つの概念すべてを含むS3（20歳男性）の体験を取り上げたい。これは［例2.3.2.］として前項にて示したものであるが、ここに再掲する。

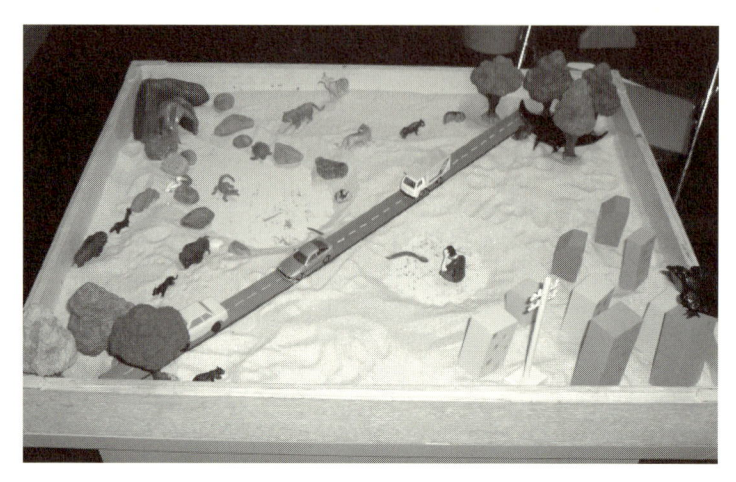

［例2.3.2.］箱庭（S3）（再掲）

まず、中央やや右下寄りに、身動きのとれないヘビと悩む青年が置かれ、彼らを挟んで対角に都会のビル群と水辺に集う動物が配置される。この瞬間にS3は「動物がこっち（都会）にやってくるってイメージがパッと湧いた。ビビッときたみたいな感じで、突然来た」のだという。これらの動物は「それこそアニメーションのように動く」のであり、「パッとひらめいたイメージが自分の中では生々しい」ものとして体験される。この瞬間の内的な動きが物語られて、『湖の水を飲み終えた動物は、再び列をなし、反対の境界、つまり都会側へ向かう。すでに、トラが一匹と、猫と大きなエイが、青年の方へと向かっている。これらの動物は、青年・ヘビを助けるだろう。エイは大きく、とても力強い』という物語として描かれる。この体験を振り返ったとき、「イメージを湧かすのは難しく、イメージが湧いてくるのは突然」という印象が述べられるが、これは［物語#1］が知的な作業によるものではなく、イメージ自身によって創造されたものであることを示しているだろう。S3の物語は、このような〔イメージが浮かぶ〕〔イメージに身を任せる〕という体験をメインに展開していったように思われる。

　ただ、常にイメージの流れに身を任せているわけではなく、内的なイメージに対して現物の箱庭を調整することも行われている。「イメージがまた新たなイメージをどんどん湧かせていって、そのパッと湧いてきたイメージを置くんですけれども、それが他のイメージとうまく合ってなくて、バランスがとれなくなったりするのを調節していって、一つのものにまとめていった感じがしました」と振り返られる。イメージの動きを受け止めつつ全体を統合する機能も作用しており、〔イメージとやりとりする〕ことがなされている。そうではあるが、イメージの自律性については「イメージの一貫性は直す（一貫性のあるものにまとめる）のは難しかった」という実感もあり、必ずしも構造化しきらない物語の様相が示されている。

　S3においては、箱庭制作は「アニメーションのように動く」イメージの自己展開性に導かれたものであり、またそこに〈私〉を関わらせていく過程であったように思われる。イメージのインパクトはとても強く、意図的な修正

を拒むものであったかもしれない。このような体験に示されるように、自己生産的イメージによって創造された物語は、一貫した筋立てをもって構造化されるものではなくて、イメージが展開する瞬間のインパクトの連なりとして重層的に織り成されていくものと考えられる。[物語#1] において「部分型」「列挙型」の構成が多く見られたのは、このような内的体験を反映したものではないだろうか。

② イメージを把握する

【イメージを把握する】は制作者がイメージに関わる体験の諸相で、〔イメージを体感する〕〔イメージが明確化される〕〔一貫性を意識する〕〔イメージがずれる〕という四つの概念から構成される。

〔イメージが明確化される〕は、岡田 (1993) や東山 (1994) の指摘する物語化の作用と重なるものである。[物語#1] は、明確な物語作りを経る前段階ではあるが、すでにイメージを物語ることが試みられている。これをふまえると、イメージの把握形態として物語という視点が作用するとき、程度の差こそあれ、そこに意識が介入し、それによって意味の把握がなされると考えられよう。〔一貫性を意識する〕というのは、さらに俯瞰する方向へと意識の関与が進んだもので、物語構造が意識されるなど、物語られた内容が客観視されることになる。

ただ興味深いのは、イメージの把握には意識の関与とは異なる方向も報告されることである。〔イメージを体感する〕というのは、まるで箱庭イメージに入り込んだかのような体験である。例えばS9 (22歳女性) は、イメージを物語ることを通して「すがすがしい気分や花・木の香りをたくさん吸い込んだような気持ちよさ」を覚えたという。イメージの把握は、知的な理解の深まりだけではなく、身体感覚的なリアリティに開かれることでもあるのだろう。

それに対して〔イメージがずれる〕はネガティブなニュアンスを孕む体験である。これを顕著に体験したS15 (21歳女性) を [例2.3.4.] に取り上げたい。

第2章　物語ることの実像　　53

［例2.3.4.］箱庭（S15）

［例2.3.4.］［物語#1］（S15）

> 砂がとにかく気持ちよかった。気づくと山になっていた。
> 最初は山以外水色にしようとしていた。でも、水色が今日は好きじゃなかったので、他の部分も砂でうめた。
> 何かおきたいとは思わなかった。でも、山だけではさびしかったので、何かしたかった。
> なかなかピンとくるのがなかった。
> ただ、最初の山が上から見ると、きれいな丸だったので、その丸を作りたい（目立たせたい）と思った。
> 緑の草をえらんだのは、ひも状で自然物だったから。
> 人工的で直線的な柵はイメージとちがった。
> ピラミッドの色が砂の色とぴったりなのでおいた。
> きっと、山を象徴するものなのだろうと思った。
> きっと、山は神聖で、人々は　その山の代わりにピラミッドに足を運んでいるのだろう。
> ビー玉をおいたのは色が欲しかったから。
> 具体的なものをイメージしていたわけではないが、
> キラキラしていて、カラフルで　おいて正解だと思った。
> 小さい黒い石は、あんなにおくことになるとは思ってなかった。
> あるだけおいてしまうくせがあるらしい。
> 思ったよりも量が多くて、ビー玉も少しかすんでしまったが、そうなってしまったのだからしょうがない。
> 山もそのままでは物足りなかったのだが、何かを置く気にはならなかった。
> 偶然手でつけてしまった跡がきれいだと思ったので、ななめに1周線をつけてみた。
> 具体的な生き物のイメージはないが、まったくいないというわけでもないだろう。

S15の箱庭制作は「何かを作ろうっていう意識が働いていなくて」「なんとなく、気づくと砂を集めていて、集めると何となく山ができていた」というように、意識的関与は薄かったようである。このようなプロセスを物語るように求めた［物語#1］ではモノローグとして彼女の内的体験が綴られ、イメージ内容に関わる描写は時折挿入される程度に留まっている。さらにそのいずれもが「○○だろう」と推測形である。これについてS15は、「言葉になる前の段階までしか感じられなかった。言葉で表現しているほど、はっきりと感じていたわけではない」「だから自分でどういう意味なんだろうとか、そういうのを考えようとすると分からなくなる」と述べる。「言葉にすると、ちょっとずつ意味がずれていく」と感じるために、ここに描写した以上を物語ることは否定するのである。

これは彼女の箱庭に物語がないということを意味するのではないだろう。神聖な山、その象徴としてのピラミッド、そこに足を運ぶ人々……と物語性を含んだイメージの展開していることが推測される。ただ、それは言語的な次元とは異なるのである。そのため、物語ることを言語行為として行おうとすると、そのずれが違和感として差し迫ってくるのだろう。物語るという行為は、このような内的リアリティに対するずれを生ぜしめる可能性をもつようである。

③ 制作意図に沿う

【制作意図に沿う】は、内面の動きに従うというよりもあらかじめ意図したイメージに従って箱庭制作が進められるものである。こうした体験のなかでも、内面的な動きが最も表明されなかったS2 (19歳男性) を［例2.3.5.］に取り上げる。

S2の箱庭には『一昔前のアメリカの、都会からちょっと外れた町のような感じ』が再現されている。これは彼が親しんだゲームの出発点なのだという。［物語#1］は、彼の内的体験やイメージの動きは含まれず、情景の説明となっている。イメージの両極に「外界の模造」と「内界の表現」を設定すると (河合,

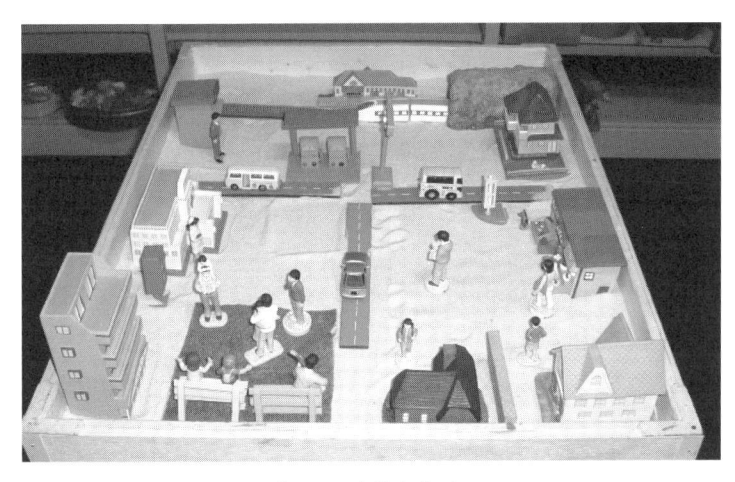

[例2.3.5.] 箱庭（S2）

[例2.3.5.][物語#1]（S2）

まず最初に目についたのが駅と電車です。
それで、一昔前のアメリカの、都会からちょっと外れた町のような感じをイメージして作りました。
（具体的には、『＊』というゲームの中の最初の町である『※』という所をイメージしました。）
一つの町なんですけど、その町の中の色々な所で様々な人々が思い思いの行動をとっている様な感じで作りました。
店の前にいる犬は、お店の看板犬みたいな感じでみんなから可愛がられているイメージです。
家にいる猫は野良です。
曜日は土曜日で、大人や幼児は休みで子供は午後授業で帰ってきたんだと思います。

1971)、S2の箱庭制作は、箱庭との関わりから生じる「内界の表現」ではなくて、「外界の模像」に近いものだったのではないだろうか。[物語#1]もこれに対応して、内面的な動きを物語っていくのではなくて、外的事象を説明するものとなっている。箱庭はその成り立ちからして内面的なものの表現となることが想定されており（Lowenfeld, 1939; Kalff, 1996)、「外界の模造」を意図

して作り始めた場合でも「内界の表現」としてのイメージが動きだすことが多い。本調査においても24事例のうち20事例はカテゴリー【自律的イメージに沿う】に該当する内的イメージの動きが報告されている。ただS2を含む4事例においては、映画のワンシーンや特定の風景など、あらかじめ予定した情景を再現することを終始意図した箱庭制作が報告された。この場合、［物語#1］もまた「外界の模造」を説明するという形がとられ、内的な動きはほぼ含まれていない作品が示されている。

(3) ［物語#1］の生成過程に関する考察

［物語#1］は「箱庭制作中に浮かんできたイメージや空想・お話」を後に書き留めたもので、「内界の表現」（河合, 1971）としてのイメージを物語ることを意図したプロセスとなっている。改めて一人ひとりの調査協力者の事例に戻ると、一人のなかに複数個のカテゴリーにまたがった体験が報告されている。とすると、各概念・カテゴリーというのは、箱庭イメージを物語るという行為における〈私〉の体験のヴァリエーションと位置づけられるだろう。これをふまえて、以下ではまず、M-GTAによる箱庭制作体験の分析から指摘しうる［物語#1］の生成過程について整理する。

ⅰ）物語は、イメージの自己展開性を尊重しつつ、そこに〈私〉を関わらせていくという、イメージと〈私〉の相互的やりとりによって創造されていた。
ⅱ）〈私〉を関わらせるときイメージの把握がなされるが、その作用として意味の明確化・俯瞰する視点の獲得といった意識的次元に加えて、五感に迫るような内的リアリティの次元を開くことも報告された。また、言語行為としての枠組みがイメージからのずれを生む可能性が示された。
ⅲ）終始「外界の模造」を再現することを意図した箱庭制作がなされる場合があった。こうした箱庭制作体験を物語るように求めたとき、〈私〉

の内的な動きは語られず、箱庭の様子が客観的に説明されることとなった。

さらに当初の目的に沿って、[物語#1]の生成におけるイメージと〈私〉の関わりについて、さらに考察を加えたい。

① 「物語ること」の両面性——イメージの"実現"と"理解"
　カテゴリー【自律的イメージに沿う】で取り上げたS3 [例2.3.2] では、イメージは強いインパクトをもって立ち現れ、アニメーションのように動き出す。そして、これは物語のように展開することで自らを実現させていく。同時に、「ビビッときた」と表現されたように、その瞬間にイメージに意味が発生し、彼に彼自身の内面の動きについての理解をもたらすのである。この理解というのは、「生々しい」と感じられたことから明らかなように、知的な理解ではなくて、もっと内的リアリティに根ざしたものであろう。S3にとってイメージを物語るという行為は、自らを実現してゆくイメージのインパクトに襲われることと、その瞬間に訪れるイメージの意味を掴むということが同時的に体験されるものだったのではないだろうか。理解というと、意識的で後発的な作業によって得られるように思われるかもしれないが、そうではなくて、実現と同時的であり、また意図や意思を超えた次元からもたらされるものなのだ。
　S3に体験されたような物語ることの両面性は、他にも多くの事例で報告されている。【自律的イメージに沿う】と【イメージを把握する】という二つのカテゴリーは、多くの場合、一人の協力者のなかに混在して現れてくるようである。〈私〉を関わらせつつイメージを物語るというのは、まったく意識的であったり、まったく無意識的であったりするのではなく、一人の人のなかで実現と理解の双方向の動きが影響し合いながら進んでいくプロセスなのだろう。

②「物語ること」における〈私〉の関与——"理解"の位相

　先に、「主体的であろうとすることは、できていく箱庭に主体を委ね、主体をいわば逆に捨てることなのである」という河合（2002）の言葉を引用したが、主体的に箱庭に取り組むことによってこそ"第三のもの"としてのイメージが立ち現れるのであり、それによってこそ自我意識を超えるような実現と理解が同時にもたらされるのだと考えられる。これは、イメージの物語的展開性を尊重しつつ、それを〈私〉が受け止めるという体験と言えるかもしれない。ただ、イメージに対する関わり方は固定的なものではないだろう。イメージの自己展開性を強く実感したS3においても、バラバラのイメージを調節するような、より意識的な関与も報告されている。イメージに対して意識の働きが強くなると、個々のイメージを統合したり、物語の全体像を俯瞰したりといった視点が芽生え、理解の方向性がより知的なレベルに移行していくように思われる。

　ただ、それがどのような程度であれ、〈私〉の関与はイメージのリアリティに対してあくまでも誠実であらねばならない。〈私〉の関与というと、どうしても言語的次元における知的理解に偏ってしまうように思われるが、箱庭療法は本来非言語的な技法である。それに対して本調査は「イメージや空想・お話」を書くように求めたという点ですでに言語化を促しており、理解のあり方を知的な方向へ進めている。これは本調査の方法論の問題でもあるが、こうした枠組みを設定することによって、むしろ理解が言語的で知的なものに固定されることへの警鐘が鳴らされることになったのではないだろうか。理解の次元はS15［例2.3.4.］のように前言語的なものでも、またS9のように五感に迫る身体感覚的なものでもありえるのだ。物語ることにおける実現と理解は、実に微妙なバランスのもとに成り立っていて、人為的に介入するとそのバランスが崩れてしまう。そうなると、〈私〉の内的体験、ひいてはイメージのリアリティに反する作用を生み出す危険性もまたあるだろう。

③「物語ること」において、内面は前提とされうるのか

　冒頭において、本章の目的としてイメージの次元から物語るという行為を捉えたいことを述べた。この目的に沿って箱庭療法を用いた調査実験を行い、箱庭制作におけるイメージの物語的展開を検討してきた。つまり、本調査では、箱庭制作に伴って内的イメージが生成されることを前提としているのである。

　しかし、そもそもこれを自明の前提とすることは可能なのだろうか。S2［例2.3.5.］においては、内発的なものではなく、いわば外的な情景をそのまま再現するという形で箱庭制作が取り組まれた。選ばれた情景に内的なものが映し出されている可能性もあるが、おそらくたまたま最初に目についたミニチュアを選んだという偶然の要因のほうが強いだろう。箱庭制作体験を物語るときも、外的なものを客観的に記述することとなり、〈私〉の内面に照らした筋立てというのは見られない。他3例でも同様の傾向が示されたが、このように内的イメージが物語られない事例は、箱庭療法が内面的なものに基礎づけられているというそもそもの前提を否定するものかもしれない。とすると、心理療法における物語というパラダイムを検討するにあたっては、非臨床群においてもイメージや内面的なものを前提としえない事例群の観察されたことは留意が必要だろう。

　以上をふまえて、次節では、セッション2で実施された物語制作を取り上げる。より意識的次元において、物語はどのように創造され、そこに〈私〉はいかに関与していくのだろうか。

第4節　物語制作過程からみた「物語」の検討

　第4節では、［物語#2］を取り上げて、意図的な物語作りによってイメージを物語ることがどのようになされているのかについて検討する。前節と同様に、「物語の構造」と「物語の生成過程」という二つの分析を通してアプ

ローチしていく。

1. 物語の構造

　[物語#2]がどのようなものであったかについて、[物語#1]と対比しつつ、その構造的特徴を記述する。

　(1) 検討の方法
　[物語#2]として描かれた全24作品の構造について、[物語#1]と同様に「描写型」と「構成型」の2種類の分析を行った。以下では、[物語#2]の基本構造とそのヴァリエーションを捉えるとともに、[物語#1]からの変化についても検討する。

　(2) [物語#2]の描写型
　物語の描写形式について、イメージ内容のみの「イメージ型」と、イメージ内容と制作者の主観的体験の混じった「イメージ・体験混合型」に分類を試みた。
　その結果、「イメージ型」に22例(91.7%)、「イメージ・体験混合型」に2例(8.3%)が該当した[表2.4.1.]。
　[物語#1]では「イメージ型」が6例(25.0%)、「イメージ・体験混合型」が18例(75.0%)であったことをふまえると、[物語#2]では、制作者の内的体験と結びついた描写は減少し、ほぼイメージ内容のみに焦点づけられた描写に変化していることが分かる。イメージと〈私〉の内面とが重なり合っていた[物語#1]に対して、[物語#2]では両者の融合的な結びつきは解消されたと考えられる。

　(3) [物語#2]の構成型
　物語構成についても、①全体として一つのまとまりある物語が描かれてい

るか、②複数に分かれているが各部分では一つのまとまりある物語が描かれているか、という二つの基準のもと、「全体型」「部分型」「列挙型」という三つのタイプに分類を試みた。

その結果、「全体型」に20例 (83.3%)、「部分型」に1例 (4.2%)、「列挙型」に3例 (12.5%) が該当した [表2.4.2.]。

[物語#2] では、複数個のエピソードが並列されたり短文・単語が列挙されたりする描写は減少し、全体で一つの流れをもつ物語が多数を占めるようになっている。[物語#1] では「部分型」「列挙型」を合わせて18例 (75.0%) だったことを考えると、[物語#2] は物語の構造化の度合いが相当高まったようである。

[表2.4.1.] [物語#2] の描写型

	人数（割合）	定義	該当者
イメージ型	22人 (91.7%)	イメージ主体記述のみが記述される。	S1, S3, S4, S5, S6, S7, S8, S9, S10, S12, S13, S14, S15, S16, S17, S18, S19, S20, S21, S22, S23, S24
イメージ・体験混合型	2人 (8.3%)	イメージ内容と制作者の体験に関わる記述が混合している。	S2, S11

[表2.4.2.] [物語#2] の構成型

	人数（割合）	定義	該当者
全体型	20人 (83.3%)	全体で一つのストーリーを構成している。	S1, S3, S4, S5, S6, S8, S9, S10, S12, S13, S14, S15, S16, S17, S18, S19, S20, S21, S22, S23
部分型	1人 (4.2%)	部分ごとにストーリーが展開される。部分間の順序や時間的つながりが明確ではない。	S7
列挙型	3人 (12.5%)	短文や単語が列挙される。それぞれの順序や時間的つながりが明確ではない。	S2, S11, S24

(4) ［物語#2］の構造的特徴に関する考察

　箱庭イメージをベースに物語制作を行った［物語#2］では、「構成型」「描写型」とも物語の構造に大きな変化が見られた。個々の事例は後述する物語の生成過程と合わせて検討することとして、まず2種類の分析から示された［物語#2］の構造的特徴を以下に整理する。

　　ⅰ）物語の描写においては、イメージ内容と制作者の内的体験とが分離し、イメージ内容のみに焦点づけられていた。
　　ⅱ）物語の構成においては、構造化の度合いに応じたヴァリエーションの幅は減少し、総じて構造度の高い一つの作品が成立していた。

　これら［物語#2］の特徴は、［物語#1］との相違点でもある。［物語#1］では物語ることを通してイメージが創造されていったのに対して、［物語#2］ではすでに実現されたイメージを改めて物語るというプロセスが踏まれている。つまり、イメージを物語るときの〈私〉のあり方がそもそも大きく異なっているのである。箱庭物語作り法がイメージの意識的理解に主眼をおくように（岡田，1993；東山，1994）、物語作りでは、イメージの自律性に〈私〉を委ねるというよりは、最初からイメージを統合する意識的な視点として〈私〉が作用することになろう。これはイメージを見通していく作業であり、イメージそのものとある程度の距離が存在していなければ成し遂げられない。とすれば、［物語#2］においてイメージ内容と制作者の主観的体験との間に分離が生じたのも当然であったかもしれない。イメージと〈私〉の融合的な関係は解消されたけれども、イメージを統合する〈私〉の働きは強まることになる。イメージを構造化していくことによって筋道を見出していくという意味で、物語ることを通して〈私〉とイメージの新たな関わりが結ばれることにもなろう。

2. 物語の生成過程

第1項で［物語#2］の構造的特徴を検討した結果、意識的な関与の強まりによって物語られるイメージと〈私〉の間に分離が生じたこと、物語制作を通してそこに新たな関係が結ばれたことが示された。続いて本項では、［物語#2］の生成過程の分析を行っていく。

(1) 検討の方法

イメージと〈私〉の関連において［物語#2］がどのように生成されていくのかについて、制作者の主観的体験を切り口に検討する。

▶分析対象

セッション2における「物語制作体験」に関する自由記述質問紙2と、それに基づくインタビュー記録を分析対象とした。

▶分析方法・分析手順

第3節と同様に、木下（1999, 2003）によるM-GTAを用いた。

(2) 物語制作体験の分析

▶M-GTAによる分析結果

M-GTAによる分析の結果、以下に記す九つの概念が生成された。1)〔［物語#1］に沿う〕、2)〔新たな展開をみせる〕、3)〔さらなる展開可能性を含む〕、4)〔要素のつながりができる〕、5)〔時間軸ができる〕、6)〔要素の比重が変わる〕、7)〔ずれる〕、8)〔［物語#1］を変更する〕、9)〔物語にならない〕。

そしてこれらの概念から1)【箱庭の物語#1に沿う】、2)【箱庭の物語から独自に展開する】、3)【箱庭の物語が変容する】、4)【箱庭の物語を変更する】、5)【物語にならない】、という五つのカテゴリーが見出された。結果の全体像を［表2.4.3.］に示す。

[表2.4.3.] M-GTAによる物語制作体験

カテゴリー	概念	定義	具体例
#1に沿う箱庭の物語	[物語#1]に沿う	箱庭制作時に抱いていた[物語#1]を、改めて「物語」として書く。	・箱庭を作った時のイメージが未だ残っていて、それをくわしく膨らませていく感じでした。 ・箱庭の世界は、その世界で完結しているので、何かが動き出すというイメージはなかった。箱庭をつくり終わったときのイメージを思い出そうとした。そのときに感じたことを言葉にした。
箱庭の物語から独自に展開する	新たな展開をみせる	箱庭制作時の[物語#1]から新たなイメージが動き出し、「物語」として独自に展開する。	・箱庭を制作したときには感じなかったようなイメージが湧いてきておどろいた。でも浮かんでくるイメージを限りなくそのまま表せていった感じがして気持ちよかった。 ・前に作ったものを見て、物語を作るのは、後づけ感が出てきていやになるかも、と考えたが、実際にやってみると、前回の感じと相まってスルスルと物語が出てきた気がする。箱庭を作った前回とはまた、少し異なった要素が出てきて面白みを感じた。
	さらなる展開可能性を含む	箱庭制作時の[物語#1]から新たなイメージが動き出し、その展開の可能性が示される。	・紙面上は完結となっているが、物語は続きそうな感じがする。 ・物語が始まる前の序章という感じ。この箱庭はとても静かだが、ここから、例えば柵がこわれて物語が展開していきます。物語は多分ここから続くかなぁと思う。どういう終わり方になるのかは分からないですけど。
箱庭の物語が変容する	要素のつながりができる	箱庭制作時には点在していたエピソードがつながってゆき、一つの「物語」を構成するようになる。	・前回は小さなエピソードをバラバラに列挙したように思ったので、それらをどうやってつなげていこうか考えながら制作した。(物語が)展開するというか、一つひとつ断片的だったエピソードが広がっていって、そして重なりが出てくるみたいな、そういうイメージです。 ・最初(箱庭を)置いた時は、人の世界と動物の世界は別々に存在しているような感じがしていたけれども、話を作っていたら、後から人間を置いたので、何か争いがあったような、そういうイメージが出てきた。
	時間軸ができる	箱庭制作時のイメージに時間の流れができる。	・箱庭で表現できなかった動きや、時間の流れが表現できた。例えば、このヘビが「こちらから来た」という過去のことは語らなければ分からない。置かれていてもそれは分からない。でもそれを物語にすることによって、過去の時間の流れとか動きというものを表すことができた。 ・太古のプテラノドンとか、でかいサメとかいるので、時間的にも縦につながるイメージを今日初めてもったかもしれません。
	要素の比重が変わる	箱庭制作時に点在していたエピソードに軽重が付き、「物語」に組み込まれる際に比重が変わる。	・前回、このエイとカラスがけっこう印象に残ったものだったんですけど、今回、エイはあまり自分の中では大事に扱われていなくて、カラスはそのまま(大事に)扱われているんですけど。そういうふうに、箱庭制作時に大事にしたものが、今日振り分けられて落ちていったりとか、逆に新しく生まれたり。 ・自分で置いた箱庭なのに、思い入れのある所をあまり登場させられなくて困ったことがありました。／それとは違った所で話が進んでいて、「あれ〜」って、不思議な感じがしました。
	ずれる	箱庭制作時に抱いていた[物語#1]からずれが生じ、ずれの上に「物語」が成立する。	・(箱庭を)作っているときは、どんどんミニチュアを置いていくときに、想像とかストーリーみたいなのが膨らんでいって、そのときに設定は多分あったんですけど、今はあまりそれを思い出せなくて。今見返すと、今の気分にあまりぴったりしなくて。 ・箱庭制作のときと違って、かなり暗めで寂しい感じの物語になった。ほかに作りようがなかったというか、そのようにしか見ることができなかった。
箱庭の物語を変更する	[物語#1]を変更する	「物語」として成立させるに際し、箱庭のイメージに意図的に介入する。	・箱庭では登場させたけれども、物語ではあまりストーリーと関係ないのでほとんど触れないようにしたものもいくつかありました。 ・湧いてきたイメージを自分で操作したり、まとめている感じであった。
物語にならない	物語にならない	ストーリーのある、一つの物語にならない。	・話っていうと起承転結がある感じがするけど、そういうはっきりとしたストーリーの流れっていうのは本当に全然思いつかなくて。 ・物語というか、もともと風景や写真的なものを意識していたので、ストーリー的な展開にはあまり出来なくて、風景描写に終始した感じです。

▶M-GTAによるカテゴリーの検討

続いて、各カテゴリーの様相を具体的に記述していく。

① 箱庭の物語に沿う

【箱庭の物語#1に沿う】は［物語#2］が［物語#1］の語り直しにより作り出されるものである。

物語制作についてS15 (21歳女性) は、「箱庭の世界は、その世界で完結しているので、何かが動き出すというイメージはなかった」「箱庭を作ったときの感じを思い出して、それを今も全然違和感なく感じとれるから、このまま書いちゃえ」と振り返っている。物語制作を通して、彼女は箱庭イメージに再び接近し、それに触れ直すこととなったようである。本カテゴリーを構成する体験群は、語り直しを経ても箱庭制作時のイメージからずれや違和感は生じていない。ただ、制作者の主観としては［物語#1］と［物語#2］の体験に顕著な変化は見られないけれど、物語は構造化の方向へ移行している場合が多く、意識的関与は強まっていることが推測される。

② 箱庭の物語から独自に展開する

【箱庭の物語から独自に展開する】は、箱庭制作時の［物語#1］を基盤にしつつ、そこから新たにイメージが展開して［物語#2］が創造される体験である。〔新たな展開をみせる〕〔さらなる展開可能性を含む〕という二つの概念から構成される。

物語制作の過程を、S9 (22歳女性) は「箱庭を制作した時には感じなかったようなイメージが湧いてきておどろいた。でも浮かんでくるイメージを限りなくそのまま表せていった感じがして気持ちよかった」と述べている。彼女の物語制作からは、箱庭イメージに基礎づけられながらも、更なるイメージが生まれつつあることが示唆される。それは「紙面上は完結となっているが、物語は続きそうな感じがする」というように、制作者の意図を超える可能性を秘めたイメージなのである。ここでは、物語作りはただ箱庭イメージの意

識化に寄与するものではなく、イメージの自己展開の媒体として作用していると考えられる。箱庭物語作り法における物語作りは、ただイメージから物語へという表現形態の変換を促すだけにとどまらず、物語ることを通して新たなイメージに開かれる可能性をもつと言えるだろう。

③ 箱庭の物語が変容する

【箱庭の物語が変容する】は、箱庭制作時の［物語#1］になんらかの変容が生じて、改めて構成し直されることで［物語#2］が成立する体験である。〔要素のつながりができる〕〔時間軸ができる〕〔要素の比重が変わる〕〔ずれる〕という四つの概念から構成される。

〔要素のつながりができる〕〔時間軸ができる〕というのは、箱庭に対応して個々に点在していたイメージにつながりや時間軸ができて、一つの物語構造が形成されるものである。これは、箱庭制作時に意思や意図を超えて自己展開していったイメージの間に、〈私〉が筋を読み込んでいく作業であろう。ユングが夢を理解するために物語構造を枠組みとすることを提案したように(Jung, 1987)、物語として見ることで、イメージの流れや意味をより了解可能なものとして捉えることができるだろう。

それに対して、〔要素の比重が変わる〕というのは、物語の流れの中である一つのテーマがメインとなることで、点在していた他のテーマが扱われにくくなる体験である。ここで、対照的な報告をしたS13（23歳女性）とS10（22歳女性）を取り上げたい。S13は、物語制作のなかであるミニチュアとの同一感が生じて、「(その)視点にとてもリンクする感じ」と、この主人公を介して自らがより深くイメージに没入することになる。これは、物語制作を通してイメージのなかに定点ができて、それによってイメージのリアリティがいっそう生々しく迫ってくる体験であったと考えられる。

それに対してS10は、「『女の子の森』が箱庭を作ったときにはわりと気にかかる場所だったのに、物語を作ってみると登場させにくかった……それとは違ったところで話が進んでいて、『あれー』って」という困惑を示した。一

つの筋立てが進行することによって、その筋にのらないイメージ群が排除されてしまったのだろう。彼女にとって、排除されてしまったイメージはとても大切なもので、いまだ言葉にならない可能性であったかもしれない。物語構造は一貫性と連続性を要求するため、点在するイメージが並列するような構造はとりにくい。そのため、筋立てから外れたイメージは扱われにくくなってしまうのだ。物語るという行為は、対象が焦点化されることでより深くイメージに没入することを可能にするとともに、知らず知らずに大切なものを捨象してしまう可能性をも含んでいる。

　最後に、〔ずれる〕は、箱庭イメージから決定的なずれの生じる体験である。S16 (20歳男性) は物語制作にあたって自身の箱庭に再度向き合ったとき、「同じものを見ているのに作ったときとは違うふうに見えていて、この前とはだいぶ違った物語になったと思う」と振り返る。箱庭制作時に物語られたイメージはもはやそこにはなく、それゆえまったく新たなものとして物語が作られることになる。

④ 箱庭の物語を変更する

　【箱庭の物語を変更する】は、物語として成立させるために [物語#1] に手を加えて [物語#2] を作り上げるものである。上述の【箱庭の物語が変容する】が自然な流れにおける変容だったのに対して、これは自覚的に箱庭イメージに介入して変更を加える。S3 (20歳男性) が「湧いてきたイメージを自分で操作したり、まとめている感じであった」と言うように、自覚されるほどの意識的関わりによって、箱庭イメージを加工した物語が作られる。

⑤ 物語にならない

　【物語にならない】は、筋立てや時間の流れを備えた一つの物語としては [物語#2] が成立しないものである。S17 (22歳女性) は、「散文詩的に、イメージをぽつっぽつっと書き連ねていった」として、物語ではなくて詩の形式によって箱庭イメージを物語ったことを述べている。このように、物語作りを

試みても、箱庭イメージは物語の要求する構造にそぐわないことが明らかになる。このような体験は、箱庭イメージのなかには物語形式になじまない面のあることを示していよう。ただ彼女のように自らのイメージに合った表現形式が選択される場合、たとえ物語構造にはならなくても、物語制作の過程はイメージの理解を深めるものとなっているだろう。

それに対して、「状況をとにかく説明して、それぞれ登場するものの様子や感情を羅列していった」というS6（21歳女性）や「風景描写に終始した」というS18（20歳男性）は、物語という形式の問題ではなくて、もっと根本的な問題、すなわち物語ることを要求する本調査の課題に対する困難さを示したものであろう。彼らの言及からは、〈私〉が対象に主体的に関わることによって筋立てを見出していくというのではなく、〈私〉はあくまでも客観的に対象を記述していこうとするあり方がうかがわれる。

なんらかの形で物語作りに対する困難が示されたのは7名であったが、物語構造にそぐわないという形式的問題が示されたものと、そもそもイメージを物語るという課題に対する問題が示されたものと二つのタイプが観察された。

(3)［物語#2］の事例検討

以上、M-GTAによる物語制作体験の分析から［物語#2］の生成過程について記述した。これによって物語制作過程の全体像を示してきたが、M-GTAの手続き上、一人ひとりの体験は切片化されることとなった。物語ることを心理臨床のなかで考察するという本章の目的に照らし合わせると、全体像の記述からさらに踏み込んで、一人の人に体験された内的な動きを一連の流れのなかで捉えていく必要があるのではないだろうか。そこで、M-GTAで得られたカテゴリーを切り口として、3名の体験を取り上げて事例的に検討することにしたい。取り上げるのは、［物語#1］と［物語#2］という二つの物語に対して、〈私〉の関与のあり方が大きく変容したことが報告された事例である。

① 事例1：箱庭イメージから新たに展開する物語

まず、［物語#2］において、［物語#1］からさらなるイメージの深まりと広がりの報告された事例を呈示したい。

▶協力者
S9（21歳女性）

▶箱庭
花々や木々に包まれた丘の小道の先、一番奥にマリア像が立てられる。S9は、ふとそれを眺めたかと思うと突然マリア像に手をかけ、これを倒す。倒れたマリア像の半身は砂に埋もれ、その背後には白い花が、前方には白蛇が現れる。

マリア像を立てたとき「嫌な感じがして」「すごく緊張感に襲われ」て、これを倒すことになったのだという。その一瞬の張り詰めた空気は、見守り手として立ち会った筆者にも強く迫ってくるのものだった。S9にとって、このときのこころの動きは大きなインパクトをもっていたようで、「その後もずっとドキドキしている感じ」が続いたことがセッションを通して振り返られた。

▶物語#1
上記の箱庭制作を経て、「箱庭制作中に浮かんできたイメージや空想・お話」として描かれたのが［物語#1］である。

［物語#1］を描いているとき、S9は「自分自身が中に入って実際に体験している感じ」を覚えたという。その体験を振り返って「匂いとか、キラキラしたものを見た時のすがすがしい気分とか感じて。こう、（小道を）上に行って（丘から）下を見下ろす感じとかも、結構すごくしました」と述べられる。描き出された［物語#1］は、箱庭制作における彼女の内的体験そのものだっただろう。箱庭イメージを物語ることについて彼女が強調したのは、「その

[例2.4.1.] 箱庭 (S9)

[例2.4.1.] [物語#1] (S9)

　はじめは、丘の上に立つ教会を作ろうと思ったが、しっくりこず、きれいな丘の上に立つマリア像を作成した。
　丘の上へと　つながる小道には　両側にはたくさんの花や木が並んでいて、白くて　きれいな小石が　たくさんしきつめられている。
　小道の入り口には、水面がきらきら光る小さな湖があって　すがすがしい気分になる。
　小道をあがっていくと、花や木の香りが胸の中いっぱいに広がり、ひっそりとした花園を満喫した気分になる。
　丘の上までくると、かつては　皇々しく立っていただろうマリア像が　砂に埋もれ　朽ちた感じを与えるが、マリア像の脇から　そっと静かに生えている白い花が印象的であり、この白い花こそが本質だと感じられる。スッと表れた白蛇も、朽ちたマリアよりずっと崇高であり、うそがなく、そして邪悪である。
　丘から下を見てみると、上ってくるときは気づかなかった枯れた木の林が目に入る。

感触が自分ではすごくリアル」という生々しいまでのイメージのリアリティである。これは彼女のこころの現実であったとも言えるかもしれない。こころの現実は、物語られることを通してここに実現し、五感を通して理解され

たのだろう。S9という〈私〉は、箱庭イメージにすっかり包まれ、包まれることによってそのイメージの体験的理解に至ったように思われる。ここでの理解は、イメージの実現と同時的であり、知的な理解とは異なる次元のものなのである。

▶物語#2
　続いて、「箱庭をもとに物語を作ってください」との教示のもと描かれた［物語#2］を掲載する。
　［物語#2］は、『一人の旅人』を主人公にした物語になっている。物語制作の教示を受けた直後はやや頭を悩ませたというS9だったが、「ある旅人がこの場面に出会ったという感じを受けた時から、この人が過去にどういうことがあったのか、それからここに来て、ここに入ったあとどうするのか……浮かんでいって……」というように、旅人を定点として［物語#2］が創造される。旅人は、［物語#1］でのS9を追体験するかのように箱庭イメージに入っていく。
　［物語#1］と［物語#2］で大きく異なるのは、朽ちたマリア像に出会った瞬間に襲われた『心の底からふるえるような気持ち』に対する意味づけであろう。「箱庭は意味が分かって作ったわけじゃなく気持ちの赴くままに作ったんだけれども、（物語は）それはどういうことなのか、おさまりをつけるというか」「意味を付与する」感じだったという。マリア像に手をかけたときに彼女の内面に巻き起こった大きな衝撃は、『世界の真理とは美しいものや尊高なるものの中にあるのではなく、その後朽ちてゆく過程、そして再生する可能性というすべてのつながりの中に存在しているのだろう』という、〈私〉の存在の根源に触れるものだったのである。イメージの自己展開をそのまま受け止めた［物語#1］で強い緊張感や動悸といった身体反応を引き起こした内的インパクトは、［物語#2］においてこれに照合する意味を見出したのだ。
　こころの動きに意味が獲得されるのと同時に、イメージに対する〈私〉のあり方に質的な変化が生じる。それは、「登場人物を箱庭の世界に入れたた

［例2.4.1.］［物語#2］（S9）

　世界中を歩いて旅する一人の旅人がいた。
　その旅人は50を過ぎた男で、これまで何千km、何万kmと旅を続けてきており、見た目はぼろぼろだったが、身体も心も疲れ果てていた。
　この旅人は、世界の真理を探すべくもう30年も旅を続けていたのだが、どの地に赴いてもそんなものは見当たらず、この世界に対しても自分に対しても嫌気がさしていた。"この世に存在するものすべて、いやこの世自体が、うすっぺらいいつわりに塗り固められたものなのではないか"とほとんど諦めに近い思いで歩みを進めていた。
　彼は、ある森の中を歩いていた。うっそうと茂る草木をかきわけながら進むと、突然、目の前が開けた。
　そこには、色彩やかな花や瑞々しい葉をつけた木々、きらきらと光る水面をたたえた小さな湖がひっそりとあった。彼はその皇々しさに息をのんだ。彼の正面には両側を美しい花で囲われた、白い道があった。つるつるした真っ白い石がしきつめられており、彼はその感触を足で踏みしめながら、小さな丘を上がっていった。こうこつとした気分に浸りながら丘の上までくると、そこで目にしたのは、かつてはその皇々しさをたたえて立っていたであろうマリア像の終末であった。彼女は土に埋まり、かつての尊高な気配はみじんもなかった。そのマリア像の傍らから体の小さな白い花が凛とした印象で生えていた。そのとき心の底からふるえるような気持ちが彼を襲った。それはまさしく彼がこの30年以上探し求めてきたものだった。世界の真理とは美しいものや尊高なるものの中にあるのではなく、その後朽ちてゆく過程、そして再生する可能性というすべてのつながりの中に存在しているのだろうということを感じたのだった。
　茂みの中からはい出てきた白いヘビも、眼下の朽ちた枯木たちも　そして、今立ちつくす彼自身も　その真理を内包している存在なんだと気がついたのである。

めに、自分が入り込む感じが難しくなった」「強い接触感は感じない」という箱庭イメージに包まれる体験の喪失であり、その代わりに「その人物の感情とリンクする感じで共鳴できる感じ」になったことである。［物語#1］に見られたイメージへ没入はイメージと〈私〉とが分かちがたく結びついたものであることを示しているだろうし、イメージを物語ることは〈私〉の内面を物語ることと等価であった。それに対して、［物語#2］を通して意識的次元

で物語るとき、〈私〉はすでにイメージから抜け出してしまっている。〈私〉は旅人という媒介によって再びイメージに触れるが、これはイメージへの没入ではなくこれを見通す作業となる。〈私〉という主体意識は、"旅人"と"それを物語る人"と二重になるのである。これは"私が私を物語る"ということであり、"私を見る私"という俯瞰する視点の存在を示すものだろう。物語る行為は"見る私"という俯瞰する視点によって意味を獲得することになるが、意味など分からなくても"ただイメージに包まれていた私""ただこころを震わせていた私"は喪失されてしまう。イメージの次元を物語るとき、"物語る私"と"物語られる対象"との関係のあり方に応じて、こころのリアリティに開かれることも、意味に開かれることもあるのだろう。内的リアリティの喪失と意味の獲得は裏表であり、イメージの自律性が強いと内的なリアリティに、意識的関与が強いと意味の側に寄るのだろう。

② 事例2：箱庭イメージから隔絶する物語
　続いて、［物語#2］を描くことを通して箱庭イメージからまったく隔絶してしまった事例を呈示する。これは第3節において［例2.3.1.］として取り上げたものと同一であるが、ここに再掲する。

▶協力者
S14（23歳女性）

▶箱庭
　箱の左上から右下に至る対角の線上に海と滝があって、水が広がる。そのちょうど真ん中あたりに、砂に埋もれた素焼きの壺と、上向きに立てられた壺がある。壺の傍らにはキリンが佇んでいる。
　箱庭制作は「どんどんミニチュアを置く時に、想像とかストーリーみたいなのが膨らんで」いくような体験であった。

▶物語#1

箱庭制作のときにどんどん膨らんでいったイメージをそのまま描き表した、というのが［物語#1］である。

箱庭制作のときに「ふしぎな感じ。勝手に出てくるから。ストーリーはおもちゃをみていると自然に出てくる」と言及されるように、［物語#1］を描く以前の段階から、S14はイメージの物語的展開を感じていたようである。［物語#1］はとにかく「自然に」「偶然に」生成されていったもので、彼女にとって箱庭イメージを物語るというのはごく自然な体験であったことがうかがわれる。「箱庭をもとに、自覚的、内省的に物語や状況が本人に把握されたり治療者に解説されたりしなくても、箱庭を作ることそれ自体がすでに物語を語ることだ」という山口（2001）の言葉通り、イメージを物語る過程は彼女に自覚されてさえいなかったかもしれない。

S14は自分も物語世界を覆う遥かな時の流れと寂寥感に包まれていることを告げ、これを「自分の内にある」「自分の一部」と位置づけている。箱庭イメージに入り込むような体験とは異なるけれども、物語を内包する体験もまた、箱庭イメージと〈私〉の内面的な動きとが重なり合っていることを示しているだろう。

▶物語#2

続いて、箱庭をもとに制作された［物語#2］を呈示する。

［物語#2］では、［物語#1］に描かれた内容がより詳細に綴られる。「大体は制作時に浮かんだストーリーを物語にした」と言われるように、イメージ内容自体に大きな変化は生じていない。

物語制作を経て決定的に変わったのは、物語る〈私〉の関わり方である。「箱庭をつくった時は自分の内にあるって思ってたけど、今は自分と箱庭はすごく離れている」「例えば地球の裏側だったら遠くても行けるけど、もう次元が違ってどんなに歩いてもたどり着かない感じ」と言われるほどに、〈私〉とイメージに亀裂が生じてしまう。これは、箱庭制作から1週間をおい

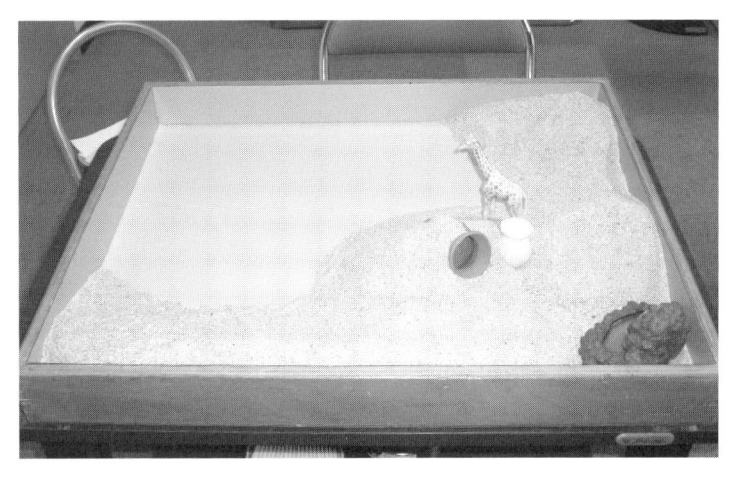

［例2.4.2.］箱庭（S14）（再掲）

［例2.4.2］［物語#1］（S14）（再掲）

```
静寂
何か以前に起こって、終わった後みたいな感じ
動くのは波と砂
あとは　どんどん　砂に埋もれていく（キリンも）
噴水からの水が海に流れ出していって、
大地が乾燥・風化していっても　水は枯れず
海は永遠に広がっていく。
キリンと壺の質感が最高。肌ざわりが良い。
キリンの哀愁が箱庭全体に広がって　もう何も置けなかった。
```

て物語制作を行うという本調査の要因も大きいと思われるが、「物語にすると言葉にするから、一般的には世界が広がるような感じがするけど、箱庭は違うかな。今回は逆に萎んでしまった感じがあって」と実感されるように、意図的な物語作りによるところも大きいのではないだろうか。箱庭制作時には、自然に水が湧いて海となって広がっていくイメージに「何かが誕生する神話」を思い描いていたのだが、「わざわざ話でそれを言うのって……説明

[例2.4.2.]［物語#2］（S14）

> 遠い遠い、地球の裏側よりもっと遠くの所のお話です。
> そこは一年中晴れていて、一年中からりと暑くて、一年中そよそよと涼しい風が吹いている所です。
> そう、5年前も100年前も、そのまた100年前も同じように晴れていて暑くてそよそよと涼しい風が吹いていました。
> それを一匹のキリンはずーっとずーっと見続けていました。キリンも50年前から、いえ、100年前、そのまた100年も前から同じところに、同じ姿勢で立ち続けていたのです。
> そこには、時間の経過を示すものはなく、ただ少しずつだけ壺が砂に埋もれていくのでした。この壺から砂が少しずつ生みだされ、生みだした分、壺は下へ下へと埋もれていきました。時期の経過を示すものはないといいましたが、やはり太陽は上がり沈みます。この日もまんまるでオレンジ色の太陽が地平線に沈んでいきます。キリンは何回、いや何万回それを見てきたのでしょうか。今日も太陽が地平線に沈むまでキリンはそれをじっと見つめます。
> キリンは動いたり音を立てたりすることはありません。
> そこで耳にする音は、ざわざわという波の音と、かすかにこすれ合う砂のかさかさという音だけです。

してしまうと価値が下がるみたい」「3Dを紙にしただけで色んなものが捨てられる」と振り返られる。S14においては、物語ることを通して、言葉にならないまま抱えられていたイメージの展開可能性や物語の萌芽といったようなものがすべて捨象されてしまったかもしれない。彼女の言及は、イメージの多層的な世界をある一つの形に固定してしまったことによる喪失感や違和感の表明だったのではないだろうか。このとき、"物語る私"と"物語られる対象"は、事象の間に筋を見出して構造化するというだけの機能的な関わりに留まり、〈私〉にとってのイメージのリアリティはもはやどこにも見出されない。事例1のS9においては内的リアリティの喪失の代わりに、『旅人』という登場人物を介して"物語られる対象"と新たな関わりが結ばれたのに対して、S14では〈私〉と箱庭イメージはまったく無機的関係に陥ってしまう。意図的な物語制作によって箱庭イメージ自体は詳細化されたはずなの

に、〈私〉にとってはまったく意味のない物語になってしまったのである。

　物語るという行為が開く実現と理解は、あくまでも〈私〉にとって意味のあるものでなければならない。河合（2001）は物語のもつ危険性について、「物語は意識と無意識の協調によってつくり出されるところに、その本質がある。しかし、人間は意識的に物語をつくることも可能である。だが、それは単なる意識的願望の表現であったりして、その人を動かす力を持たない」と述べている。心理療法のなかで物語る行為を考えるとき、意思や意図を超えた全体的なこころのあり方を見なくてはならない。物語ることは、〈私〉にとって意味深い現実の実現と理解をもたらすことも、これを完全に閉じてしまうこともあるのだと考えられる。

③事例3：展開しない物語
　最後に取り上げるのは、箱庭イメージを物語るという本調査の前提に対して本来的な困難を示した事例である。

▶協力者
S24（20歳男性）

▶箱庭
芝や滝によってエリアが設定され、そこに動物が集っている。
「棚を見たときに動物がいっぱいいたので、動物を使おうかな」と始まった箱庭制作は、「できるだけ本物の自然に近いような配置にしたい」「あり得ないものはいないように」と作られていった。

▶物語#1
　このような箱庭制作体験のもと描かれた［物語#1］を呈示する。
　S24の箱庭制作はミニチュアの配置や日常的次元での現実性が意識される一方、内面的な動きは報告されないものだった。外的事象を再現していくと

[例2.4.3.] 箱庭（S24）

[例2.4.3.] [物語#1] （S24）

> 動物
> 草食動物と捕食者がいて、適度な距離を保っている
> 平和だけど軽い緊張感がある
> できるだけ多くの種をできるだけ自然に近く…
> 動物はできるだけ集団で置きたい

いう当初の意図に沿った箱庭制作過程が歩まれたようである。箱庭に対しては「動物園を見ているようなそんな感じ」というスタンスが貫かれ、イメージ内容と〈私〉の融合的な描写は見られない。〈私〉はあくまでも外側から箱庭を眺めているのであり、[物語#1]はこれを説明するような作品となっている。

▶物語#2
　続いて、物語制作を経て描かれた[物語#2]を呈示する。
　「箱庭をもとに物語を作ってください」という教示を受けて、S24は「物

語って言われると、始まりがあって落ちがないとダメなのかなって思ってしまって」「物語というと流れがあるというイメージがあるけど、別にこれには流れはないので」「そういうのがこの中にはないので戸惑いました」と言う。本人に自覚される通り、彼の箱庭には彼の内面の動きと連動するイメージは見られなかったのだろう。箱庭物語作り法は箱庭制作に伴う内的イメージを前提とするが、S24においてはもとよりこの前提が成り立っていないのである。本調査の呈示した物語制作という課題は、そもそも存在しないものをベースに物語ることを要求するという点で、彼にとって困惑をもたらすものだったにちがいない。

　"物語られる対象"としてのイメージがないのにあえて物語制作に臨むと、あくまでも「外から箱庭を見ている感じ」という客観的なスタンスが貫かれ、

[例2.4.3.]［物語#2］（S24）

草原
オオカミがウサギを狙っている
ライオンがシマウマを狙っている
クマが親子で歩いている
サイがボーッとしている
シカは親子で休んでいる
カンガルーの群れがいる
親子で歩いているシカをキツネが見つけた。
キリンは親子で木の葉を食べている
森にはゴリラが住んでいる
森の木の上にはコアラが住んでいる
放牧場では、羊や牛がのどかに暮らしている
なぜか、子だくさんのパンダもいる。人が置いていったのか、タヌキの置物が地蔵のように立っている
砂漠ではラクダの親子が泉に向かって歩いている
一頭のワシが砂漠に降り立った
泉ではカエルやカメが泳いでいる。
今日もそんな感じで、一日が過ぎて行く。

新たに〈私〉を関わらせて物語を創造するようなプロセスにはなりにくいようである。その結果、「物語というよりも一つひとつの状況説明みたいな感じになってしまった」という。確かに［物語#2］では箱庭に置かれた動物の様子が一文ずつ綴られる。［物語#1］も説明的描写ではあったものの、それでもまだ箱庭制作に対するS24の思いがうかがわれたのに対して、［物語#2］ではそれさえも削ぎ落とされ、まったく短文の列挙になっている。彼にとって箱庭は「自分の好きなものが集まっている世界」で、箱庭制作は「楽しい」ものだったという。イメージやその物語性ではなく、S24の場合は、箱庭を作ることそのものが第一義だったのではないだろうか。課題として物語作りを要求するのは、その一義的な体験を意味のあるものにすることはできず、かえってその本質から遠ざかる方向に作用したように思われる。

(4)［物語#2］の生成過程に関する考察

以上、［物語#2］についてその生成過程を検討してきた。ここで、M-GTAの分析と事例検討から指摘しうる特徴を整理したい。

ⅰ) 物語は、箱庭イメージに筋を見出していくという、イメージと〈私〉の新たな関わりによって創造されていた。
ⅱ) イメージに対する〈私〉の関わりは概して意識的統制の強いもので、物語構造の度合いが高まった。それによって意味を見通すことが可能になるとともに、筋にのらないイメージ群が捨象される可能性が示された。また意図的に物語を加工することも可能であった。
ⅲ) 一貫性と連続性をもつという物語形式にそぐわないために、物語ることのできない事例が観察された。これには、イメージが物語形式に一致しないことによるものと、本来的に箱庭にイメージが生成されていないことによるものと、二つのタイプが見出された。

以上の物語制作体験をふまえて、〈私〉という主体をより意識的に関与さ

せたとき、物語るという行為がどのようになされるのかについて考察していきたい。

①「物語ること」の制約――内的リアリティの喪失と意味の獲得
　ユングが精神的危機に陥った際に、積み石による村づくりという「箱庭療法の起源のようなもの」(河合, 2002)から内的世界への探求が始まったというエピソードがある。この作業を経て、ユングは、時に激しく襲われる情動のなかにイメージを見出し、イメージとの対話のなかにこのような体験の意味を見出していったという。この内的体験の一端が『死者への七つの語らい』(Jung, 1963)という物語として結実したことは、箱庭に物語が生まれてくる過程と重なる部分があるように思われる。箱庭物語作り法は、事例1に示したS9に見られたように、内的な心の動きからイメージへ、そして意味へと、それぞれが重なり合いながら出現し、まさに一人ひとりの神話が立ち現れる場となりうるのではないだろうか。
　しかしながら、物語作りは箱庭イメージに対する〈私〉の関わりを大きく変質せしめるものでもあった。箱庭イメージを物語ることは意識的関与を必要とし、それによって自らの内的体験の意味を見通していくことが可能になる。これは、外的現実とのつながりを強化したり、自分の心理的テーマについて洞察を促したりする契機となるだろう。けれどもこのような意味の獲得と表裏一体をなして、内的次元におけるリアリティの喪失が潜んでいるように思われる。意図的に物語ることによって"理解すること"が強化されて"実現すること"の次元と切り離されてしまうのである。事例1のS9では物語ることを通してイメージと〈私〉に新たな関わりが生じたけれども、事例2のS14では箱庭イメージと〈私〉はまったく隔絶してしまうことになった。〈私〉とつながりをもたない物語は、〈私〉の内的リアリティにとって意味をなさない物語であり、「騙り」に通じるとさえ言えるかもしれない。
　物語ることをイメージの次元から考えるとき、その実現と理解に対する意識の関わりは実に微妙なバランスにあろう。ユング(1964)を引用しつつ、

河合（1971）は、宗教の儀式や象徴などはその意味を考えるより先にそのような行為が先行して存在すると指摘している。箱庭の物語もまた、たとえ意味など分からなくても、ミニチュアの生き生きした動きや五感をくすぐるような感覚の体験が第一にあるように思われる。まず、イメージはイメージのまま、情動は情動のまま、抱えてゆくことが大切なのではないだろうか。箱庭物語作り法の実践的考案者とも言える三木（1992）は、もともと箱庭からの自然な要請を受けて物語法が生み出されたこと、物語をつけるのに時に1年の期間を要したことを述べている。物語ることは決して人為的に求められるものではなく、草木が実を結ぶように時が満ちて自ずと実ってくるところに意義深さがあるのではないだろうか。

②「箱庭物語作り法」の心理臨床現場への適用

このように考えると、「箱庭物語作り法」の心理臨床への適用についても再考が必要かもしれない。本調査では物語制作を2回目のセッション内に統一したが、実際の臨床では、物語制作は次回面接までの課題として持ち帰られ、クライエントのタイミングでなされる場合が多い。このような調査設定のために、本研究では箱庭物語作り法の人為的な側面がより強化され、箱庭から隔絶する体験が増大した可能性は否めないだろう。しかしながら、およそ1週間の期限において箱庭イメージから物語を制作するという基本デザインは従来とられてきた方法と大きく異なるものではない。とすれば、本調査の結果を心理臨床への適用について考察する一端とすることは可能であろう。

箱庭イメージの物語性とは内的リアリティに強く結びつくものであり、その理解も前言語的、あるいは身体感覚的なものである可能性が高い。物語制作のプロセスはこのようなイメージの実現と理解をいったんおさめる方向に促すことになるだろう。例えば、ミニチュアへの自己投影に気づいたり、物語の展開を予感したりすること自体が、その後の面接の流れに大きく影響するのではないだろうか。箱庭物語作り法をベースにした「認知－物語療法」を提案している大前（2007）は、その技法について、箱庭を改良したもので

はなく物語を「付加」したものという前提に立っているが、本研究の結果からは、物語制作は単なる付加とは言いがたいことが示されただろう。心理臨床のなかで機の熟さない物語作りが用いられるとき、それは内的体験やイメージのリアリティに対する「騙り」になるばかりではなく、行動化などにつながる危うささえあるのではないだろうか。このような点を考慮すると、箱庭物語作り法の心理臨床への応用は相当慎重になされるべきであると考えられる。

③「物語れない」という現象

そして最後に考察すべきは、イメージを物語るという本章の前提を覆す、内的なイメージをもちえない現象が観察されたことであろう。これは、一貫性・連続性を備えた物語形式にイメージが一致するとは限らないという問題とは根本的に異なり、本来的に内的なイメージの動きそのものがないために物語ることができないというものである。第3節で示したS2や、本節の事例3で示したS24などがこのような体験を如実に示しているだろう。本章では、調査の設定上、内的イメージの展開していない箱庭についても物語という枠組みから捉えることを試みたのであるが、これによってかえって〈私〉にとって本質的な体験が把握されがたくなってしまったように思われる。

今回の調査実験では、イメージを物語るという現象を検討するために箱庭療法を用いており、心理療法において自らを内的に物語るということとまったく等価ではない。箱庭制作は元来イメージの展開を前提としているとはいえ、箱庭は多様な表現を可能にするものであるし、作り手と見守り手の関係性やその場のセッティングが影響するものでもある。そのような意味で、内的イメージの展開しない箱庭というのも、箱庭療法のヴァリエーションとして存在するであろう。そうではあれ、物語ることをイメージの次元から捉えたとき、内面的なイメージを前提としえないために物語ることに困難を覚えるという現象が非臨床群に見られたことは、現在心理療法が直面している問題を見直す上で重要な指摘となろう。

第5節　イメージを物語る——本章のまとめ

本章では、箱庭制作とそれに基づく物語作りという2段階のプロセスにおいて、イメージを物語るという行為を検討してきた。調査実験という枠組みではあるが、ここから少し視野を広げて、物語に基礎づけられた心理療法について考えてみたい。

1. イメージと「物語る私」

第1章において、心理療法は「自らを内面的に物語る」ことを基本的な方法としていると述べたが、このとき物語る主体としての〈私〉のあり方が重要になってくる。本章で示されたように、〈私〉が主体的に物語ることによって〈私〉を超えたイメージが生じてくるという逆説的な動きは興味深い。これは、狭義の自我意識を超えたこころの働きに触れる体験であっただろう。心理療法において物語ることは、日常的な意識とは異なる次元でこころの活動を実現させ、それに対する理解がもたらされることとなりうる。物語ることを通して、〈私〉は自らの内面を自らに基礎づけていくのである。

このとき、〈私〉はこころの活動としてのイメージにあくまでも誠実であらねばならない。物語ることには〈私〉という主体が関与するがゆえに、〈私〉のあり方によって物語は「騙り」に陥る危険性も孕む。意識的な働きが強まるほど、知的な物語や加工された物語を作り上げる可能性が高まるだろう。心理療法のプロセスのなかで、無自覚にこのような「騙り」に移行していないか、自らの内に問い続けることも必要なように思われる。

そして、物語の前提とする〈私〉の主体的関与というのが、そもそも見られない語りが存在することに留意が必要だろう。心理療法は来談したクライエントに「自らを物語る」ことを求めるが、〈私〉の介入していない、外的事象の連なりのような語りも存在しうるのである。心理療法においては他の誰でもない〈私〉にとっての現実が大切である。とすると、〈私〉と切り離され

てしまった物語は、〈私〉にとって意味をなさない物語である可能性が高い。これを〈私〉の映し出された物語と見なして従来的な心理療法的アプローチを適用することは危険でさえあり、むしろ"私がない物語"であることを見通していく必要があるだろう。

2. 次章に向けて

　本章では、非臨床群を対象にした「箱庭物語作り法」による調査実験によって、物語るという行為の実像を描き出すことを試みた。自己展開的なイメージと〈私〉の関連から、物語の生成過程のヴァリエーションを示すことができたのではないだろうか。そのなかで〈私〉の主体的関与の見られない作品が観察されたことは、物語に基礎づけられた心理療法の前提に疑問を突きつけるものとして、物語という枠組みの通用しないとされる症例群を理解する糸口になるように思われる。

　こうした調査事例をふまえつつ、第3章では、神経症を対象とした従来的な心理療法をそのまま適用したのでは展開の見込めないとされてきた心身症・身体疾患における物語ることの問題を取り上げる。アレキシサイミア(Sifneos, 1973)という概念によって自らを内面的に物語ることの難しさを指摘されてきた心身症・身体疾患において、物語ることがどのようになされ、またどのような点が心理療法を難しくしていると考えられるのかについて、検討することにしたい。

第3章
心身症・身体疾患と物語ることの問題
甲状腺疾患における物語の検討

　こころにアプローチする方法として「物語」を発見した心理療法は、20世紀半ば頃から物語という枠組みの通用しない症例群に出会う。その一つが、アレキシサイミア (Sifneos, 1973) という概念から説明されるように、自らの内面を物語ることの本来的な難しさが指摘される心身症・身体疾患である。物語に基礎づけられた従来的な心理療法をただ適用するのみでは進展が見込まれないために、心身症・身体疾患は心理療法的アプローチの枠外であるとの見方がなされることもあった。けれども、内面を物語れない、あるいは内面を物語らないというまさにそのことを通して、彼らは〈私〉の現実を表現していると考えられる。

　本章では、心身症・身体疾患のうち甲状腺疾患を取り上げて、臨床心理学的調査面接を通して、彼らの「語り」の特徴を描き出すことにしたい。そして、物語のなかに〈私〉という主体がどのように映し出されているのか、それは心身を通してどのようなことを訴えているのかについて考察していきたい。

第1節　問題――甲状腺疾患における物語

1. はじめに

　心身症・身体疾患における「物語ること」への着目は、筆者が科学研究費補助金基盤研究（C）「内科疾患における心のケアに関する実証的研究」（河合俊雄研究代表, 2008～2010）に調査員として参加し、甲状腺専門病院に訪れる方々の語りに耳を傾ける機会を得たことに始まる。調査面接という場の特殊さをふまえてもなお、彼らの語り口は心理相談室でお会いしてきた神経症水準のクライエントとの違いが強く印象に残るものだった。これは、「心身症・身体疾患患者の語りにアプローチする心理療法はいかにして可能か」という心理療法の歴史に投げかけられた疑問に連なるものだったように思われる。

　この素朴な印象をより明確な問題意識とするため、本節では、まず甲状腺疾患の精神療法の歴史を概観し、続いて、身体に関わる心理療法論を参考に彼らの「物語」を検討する枠組みを得ることにしたい。

2. 甲状腺疾患におけるこころの問題へのまなざし

　甲状腺は、喉の前あたりに位置し、心身の発育と代謝に関わる甲状腺ホルモンを産出している内分泌器官である。「甲状腺機能亢進症」「甲状腺機能低下症」「甲状腺腫瘍」などを総称して甲状腺疾患と言い、糖尿病と並ぶ代表的な内分泌・代謝系疾患として知られている。

　甲状腺疾患は、疾患として認識され始めた当初から精神症状の併発が報告され（Whybrow & Bauer, 2005a, 2005b）、心理的問題と関連の深いことが推測されている。なかでもバセドウ病は古典的心身症の一つに数えられ（Alexander, 1950）、長らく心身医学の対象とされてきた。時代とともに心身医学から生理学へと治療の枠組みは変化し、それに伴って身体治療に関する技術が著しく改善したけれども、現在も精神的訴えがなくなったわけではない。日本甲

状腺学会の『バセドウ病薬物治療のガイドライン2011』(2011)にストレスへの適切な対処の必要性が記されているように、患者のこころにまなざしを向けることは大切な課題であり続けている。甲状腺疾患の専門医である隈(2001)は、身体治療が成功したにもかかわらず、少しも良くなっていないと訴える患者や、医学的には本来不要なはずの手術を求める患者に出会ったことから、身体だけではなくこころの問題を扱わざるを得ないケースのあることに思い至ったという。こうした臨床医の声と呼応するように、甲状腺専門病院のなかには精神科やカウンセリング室を併設しているところがある。その反面、患者はあくまでも身体のことで来院するので、こころの問題に無自覚であったり否認したりすることは稀ではないという(隈, 2001)。これは甲状腺疾患に限らず、心身症や身体疾患に関わる心理療法の最初の課題であろう(笠原, 2011)。この時、我々は、少なくとも意識的にはこころのことが前景化していないクライエントに出会う。こうした場合、彼らはいかに自らを語るのだろうか。

3. 甲状腺疾患の心身医学的面接記録を読む

甲状腺疾患が代表的な心身症と見なされてきた当初、心身医学的アプローチから治療が行われるとともに、面接法によってその精神力動を明らかにしようとする試みがなされてきた。その後、その方法論的な問題の指摘と生理学の進歩とが重なって、現在では甲状腺疾患の治療において精神力動論はほとんど顧みられなくなっている。しかし、バセドウ病の臨床心理学的研究を行った山森(2003)が指摘するように、こうした古典的心身医学研究について提案された精神力動の是非を問うのではなく、患者の語りや臨床像を報告した一次資料として読み直すことは可能であるように思われる。そこには示唆に富む記述が散見される。

例えば、コンラッド(Conrad, A.)は200名の甲状腺機能亢進症患者の面接調査から、特に情動に関わる語りについて興味深い指摘をしている。以下に

その内容を抜粋して記す。

　患者の大多数は周囲の環境とすばらしい関係をもち、理路整然と要を得た話し方をする。外傷的状況に焦点づけられた出来事の日付や順序に関するときのみ、彼らはよく混乱に陥る。困難の核心に触れるようなことが言及されると、しばし文構造はまったく失われ、思考は一貫しなくなる。……症状としてよく涙を流すという病歴をもつ患者のうち相当数の者は、関連する連想を与えることができず、「涙は勝手に流れるのであり、涙に結びつくような感情や思いつくことは何もない」と言う。
　神経症とは対照的に、彼らは嫌悪や疲労感、愛された人からの不当な重荷感を打ち明けたかと思うと、次の面接ではそんな感情は何も知らないともっともらしく否定する。葛藤は浅く葬られる。葛藤は簡単に打ち明けられるが、同時に、意識下のレベルに再び簡単に追放される。
　概して、他者への適応は非常にノーマルである。……少数のヒステリックなエピソードや幼児的ふるまいにもかかわらず、彼らは非常に好感のもてる人たちだった。

　このような面接記録から浮き彫りになる甲状腺機能亢進症患者の臨床像は、外的環境によく適応しているのに対して、自らの内面に触れ、葛藤に留まることの難しさをうかがわせる。内的なものは自らに照らして物語られるという形ではなく、突然、爆発的に、混乱した状態で現れる。このように現れた内的なものに対してコンラッドは「混乱した物語が語られたら、『一般常識』ではなく患者本人から、その経験の何が彼に動揺をもたらすものだったのかを見出す必要がある」と提案している。出来事の内容ではなくて出来事をどのように受けとめるのかという患者のあり方に焦点づけている点で、この提案は現在の心理療法に通じる大切な視点を提供しているように思われる。
　そして、ここには、情動体験の特異性が浮かび上がってくる。ブラウンと

ギルディアもまた、同様の傾向を報告している (Brown & Gildea, 1937)。本人には意識されていない面接中の突然の赤面や涙がたびたび報告されており、著者らは、ここに情動が解離して身体に向かうというパーソナリティ傾向を見ている。そして、このような傾向をもつからこそ、語りの内容に現れてこない微細な兆候を治療者が丁寧に拾う必要を述べている。

　これらの指摘は後に展開していく心身症研究の一つの潮流となるとともに、心身症・身体疾患の研究に大きな一石を投じるアレキシサイミアという概念にも重なってくる。そこで、甲状腺疾患患者の語りを検討する枠組みを探るにあたって、心身症・身体疾患に関わる心理療法論まで視野を広げてみたい。

4. 身体化の心理療法——アレキシサイミアと病態水準

　心身症・身体疾患を臨床心理学的に検討するにあたって、伊藤 (2009) による身体化の三水準の考え方を参照したい。すなわち、「神経症の水準」「心身症の水準」「身体疾患の水準」である。この三つの水準は身体化の心理構造を把握する上で有効であり、また何より臨床の実際に沿った視点であると思われるので、これを参照枠に身体に関わる心理療法を考えてみたい。

(1) 神経症の水準

　くり返し述べてきたように、深層心理学的心理療法の始まりは、そもそも神経症水準の治療に求められる。神経症水準の身体化は、身体症状に心理的葛藤が象徴的に表現されている、と見ると了解可能な場合が多い。例えば、「何も言いたくない」という内面の問題が声が出ないなど身体機能の障害に転換されていると見なされるのである。こころと身体の関連は明白であり、身体症状にこのような象徴性が認められるからこそ、物語にアプローチする心理療法が意味をもつ。物語ることを通して身体の次元で表現されていた問題が内面に照らされ、心理的次元に水路づけられていくのである。

(2) 心身症・身体疾患の水準とアレキシサイミア

　神経症水準と比較すると、心身症の水準ではこころと身体の関連が明確ではなく、症状に象徴性を認めにくい（河合，1998a；笠原，2011）。なぜこのような身体症状をもつに至ったのか、容易には理解しがたいのである。シフネオス（1973）はこのような心身症の特徴を体系的に研究し、心身症患者一般の特性としてアレキシサイミアという概念を提出する。「失感情症」とも訳されるその最大の特徴は、感情体験やファンタジーに乏しく、自分の気持ちを把握して語ることが難しいところにある。これは、臨床場面では感情や葛藤・夢といった内面の話題よりも外的出来事の詳細を語るといった特徴として現れてくる（Sifneos, 1973）。笠原（2011）がこの特性を「内面凝視力の欠如」と表現しているように、心身症に広く見られる特徴として、自らの内面を扱いにくいということが挙げられるだろう。

　一例としてテイラー他（1997）による顔面痛・頭痛を呈した40代女性患者の語りを示してみたい。

症例：顔面痛・頭痛を呈した40代女性（Taylor et al., 1997）
Dr.　悲しい気持ちの方はどうでしょうか。悲しいと思うことは？
Pt.　誰だってある程度は悲しいことがあるでしょう。でも、私は感じないと思います。
Dr.　泣くことはありませんか？
Pt.　先生にお話ししながら、泣いていましたよね。自分で驚いているんです。あまりにもやりきれないからだと思います。
Dr.　泣いていることに驚いたんですか！　泣いている時、どのようなお気持ちですか？
Pt.　さあ、わかりません。ただ、やりきれなさのためだと思いますから。

　主治医と女性とのやりとりからは、涙の理由が分からなかったり自分の気持ちを推測でしか述べられなかったり、情動が未分化で捉えどころがなく、

語りの次元で扱えない様子がうかがわれる。そのため、感情の発露はまったく表現されないか突然泣き出すかという極端な形をとらざるを得ない。

テイラー (1987) によると、アレキシサイミア特性の高い患者においては、夢もまた両極端な特徴をもつという。彼らの夢は「あからさまな元型的イメージ内容」か「象徴化・圧縮・置き換えなどの夢の仕事を伴わない単なる日中の体験の再現」である場合が多く、物語として展開しにくいのだという。こうした特性は、河合 (1998a) や笠原 (2011) の指摘するように、象徴化機能の弱さを示すものであろう。内的なものは象徴化されず触れえないか、未分化なまま爆発的に発露されるか、いずれにしろ神経症患者のようには語ることで心理的次元に開かれていかないのである。心身症患者に見られる語りの特性について、マクドゥガル (McDougall, J.) は「語ることを『考えや感情を伝達する、象徴的手段としてよりもむしろ行為として』用いる」と述べている (McDougall, 1978)。物語という視点からすると、語られた内容ではなく語り方そのもの、すなわち物語の構造的問題が指摘されたのである。またアレキシサイミアは、従来心身症と考えられてきた疾患だけではなく様々な身体疾患とも結びついていることが指摘され (Taylor, 1984)、器質的疾患に関わる心理療法を考察する一つの枠組みとなっている。そして、シフネオス (1973) の頃から言われているように、一部ではこのような特徴をもつアレキシサイミア特性の高い心身症患者には伝統的な精神療法は不適であると論じられてきた (Sifneos, 1973)。

(3) 心身症・身体疾患と病態水準論

アレキシサイミアという概念を通して見ると、心身症は、こころの問題があったから身体の病気になったとか、身体の病気のためにこころの状態が悪くなったというように、直線的に理解できるようなものではないことが分かる。

池見 (1979) によると、心身症は、神経症の治療から構築された伝統的な精神分析理論から理解することは難しいとして、神経症論からの脱却が目指

されてきた。アモン（1974）は、自我機能の観点から、心身症のパーソナリティ構造を神経症とは異なるものと位置づけ、境界例水準に並ぶほどの重篤なものと見なしている。実際に、心身症患者においては、外的適応が良く心理的葛藤をもっていないように見えるのに、「いわゆる心身症を治療していると、なかなか心理療法として展開しにくいと同時に、ひとたび治療が動きだすと分裂病的な世界が現れてくることがある」（河合，1998b）、「精神病圏のようなすさまじい世界が展開される」（大山，2005）などと報告されている。また、癌患者のバウムテストが示す病態水準は精神病水準の深さも想定しておく必要があるという報告（岸本，1999）もあり、心身症に限らず、器質的疾患のなかにはある種の病態水準の深さが想定されるものがある。これらの知見は、深い次元におけるこころと身体の関連を示すものだろう。このように種々の先行研究に照らして考えると、心身症・身体疾患の心理療法では、顕在化している症状だけではなくて病態水準を考慮したパーソナリティ構造を見通していく必要性があるように思われる。

5. 甲状腺疾患における「物語ること」——本章の目的

　以上の心身症・身体疾患の研究をふまえて、甲状腺疾患の心理療法に関わる近年の研究を見てみたい。甲状腺専門病院で心理臨床に従事してきた山森（2002a）や田中他（2008）の研究チームによると、甲状腺疾患患者の心理療法について、「（摂食障害やアトピー性皮膚炎など他の心身症に比して）病態水準が重い」「心理療法に際して独特の難しさがある」（山森，2002a）、「単に神経症水準とは括れない質の違いがあるように思われる」（田中他，2008）といった印象が述べられている。その第一の要因として、クライエントの姿が掴みにくい、主訴が漠然としている、といった語り口の「分かりにくさ」（山森，2002a）がある。これは、先述した心身症・身体疾患における心身医学的な見解と重なるものだろう。こうした特性をもつ患者には、やはり心理療法的アプローチは難しいのだろうか。

それに対して、田中他 (2013) の研究は、カウンセリングの展開を身体指標との関連から捉えることで、甲状腺疾患の心理療法について貴重な示唆を与えてくれる。カウンセリングには投薬の奏功しにくい難治バセドウ病患者が多く紹介されてくるが、①一時的な安定を得て終結する短期ケースでは寛解率は低いままだが、②内的作業に至る長期ケースになると寛解率が高くなっている、ということが示されている。この興味深い心身の同時的変化は、心身症や身体疾患では神経症水準より「一層深く心身が同期」していると捉えた伊藤 (2009) の指摘とも一致するのではないだろうか。「心からは遠く離れているように考えられてきた身体疾患においても、一層深いところで心と繋がっている」（伊藤, 2009) と捉えることで、心理療法においても身体の次元に関わることができるかもしれない。

それを可能にするためにはまず、心理臨床の場で彼らはいかに自らを語るのかについてその具体的特性を明らかにし、どのような点が心理療法の適用を難しくしているのかを検討する必要があるだろう。同時に、我々が暗に前提としてきた神経症水準の語りについても相対的に把握しておくことが必要だろう。

以上の問題意識のもと、次節からは、実際に甲状腺専門病院と心療内科クリニックという臨床現場に入り、調査面接を通して甲状腺疾患患者と神経症患者の語りの構造的特徴を明らかにすることを試みる。

第2節　方法

1. 二つの調査——半構造化面接とバウムテスト

本章は、心身症・身体疾患のスペクトラムに位置づけられる甲状腺疾患の「語り」を通して、「物語ること」の特質について検討しようとするものである。心理臨床場面において彼らはいかに自らを物語るのかについて、初回ア

セスメントに準ずる半構造化面接を通してアプローチする。

　物語るというのは〈私〉が無数の事象の間に筋道を見出していくことであり、そこには〈私〉のあり方が映し出されると考えられる。ただ、物語ることは、場の雰囲気や聴き手の存在といった状況に拠って大きく影響を受ける、一回性の高い行為でもある。一回性の高い事象のなかにそのものの本質を見通していこうとするのは心理臨床の基本姿勢ではあるが、調査研究という枠組みから得られた協力者の語りを単なる逸話に留めないためには、これを補償する手立てを講じなければならないだろう。語りとは異なる次元で協力者の心理構造を捉えることができれば、それとの関連から、より基本的特性に基礎づけられたものとして語りを考察することが可能になるのではないだろうか。また、心身症・身体疾患の心理療法では病態水準を考慮する必要があるため、語りに加えて別の心理アセスメント法を導入することによって、この課題に取り組むことにしたい。

　そこで、半構造化面接と並行して、バウムテストを導入する。バウムテストを用いるのは、これが世界を象っていくという点で物語る行為と同質性をもちながら、言語とは異なる次元で基本的なパーソナリティ特性を映し出してくれるからである。コッホ（Koch, K.）が「木は人間の根源的な事柄（Urding）に属するものである」（Koch, 1957）と述べるように、樹木は古来人間の比喩表現として用いられてきた。バウムテストは「実のなる木を一本」描くという簡素な課題でありながら、白紙の空間にいかに自らの存在を規定するかという意味で「『人格』の象徴性そのもの」（山中，2003）でありうる。また、臨床現場で広く活用され、これまでに多くの事例研究・調査研究が積み重ねられているため、ある程度客観的に保証されたパーソナリティ指標を示してくれることもバウムテストを用いる理由である。

2. 調査対象

　調査は、心療内科クリニックと甲状腺専門病院を訪れた初診患者（20〜59

歳)に、研究目的とプライバシー配慮の説明を行った上で、協力を依頼した。同意の得られた者のうち、以下に記す診断基準に合致した188名を分析対象とした[表3.2.1.]。

(1) 神経症群

心療内科クリニックを受診し、精神科医によって神経症レベルの障害と診断を受けた協力者を神経症群とした。現行(調査時)のDSM-IV-TRでは神経症という診断名は姿を消しているが、適応障害、抑うつ障害、不安障害などと診断されるケースのうち、病態水準から見て神経症水準と判断されたものをこれに含めた。臨床現場では病態水準はいまだ重要な参照枠であるし、笠原(2011)が指摘するように、今後も用いられ続けるであろう。先述のように、心身症の心理構造の探求が神経症水準との比較から出発した(池見, 1997)という歴史を鑑みても、甲状腺疾患群の比較対象として神経症群をおくことは臨床上意義深いと考えられる。

(2) 甲状腺疾患群

甲状腺専門病院を受診し、内科医によって「バセドウ病(GD)」「慢性甲状腺炎(HD)」「結節性甲状腺腫(NG)」と診断された協力者を甲状腺疾患群とした。これまで甲状腺疾患の心理学的研究対象は、心身相関が指摘されてきたバセドウ病が主であったが、カウンセリングには慢性甲状腺炎や甲状腺腫瘍など多岐に渡る疾患群が来談している(田中他, 2008)。そのため、全初診患者に調査を実施した上で、来院数の多い代表的な3疾患を取り上げることに

[表3.2.1.] 協力者の属性

	神経症群	甲状腺疾患群		
		バセドウ病	慢性甲状腺炎	結節性甲状腺腫
対象者数(男性/女性)	44 (18/26)	62 (11/51)	33 (3/30)	49 (5/44)
年齢(SD)	34.39 (9.63)	36.15 (9.73)	44.12 (10.82)	45.98 (10.10)

した。

① バセドウ病

バセドウ病は、代表的な甲状腺機能亢進症であり、アレキサンダー (Alexander, F.) により「七つの聖なる病 (seven holy diseases)」とされる古典的心身症の一つである (Alexander, 1950)。神経質、いらいら、落ち着きのなさ、過敏で興奮しやすい、情緒不安定といった精神症状を伴うことがあり、神経症の初期症状と似通っているために、しばしば診断が混同されることがある (末松, 1969；藤波, 1991)。近年では、疫学的研究から発症に先立つ情動要因の影響が認められ (Winsa et al., 1991他)、難治化にパーソナリティ要因が関連していることが示唆されている (Fukao et al., 2003)。

② 慢性甲状腺炎 (橋本病)

慢性甲状腺炎は、橋本病とも呼ばれる代表的な甲状腺機能低下症で、自己免疫疾患でもある。不定愁訴 (虚弱、疲労) や認知障害 (注意集中困難、思考過程の鈍化)、抑うつ症状 (泣く、被害妄想、自殺念慮) が生じることがあり、また精神病様の症状も報告されている (Whybrow & Bauer, 2005b)。こうした場合、やはり精神疾患と診断が混乱する (藤波, 1991)。バセドウ病に比べると心身医学的研究は少なく、情動要因やパーソナリティ要因の影響は定量的には明らかにされていない。そのため、心身症というよりは純粋な身体疾患との見方が強い。ただ、田中他 (2008) の報告によると、バセドウ病に次いでカウンセリング依頼が多い疾患でもある。

③ 結節性甲状腺腫

結節性甲状腺腫は、甲状腺に良性の腫瘍 (結節) ができる疾患であり、前頸部に圧迫感を覚えることがある。甲状腺機能には影響を及ぼさないため純粋な身体疾患とされ、特徴的な精神症状は取り上げられていないが、癌との鑑別を求めて受診することの多い疾患である。しかし、藤波・伊藤 (1983) や

田中他 (2008) の報告では結節性甲状腺腫のなかにも精神療法の適応と考えられる患者はおり、個別に対応されているようである。

3. 手続き

神経症群は予診の一環として、甲状腺疾患群は身体検査から診察までの待ち時間に、①バウムテストと②半構造化面接を実施した。各調査の詳細については、続く第3節と第4節で改めて取り上げる。

なお、調査は、筆者と臨床心理学専攻の大学院生3名が行った。

第3節　バウムテストにみる甲状腺疾患の心理構造

本節では、語りの構造的特徴を検討するのに先立って、バウムテストを用いて神経症・甲状腺疾患患者の心理構造を検討する。これは、病態水準を加味した基本的な心理特性について、言語とは異なるレベルから把握することを目的とするものである。それによって、彼らの物語をより包括的に基礎づけ、考察することを目的とする。

1. バウムテストを用いた甲状腺疾患の研究

バウムテストは臨床現場で最も広く用いられている心理テストの一つである。「実のなる木を一本」描くという比較的容易な課題でありながら、「実に深くかつ明快な人格情報をもたらしてくれる」(山中, 2003) 方法として、アセスメント法として初回面接によく用いられている。結果の解釈にある程度の曖昧さを伴う描画法ではあるが、発達研究 (Koch, 1957；小林, 1990；山口, 2006；吉田・松下, 2007など) や、病理群を対象にした研究 (斎藤・大和田, 1969；山中, 1976, 2003；稲富他, 1999；Inadomi et al., 2003；Kaneda et al., 2010による統合

失調症研究、中村・竹内，1987；Mizuta et al., 2002による摂食障害研究、富田，2011；大倉他，2011による糖尿病研究、松下，2006による肥満児研究など）によって、ある程度客観的に保障されたパーソナリティ指標が呈示されていることも、本法のアセスメント法としての優れた点であろう。

　甲状腺疾患患者のバウムテストに関しては、山森他(2001)、および山森(2002a, 2003)による一連のバセドウ病研究がある。一般女性群に加えて摂食障害群・アトピー性皮膚炎群との比較から、バセドウ病患者では「筒抜け状バウム（幹上開）」「一線幹」「一線枝」といった形態不良が高頻度で出現することが報告されている。これらの指標からは自我境界の脆弱性が推測され、病態水準の観点では、バセドウ病は神経症水準より重篤で精神病水準の近縁の可能性があることが考察されている。他の心身症・身体疾患のバウム研究も視野に入れると、消化性潰瘍 (河合俊雄，2008)、血糖コントロールの難しい糖尿病 (富田，2011)、悪性腫瘍（癌）(岸本，1999) でもバウムにおける境界の脆弱性が報告されている。山中 (2005) が「心身症と統合失調症の類縁性」を指摘するように、バウムテストの形態分析からは、心身症・身体疾患の病態水準の重さが示唆される。

　こうした研究の流れをふまえて、本節では甲状腺疾患群（バセドウ病群・慢性甲状腺炎群・結節性甲状腺腫群）と神経症群、さらに一般群を対象に、バウムの形態的特徴について数量的な比較検討を行う。それによって病態水準を考慮に入れた各疾患群の心理構造を明らかにしたい。

2. 調査対象

　対象としたのは、前節に呈示した①神経症群と②甲状腺疾患3群（バセドウ病群・慢性甲状腺炎群・結節性甲状腺腫群）に、③一般群を加えた5群である［表3.3.1.］。一般群は、調査協力に応募のあったなかで、慢性疾患の既往のある者および現在心身の急性症状のために通院している者を除いた35名（20〜59歳）であった。特別な臨床的問題を呈していない一般群を置くことで、相対

[表3.3.1.] 協力者の属性

	一般群	神経症群	甲状腺疾患群		
			バセドウ病	慢性甲状腺炎	結節性甲状腺腫
対象者数（男性/女性）	35 (12/23)	44 (18/26)	62 (11/51)	33 (3/30)	49 (5/44)
年齢（SD）	36.70 (9.77)	34.39 (9.63)	36.15 (9.73)	44.12 (10.82)	45.98 (10.10)

的に神経症群と甲状腺疾患群の特徴を把握することができるのではないかと考えた。

3. 手続き

通常のバウムテストの手続きに則り、A4のケント紙と4Bの鉛筆を用いて「実のなる木を一本描いてください」と教示した。個室にて、個別に実施した。

4. 分析と結果の全体像

続いて形態指標に基づいた分析とその結果を記述する。

(1) 指標の作成

佐渡他 (2009) のバウム全般の形態指標を基礎とし、これに青木 (1986)、国吉他 (1980)、岸本 (2002)、そしてバセドウ病患者のバウムを分析した山森他 (2001)・山森 (2002a, 2003) の先行研究を加味して、樹木の形態に関わる19カテゴリー79指標を作成した。カテゴリーは以下のとおりである。1)【幹先端処理】、2)【包冠線】、3)【幹構造】、4)【幹表面描写】、5)【根本数】、6)【根構造】、7)【枝本数】、8)【枝構造】、9)【分枝】、10)【実個数】、11)【実種類】、12)【葉】、13)【花】、14)【うろ・切断・傷・影】、15)【地平】、16)【風景・付属物】、17)【部位接続】、18)【空間使用】、19)【用紙の使用】。また、以上

の各カテゴリーに含まれる指標は、[表3.3.2.] に記す。

(2) 指標の評定

1枚のバウム画につき臨床心理士、および臨床心理学専攻の大学院生3名が独立して評定した。評定者は、疾患名の伏せられたバウム画を見て各指標について「該当する」「該当しない」を判断した。3名中2名以上一致したものを最終評定とした。

(3) 指標の出現率の検定

フィッシャーの直接確率検定と残差分析を用いて、5群間で各指標の出現比率を検定した。

(4) 検定結果

検定の結果を [表3.3.2.] に示す。なお表中では、神経症群をNE、バセドウ病群をGD、慢性甲状腺炎群をHD、結節性甲状腺腫群をNGと略称で記す。以下では、カテゴリーごとに、群間で有意差の見られた指標を記述する。その際、一般群は比較基準の一つとし、神経症群と甲状腺疾患群を中心に扱うことにする。煩雑さを避けるため、例えば〔包冠線あり〕〔包冠線なし〕のように一つの現象の裏表になっている指標については、文中では有意に高い割合であった片方のみを記す。

① 幹先端処理

「幹先端処理」は、藤岡・吉川 (1971) に着想された、幹の先端部分における樹木の内空間と外空間の境界に関する指標である。岸本 (2002) により精緻化され、臨床的指標として検討が加えられている。「幹先端処理」では、幹の内空間が外空間と隔てられているか否かによって〔閉鎖型〕〔開放型〕〔その他〕の三つに類別される。〔閉鎖型〕〔開放型〕はさらに四つずつに細分類される。本研究における分類の定義を [表3.3.3.] に記す。

[表3.3.2.] バウムテスト形態指標の出現比率

			Control (n=35) 人数 割合(%)	NE (n=44) 人数 割合(%)	GD (n=62) 人数 割合(%)	HD (n=33) 人数 割合(%)	NG (n=49) 人数 割合(%)	Fisher
1	幹先端処理	閉鎖	↑19 54.3	↑22 50.0	15 24.2	7 21.2	13 26.5	**
2		基本	↑4 11.4	0 0.0	0 0.0	0 0.0	0 0.0	**
3		放散	4 11.4	↑10 22.7	5 8.1	1 3.0	5 10.2	+
4		冠	10 28.6	12 27.3	10 16.1	6 18.2	8 16.3	
5		その他	1 2.9	0 0.0	0 0.0	1 3.0	0 0.0	
6		開放	↓15 42.9	↓21 47.7	↑45 72.6	24 72.7	31 63.3	**
7		冠漏洩	14 40.0	20 45.5	↑43 69.4	15 45.5	22 44.9	*
8		先端漏洩	0 0.0	0 0.0	1 1.6	↑4 12.1	3 6.1	*
9		閉鎖不全	1 2.9	1 2.3	1 1.6	4 12.1	2 4.1	
10		完全開放	0 0.0	0 0.0	0 0.0	1 3.0	↑4 8.2	*
11		その他	1 2.9	1 2.3	2 3.2	2 6.1	5 10.2	
12	包冠線	包冠線あり	33 94.3	↑43 97.7	56 90.3	↓24 72.7	↓37 75.5	**
13		球型	2 5.7	7 15.9	4 6.5	4 12.1	4 8.2	
14		雲型	↑29 82.9	25 56.8	↑42 67.7	↓10 30.3	↓17 34.7	***
15		その他の型	↓2 5.7	11 25.0	10 16.1	10 30.3	↑16 32.7	*
16		包冠線なし	2 5.7	↓1 2.3	6 9.7	↑9 27.3	↑12 24.5	**
17	幹構造	一線幹	0 0.0	0 0.0	1 1.6	1 3.0	3 6.1	
18		幹下直	0 0.0	↑4 9.1	0 0.0	2 6.1	1 2.0	*
19		幹上直	0 0.0	0 0.0	0 0.0	0 0.0	0 0.0	-
20		並行幹	5 14.3	4 9.1	5 8.1	4 12.1	10 20.4	
21		基部の広がり	27 77.1	36 81.8	↑53 85.5	↓18 54.5	33 67.3	*
22		幹その他	3 8.6	↓0 0.0	3 4.8	↑8 24.2	2 4.1	**
23	描表幹写面	幹表面描写あり	↑10 28.6	3 6.8	7 11.3	3 9.1	3 6.1	
24		幹表面描写なし	↓25 71.4	41 93.2	55 88.7	30 90.9	46 93.9	*
25	根本数	根一本	0 0.0	1 2.3	0 0.0	0 0.0	0 0.0	
26		根二本～三本	2 5.7	3 6.8	6 9.7	2 6.1	1 2.0	
27		根四本以上	19 54.3	13 29.5	16 25.8	8 24.2	7 14.3	
28		根なし	↓14 40.0	27 61.4	38 61.3	23 69.7	↑40 81.6	**
29		植木鉢(人工物)	0 0.0	0 0.0	2 3.2	0 0.0	1 2.0	
30	根構造	全一線根	2 5.7	2 4.5	3 4.8	4 12.1	1 2.0	
31		全二線根	↑19 54.3	15 34.1	17 27.4	6 18.2	↓5 10.2	***
32		一・二線根混合	0 0.0	0 0.0	2 3.2	0 0.0	2 4.1	
33		根なし	↓14 40.0	27 61.4	38 61.3	23 69.7	↑40 81.6	**
34		植木鉢(人工物)	0 0.0	0 0.0	2 3.2	0 0.0	1 2.0	
35	枝本数	枝一本	1 2.9	1 2.3	2 3.2	0 0.0	1 2.0	
36		枝二本～三本	5 14.3	4 9.1	5 8.1	2 6.1	8 16.3	
37		枝四本以上	16 45.7	15 34.1	22 35.5	18 54.5	21 42.9	
38		枝なし	13 37.1	24 54.5	33 53.2	13 39.4	19 38.8	

+p<.10、*p<.05、**p<.01、***p<.001

第3章　心身症・身体疾患と物語ることの問題　103

			Control (n=35)		NE (n=44)		GD (n=62)		HD (n=33)		NG (n=49)		Fisher
			人数	割合(%)	人数	割合(%)	人数	割合(%)	人数	割合(%)	人数	割合(%)	
39	枝構造	全一線枝	↓1	2.9	↓3	6.8	11	17.7	↑10	30.3	9	18.4	**
40		全二線枝	↑18	51.4	13	29.5	↓12	19.4	7	21.2	15	30.6	*
41		一・二線枝混合	3	8.6	4	9.1	6	9.7	3	9.1	6	12.2	
42		枝なし	13	37.1	24	54.5	33	53.2	13	39.4	19	38.8	
43	分枝	分枝あり	6	17.1	5	11.4	8	12.9	↑14	42.4	11	22.4	**
44		分枝なし	29	82.9	38	86.4	54	87.1	↓19	57.6	38	77.6	*
45	実個数	実一個	3	8.6	3	6.8	0	0.0	1	3.0	3	6.1	
46		実二個〜五個	7	20.0	↑20	45.5	17	27.4	7	21.2	12	24.5	+
47		実六個〜十個	14	40.0	13	29.5	21	33.9	11	33.3	17	34.7	
48		実十一個以上	9	25.7	↓4	9.1	14	22.6	↑12	36.4	12	24.5	+
49		実なし	2	5.7	4	9.1	10	16.1	2	6.1	5	10.2	
50	実種類	実一種	30	85.7	40	90.9	49	79.0	31	93.9	43	87.8	
51		実多種	3	8.6	0	0.0	3	4.8	0	0.0	1	2.0	
52		実なし	2	5.7	4	9.1	10	16.1	2	6.1	5	10.2	
53	葉	葉あり	4	11.4	↓2	4.5	8	12.9	8	24.2	10	20.4	+
54		葉なし	31	88.6	↑42	95.5	54	87.1	25	75.8	39	79.6	+
55	花	花あり	0	0.0	0	0.0	0	0.0	0	0.0	2	4.1	
56		花なし	35	100.0	44	100.0	62	100.0	33	100.0	47	95.9	
57	影傷切断 うろ	うろ・切断・傷・影の描写あり	↑5	14.3	0	0.0	2	3.2	0	0.0	0	0.0	**
58		うろ・切断・傷・影の描写なし	↓30	85.7	44	100.0	60	96.8	33	100.0	49	100.0	**
59	地平	地平あり	↑14	40.0	12	27.3	↓9	14.5	5	15.2	15	30.6	*
60		地平なし	↓21	60.0	32	72.7	↑53	85.5	28	84.8	34	69.4	*
61	付属風景物	風景、付属物あり	5	14.3	2	4.5	4	6.5	3	9.1	9	18.4	
62		風景、付属物なし	30	85.7	42	95.5	58	93.5	30	90.9	40	81.6	
63	部位接続	不自然な接続あり	↓8	22.9	↓13	29.5	26	41.9	↑25	75.8	↑36	73.5	***
64		樹冠と幹の不自然な接続	↓1	2.9	6	13.6	6	9.7	8	24.2	↑14	28.6	**
65		幹と枝の不自然な接続	5	14.3	7	15.9	12	19.4	↑16	48.5	↑21	42.9	***
66		幹と根の不自然な接続	2	5.7	2	4.5	6	9.7	3	9.1	1	2.0	
67		実・葉の不自然な接続	5	14.3	7	15.9	12	19.4	↑14	42.4	↑20	40.8	**
68		二カ所以上の不自然な接続	4	11.4	↓5	11.4	10	16.1	↑14	42.4	↑17	34.7	
69		不自然な接続なし	↑27	77.1	↑31	70.5	36	58.1	↓8	24.2	↓13	26.5	***
70	空間使用	不自然な空間使用あり	7.0	20.0	↓7	15.9	13	21.0	12	36.4	↑25	51.0	**
71		実・葉の不自然な空間使用	3	8.6	3	6.8	8	12.9	9	27.3	↑13	26.5	*
72		枝の不自然な空間使用	4	11.4	4	9.1	5	8.1	4	12.1	↑14	28.6	*
73		幹の不自然な空間使用	3	8.6	4	9.1	2	3.2	4	12.1	9	18.4	
74		樹冠の不自然な空間使用	0	0.0	1	2.3	1	1.6	0	0.0	1	2.0	
75		二カ所以上の不自然な空間使用	2	5.7	3	6.8	3	4.8	5	15.2	↑10	20.4	+
76		不自然な空間使用なし	28	80.0	↑37	84.1	49	79.0	21	63.6	↓24	49.0	**
77	使用紙の	はみだし	4	11.4	2	4.5	6	9.7	4	12.1	3	6.1	
78		幹下縁立	0	0.0	0	0.0	4	6.5	0	0.0	2	4.1	
79		用紙内の描写	31	88.6	42	95.5	53	85.5	29	87.9	44	89.8	

+p<.10、*p<.05、**p<.01、***p<.001

[表3.3.3.] 幹先端処理の定義

閉鎖型	基本型	幹先端が一本のまま細くなってそのまま閉じ、幹の上部には同じように描かれた枝がおおむね互生しているもの。	
	放散型	幹先端処理にあたって、幹の先端をそのまま枝分かれさせるもの（樹冠の有無は問わないが、樹冠がない場合は先端が閉鎖していなければならない）。	
	冠型	幹先端の処理を放棄して、樹冠の輪郭を描くことで全姿の輪郭を閉じているもの。	
	その他の閉鎖型	―	―
開放型	冠漏洩型	樹冠が描かれているが、その輪郭に隙間が2カ所以上あるため、幹の内空間が外界に漏洩してしまうもの。	
	先端漏洩型	幹の先端、もしくは枝先が先細りになって閉じようとはしているが、完全に閉じていないために、幹の内空間が外界と交通してしまうもの。	
	閉鎖不全型	先端漏洩型・冠漏洩型以外の方法で先端を閉じようと何らかの努力をしているが、うまくいっていないもの。	
	完全開放型	幹先端処理による輪郭閉鎖を完全に放棄したのか、あるいはまったく無関心とも受けとれるもの。	
その他	―	一線幹や全体が描かれていなくて、開放・閉鎖の区別ができないもの。	―

（藤岡・吉川（1971）および岸本（2002）に準拠する）

▶神経症群

　神経症群では〔閉鎖型〕が50.0％で有意に高く、細分類では〔閉鎖：放散型〕が22.7％と高い割合を示した。また〔開放型〕は47.7％と有意に低かった。

▶甲状腺疾患群

　バセドウ病群では〔開放型〕が72.6％と有意に高く、そのなかでは〔開放：冠漏洩型〕の割合が69.4％と大部分を占めた。慢性甲状腺炎群では〔開放：先端漏洩型〕が12.1％、結節性甲状腺腫群では〔開放：完全開放型〕が8.2％と高い割合だった。

　神経症群は、①〔閉鎖型〕が多く〔開放型〕は少ない、②〔開放〕の場合の細分類が〔開放：冠漏洩型〕にほぼ集中しているという点において一般群と同じ傾向を示した。それに対して甲状腺疾患群は〔開放型〕の多い点が大きく異なった。内－外の境界という点では結節性甲状腺腫群、慢性甲状腺炎群、バセドウ病群の順に開放の度合いが大きくなっていた。

② 包冠線

　包冠線は樹冠の輪郭を象るイメージを表す描線で、樹木の内－外の境界を作るものである。

▶神経症群

　神経症群では〔包冠線あり〕が97.7％で有意に高く、〔包冠線なし〕が2.3％で有意に低かった。

▶甲状腺疾患群

　バセドウ病群では〔包冠線あり〕が90.3％と高い割合を占めたが有意差は認められなかった。形態としては、一般的な〔雲型〕が67.7％で有意に高かった。慢性甲状腺炎群、結節性甲状腺腫群では〔包冠線なし〕が、各々27.3％、24.5％と有意に高かった。形態としては、両群とも〔雲型〕が有意

に低く、各々30.3%、34.7%だった。更に、結節性甲状腺腫群では〔その他の型〕が32.7%で有意に高かった。

　一般群、神経症群、バセドウ病群の3群では包冠線のある割合が90%を超え、なかでも神経症群は1事例を除くすべてのバウムが包冠線を備えていた。それに対して、慢性甲状腺炎群、結節性甲状腺腫群では包冠線のある割合は70%台で、前者3群と比べて低かった。

　③ 幹構造、④ 幹表面描写
　▶神経症群
　幹の構造について、神経症群では幹下部に直線で蓋をしたような〔幹下直〕が9.1%で有意に高く、〔幹その他〕は0%であった。その他の指標に有意差は見られなかったが、一般的な型である〔並行幹〕と〔基部の広がり〕が合わせて90.9%を占めていた。

　▶甲状腺疾患群
　バセドウ病群では〔基部の広がり〕が85.5%で有意に高かった。慢性甲状腺炎群では〔基部の広がり〕が54.5%と有意に低く、〔幹その他〕が24.2%と有意に高かった。〔幹その他〕には、幹が上部に向かって広がっていく漏斗状幹、つぎはぎにより形態判断の困難なもの、幹・根・地平線が溶け合うように描かれて部分判断の困難なものなどが含まれた。結節性甲状腺腫群ではどの指標も有意差は認められなかった。

　神経症群とバセドウ病群では一般的な幹の構造が大部分を占めたのに対して、慢性甲状腺炎群では特殊な形態が目立った。また、一般群で有意に高かった〔幹表面描写あり〕は、各疾患群ではあまり観察されなかった。

⑤ 根本数、⑥ 根構造
▶神経症群
神経症群ではいずれの指標も有意差は認められなかった。

▶甲状腺疾患群
　結節性甲状腺腫群において、〔根なし〕が81.6％と有意に高かった。根が描かれる場合は、〔全二線根〕が10.2％と有意に低かった。このような特徴は、〔根なし〕が少なく、〔全二線根〕が多かった一般群とまったく対照的であった。

⑦ 枝本数、⑧ 枝構造、⑨ 分枝
▶神経症群
神経症群では、〔全一線枝〕が6.8％で有意に低かった。

▶甲状腺疾患群
　バセドウ病群では〔全二線枝〕が19.4％で有意に低かった。慢性甲状腺炎群では〔全一線枝〕が30.3％、〔分枝あり〕が42.4％で有意に高かった。結節性甲状腺腫群ではいずれの指標も有意差は認められなかった。

　枝が描かれる場合は概して、一般群、神経症群では全一線枝であることは少なく、対照的に甲状腺疾患群では全一線枝が多く描かれるようであった。

⑩ 実個数、⑪ 実種類
▶神経症群
　神経症群では〔実二個〜五個〕が45.5％で有意に高く、〔実十一個以上〕が9.1％で有意に低かった。

▶甲状腺疾患群

慢性甲状腺炎群では〔実十一個以上〕が36.4%で有意に高かった。バセドウ病群、結節性甲状腺腫群ではいずれの指標も有意差は認められなかった。

⑫ 葉、⑬ 花
▶神経症群

神経症群では〔葉なし〕が95.5%で有意に高かった。

▶甲状腺疾患群

甲状腺疾患群ではいずれの指標も有意差は認められなかった。

⑭ うろ・切断・傷・影
▶神経症群
▶甲状腺疾患群

両疾患群ともに、いずれの指標も有意差は認められなかった。それに対して、一般群では〔うろ・切断・傷・影の描写あり〕の割合が有意に高かった。

⑮ 地平
▶神経症群

神経症群ではいずれの指標も有意差は認められなかった。

▶甲状腺疾患群

バセドウ病群では〔地平なし〕が85.5%で有意に高かった。慢性甲状腺炎群、結節性甲状腺腫群では、いずれの指標も有意差は認められなかった。

⑯ 風景、付属物
▶神経症群
▶甲状腺疾患群
全群ともに、いずれの指標も有意差は認められなかった。

⑰ 部位接続
幹、包冠線、枝、実など、樹木を構成する各要素の接続について、「不連続・不均衡なもの」「自然の樹木では見られないずれのあるもの」を〔不自然な接続あり〕とした。
▶神経症群
神経症群では、〔不自然な接続なし〕が70.5％で有意に高く、〔二カ所以上の不自然な接続〕が11.4％で有意に低かった。

▶甲状腺疾患群
慢性甲状腺炎群、結節性甲状腺腫群において〔不自然な接続あり〕が各々75.8％、73.5％で有意に高かった。有意差の認められた部位は、慢性甲状腺炎群で〔幹と枝の不自然な接続〕（48.5％）、〔実・葉の不自然な接続〕（42.4％）、〔二カ所以上の不自然な接続〕（42.4％）であった。また、結節性甲状腺腫群では〔樹冠と幹の不自然な接続〕（28.6％）、〔幹と枝の不自然な接続〕（42.9％）、〔実・葉の不自然な接続〕（40.8％）、〔二カ所以上の不自然な接続〕（34.7％）であった。バセドウ病群ではいずれの指標も有意差は見られなかった。

不自然な部位接続の出現率としては、慢性甲状腺炎群、結節性甲状腺腫群、バセドウ病群、一般群、神経症群の順に、高い割合となっていた。

⑱ 空間使用
「空間の使い方に、自然の樹木では見られない歪みのあるもの」を〔不自然な空間使用あり〕とした。重力に反したような形態を示す実・枝・樹冠、先

端に向かって広がる幹・枝などがこれに該当する。

▶神経症群

神経症群では〔不自然な空間使用なし〕が84.1%で有意に高かった。

▶甲状腺疾患群

結節性甲状腺腫群において〔不自然な空間使用あり〕が51.0%で有意に高かった。有意差の認められた部分は、〔実・葉の不自然な空間使用〕(26.5%)、〔枝の不自然な空間使用〕(28.6%)、〔二カ所以上の不自然な空間使用〕(20.4%)であった。バセドウ病群、慢性甲状腺炎群では、いずれの指標も有意差は認められなかった。

不自然な空間使用の出現率としては、結節性甲状腺腫群、慢性甲状腺炎群、バセドウ病群、一般群、神経症群の順に、高い割合となっていた。

⑲ 用紙の使用
▶神経症群
▶甲状腺疾患群
両疾患群ともに、いずれの指標も有意差は認められなかった。

5. 各疾患群のバウムの形態的特徴の検討

以上、指標の出現率の検定結果を記述した。これに基づき、各群のバウムの形態的特徴について、事例を呈示しながら描き出してみたい。

神経症群

[写真3.3.1.]から[写真3.3.8.]は神経症群のバウムである。

(1) 内－外の境界——閉じられた内空間

　神経症群では、幹先端処理の〔閉鎖型〕〔閉鎖：放散型〕〔包冠線あり〕、幹構造の〔幹下直〕の割合が有意に高かった。これらの指標は、共通してバウムの内と外を区切る役割をもつ。〔閉鎖型〕の例を[写真3.3.1.]〜[写真3.3.4.]に示す。〔閉鎖：放散型〕（[写真3.3.1.][写真3.3.2.]）では幹上部から分化した二線枝と雲型包冠線によって二重に閉鎖された内空間が形成されている。〔閉鎖：冠型〕（[写真3.3.3.][写真3.3.4.]）では、幹上部に包冠で蓋をすることで閉鎖内空間が作り出されている。これら四事例ではいずれも内－外の境界は相当明確である。

　続いて有意に低い割合だった〔開放型〕の例を[写真3.3.5.]〜[写真3.3.8.]に挙げる。〔開放型〕の21名中20名が該当した〔開放：冠漏洩型〕（[写真3.3.5.]〜[写真3.3.7.]）では、包冠線の途切れと包冠内部の幹・枝の先端開放によって完全な閉鎖空間は成立していない。それでも、包冠線によってある程度まとまった内空間の形成が見受けられる。それに対して、〔開放：先端漏洩型〕（[写真3.3.8.]）は神経症群では唯一の包冠線のない事例である。幹先端は幾重の線で枝葉に分化していくが、境界線としてはいくぶん不明瞭である。それでも線の重なりによって内空間が外界に直接的に晒されていない点は、境界を作ろうとする意識の現れだろうか。

　一般群と比較すると、〔閉鎖型〕による内空間の成立という点では同様の傾向を示した。けれども、神経症群では、幹先端処理のヴァリエーションが少なく画一的な印象があったこと、〔幹下直〕が見られたことなどに一般群との差異が見られた。〔幹下直〕（[写真3.3.4.]）は6〜7歳頃に多く見られる表現で、部分を"区切る"動きとされる (Koch, 1957)。幼い図式的区切りは境界意識の強さを感じさせるが、それはあまりに強固で柔軟性に欠ける印象である。神経症群の内－外を区切る意識は相当強く、やや硬化した面がありそうである。

[写真3.3.1.] 神経症群バウム1

[写真3.3.2.] 神経症群バウム2

[写真3.3.3.] 神経症群バウム3

[写真3.3.4.] 神経症群バウム4

第3章　心身症・身体疾患と物語ることの問題　113

［写真3.3.5.］神経症群バウム5

［写真3.3.6.］神経症群バウム6

［写真3.3.7.］神経症群バウム7

［写真3.3.8.］神経症群バウム8

(2) 内空間の分化——幹上部二線枝

〔閉鎖型〕のなかでも〔閉鎖：放散型〕が多く見られたように、神経症群では幹上部が二線枝に分化しているタイプが一つの典型例として認められた。実際に幹上部から滑らかに枝が分化するケース（二線幹から枝が分化するケースのうち、〔幹と枝の不自然な接続〕〔幹の不自然な空間使用〕〔枝の不自然な空間使用〕のいずれにも該当しないもの）を調べてみると、これらが甲状腺疾患群より高い割合で出現していた [表3.3.4.]。

幹から枝への分岐は、内的感覚を摑んで分化させていく心理的作業に相応するという（松下, 2005）。神経症群では区切られた内面において、内的感覚がある程度分化して把握されているようである。

(3) 部分と全体——統合された全体像

神経症群ではバウムの統合性に関わる指標である〔不自然な接続なし〕〔不自然な空間使用なし〕の割合が有意に高かった。神経症群のバウムは部位間の接続や空間の使用に不自然なところが目立たず、幹を中心に枝・包冠線・根の各パーツが滑らかにつながり、均衡を保って全体が構成されている。パーツを個別に見ても、〔一線幹〕が観察されないこと、〔全一線枝〕が少ないことなど、形態の崩れはあまり観察されない。そして、細部の描写においては〔実二個〜五個〕が多く〔実十一個以上〕が少ないこと、〔葉なし〕が多いことなど、装飾が最小限に留められてシンプルに構成されている。これらの特徴が示すように、神経症群では、二線幹・包冠線・適度な数の実から成

[表3.3.4.] 幹上部の分化の形態

	Control (n=34)* 人数 割合(%)	NE (n=44) 人数 割合(%)	GD (n=62) 人数 割合(%)	HD (n=33) 人数 割合(%)	NG (n=49) 人数 割合(%)	Fisher
二線枝に分化	↑12 34.3	↑12 27.3	6 9.7	2 6.1	6 12.2	**
分化なし（空白）	16 45.7	25 56.8	36 58.1	13 39.4	18 36.7	
奇妙な結合・分離した枝	↓6 17.1	↓7 14.3	20 32.3	↑18 54.5	↑25 56.8	***

＊一般群のうち1名は判定不可能　　　　　　　　　+p<.10, *p<.05, **p<.01, ***p<.001

る、いわゆる成人の「省略型」（青木, 1986）に該当するバウムが散見される。細部を省略しつつ樹木の基本構造をしっかり描くことで、全体として統合が保たれている。それに対して、〔不自然な接続あり〕〔不自然な空間使用あり〕に該当する事例も存在する（[写真3.3.7.]）。部位間のつながりが悪く、実の回転も見られる。こうした事例は神経症群では例外的であったが、幹から伸びていくエネルギーを枝葉に分化させるという課題が本来的に難しいことがうかがわれる。

(4) 漏斗状幹上開・メビウスの木・一線幹

特殊な形態として、病態への配慮を要するサインとされる漏斗状幹上開・メビウスの木・一線幹は、神経症群ではいずれも観察されなかった（「漏斗状幹上開」「メビウスの木」は幹上開の特殊タイプで、内空間の未成立を特徴とする。山中(1976)が統合失調症患者のバウム研究において発見し、統合失調症およびその近縁群を見ていく際の、有用な指標とされる）。ただ、包冠線内部でメビウス様の空間逆転の見られるバウムが1例、包冠線内部に漏斗状幹が見られるバウムが1例あった。後述する甲状腺疾患群に比べると、これら特殊な形態の出現は全体としてはあまり目立たない。

(5) 神経症群のバウムの形態的特徴

以上より指摘しうる神経症群のバウムの形態的特徴を、ここで改めて整理する。

ⅰ）〔閉鎖型〕の割合が高く、閉じられた内空間が形成されていた。
ⅱ）〔開放型〕の場合は、1例を除いて包冠線を備えていた。〔開放型〕であっても、境界に曖昧さは残るものの、内空間の成立が見受けられた。
ⅲ）幹上部が二線枝に分化していくタイプが多く、内面の分化が推測された。
ⅳ）形態不良・均衡の崩れは目立たず、ほどよく統合された全体像が成立

していた。

甲状腺疾患：バセドウ病群

次に、[写真3.3.9.]から[写真3.3.18.]にバセドウ病群のバウムを示す。

(1) 内－外の境界——開かれた内空間

バセドウ病群では幹先端処理の〔開放：冠漏洩型〕（[写真3.3.12.]～[写真3.3.16.]）が有意に高い割合だった。包冠線を境界としてある程度のまとまりのある内空間が形成されているが、各所に途切れが見られる。境界への意識はあるけれど、それはいくぶん曖昧で、包冠線内部で内－外の空間混合が生じている。境界の明確な〔閉鎖型〕も観察されるが（[写真3.3.9.]～[写真3.3.11.]）、割合としては、一般群・神経症群の半分弱(24.2%)に留まっている。

(2) 部分と全体1——未分化な内空間と全体像としてのまとまり

バウムの統合性に関してバセドウ病群では〔不自然な接続あり〕〔不自然な空間使用あり〕ともに有意差は認められなかった。指標の出現割合としては、不自然さの目立った結節性甲状腺腫群・慢性甲状腺炎群と、目立たなかった神経症群・一般群の中間に位置していた。ほどよく統合された全体像を呈するバウムが特徴で、包冠線の〔雲型〕と幹の〔基部の広がり〕が有意に多く見られた。これらは、神経症群でも指摘した「省略型」(青木, 1986)に準ずる形態と言えるだろう。ただ、神経症群が実・葉といった装飾部を削ぎ落すことでシンプルな構成にしていたのに対して、バセドウ病群は構造的に未分化な印象を与えるものが散見される。幹上部から二線枝に分化せず、包冠線内部に空白部が目立つ（[写真3.3.10.] [写真3.3.12.] [写真3.3.13.]）。包冠線によって内空間を形成しているものの、その内面は漠然としていて、内的感覚を掴んで分化する以前の段階にあるように思われる。

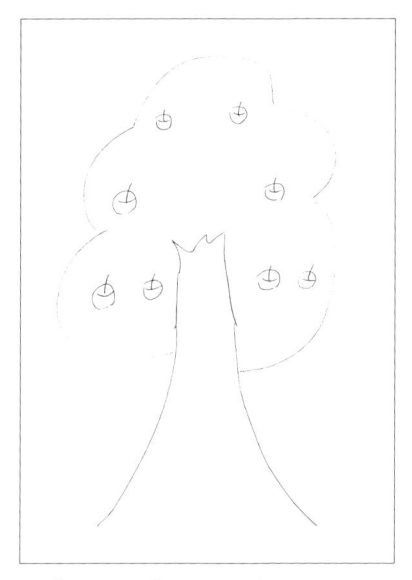

第3章　心身症・身体疾患と物語ることの問題　117

［写真3.3.9.］バセドウ病群バウム1

［写真3.3.10.］バセドウ病群バウム2

［写真3.3.11.］バセドウ病群バウム3

［写真3.3.12.］バセドウ病群バウム4

［写真3.3.13.］バセドウ病群バウム5

［写真3.3.14.］バセドウ病群バウム6

［写真3.3.15.］バセドウ病群バウム7

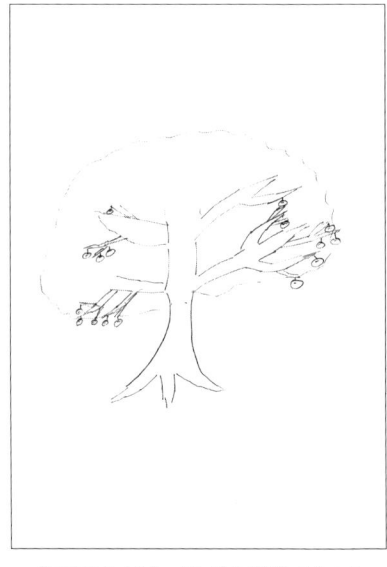

［写真3.3.16.］バセドウ病群バウム8

第3章　心身症・身体疾患と物語ることの問題　119

[写真3.3.17.]　バセドウ病群バウム9　　　　[写真3.3.18.]　バセドウ病群バウム10

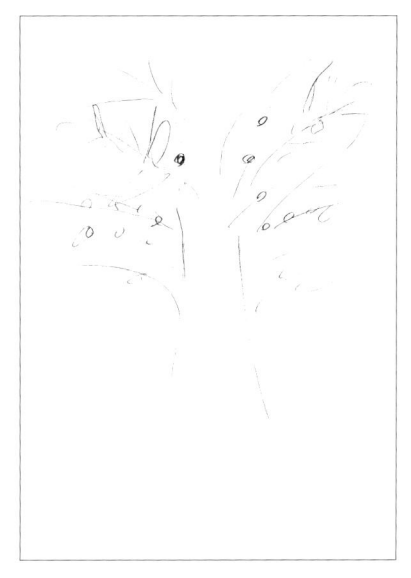

(3) 部分と全体2――分化した部分表現と形態の崩れ

　一方、幹上部に分化の試みられているタイプも確認される。しかし、この場合には、〔不自然な接続あり〕〔不自然な空間使用あり〕が目立つ。例えば、幹と枝に連続性がなく、幹から伸びるエネルギーが枝葉に分化していくイメージをもちにくいもの（[写真3.3.14.]）や、二線枝への分化が試みられているが、自然の樹木では観察されない形態の崩れ（漏斗状幹や、中太り・先端開放枝）が生じているもの（[写真3.3.11.] [写真3.3.15.] [写真3.3.16.]）がある。これらは内的感覚を摑もうとする努力の現れであろうが、それによってかえって形態不良が生じているようである。このような部分と全体の関係を見ると、先述した未分化な省略型というのは、内面を曖昧なままにすることで分化の困難さを回避している試みとして理解できるかもしれない。

(4) 漏斗状幹上開・メビウスの木・一線幹

　バセドウ病群では、一線幹が2例（[写真3.3.17.]）、メビウスの木が1例（[写

真3.3.18.〕）観察された。その他に、包冠線の内部にメビウス様の奇妙な空間の歪みが見られるバウムが5例、漏斗状幹が見られるバウムが8例あった。奇妙な形態ではあるものの、ともかく包冠線で表面を覆い、不完全ながら内空間の形成が試みられているところにバセドウ病群の特徴があるだろう。

(5) バセドウ病群のバウムの形態的特徴

以上より、バセドウ病群のバウムの形態的特徴を整理する。

ⅰ）〔開放：冠漏洩型〕の割合が有意に高く、内－外の境界に曖昧さを残しつつも、開かれた内空間が形成されていた。
ⅱ）包冠内部が分化していないタイプでは、内面は分化しないままに留まっていた。しかし、それによって全体像としての統合が保たれていた。
ⅲ）包冠線内部で分化が試みられるタイプでは形態不良が目立ち、統合性に崩れが見られた。
ⅳ）一線幹・メビウスの木など形態不良のバウムが観察された。その他、包冠線内部にメビウス様の空間のねじれ・漏斗状幹の見られる事例が複数例あった。

甲状腺疾患：慢性甲状腺炎群

続いて、〔写真3.3.19.〕から〔写真3.3.26.〕に慢性甲状腺炎群のバウムを示す。

(1) 内－外の境界──連続する内－外

慢性甲状腺炎群では〔開放型〕の割合はバセドウ病群と同程度だが、〔包冠線なし〕の割合が有意に高かった。包冠線以外の方法によって閉鎖が試みられていて、〔開放：先端漏洩型〕〔開放：閉鎖不全型〕が全体の四分の一を占

めていた。〔開放：先端漏洩型〕（［写真3.3.23.］［写真3.3.24.］）では、幹・枝は先端に向かってすぼんでいくが、描線が途切れ、開放状態で終わっている。特に［写真3.3.24.］は完全開放に近い筒抜け状態で、内－外はまったく交通している。〔開放：閉鎖不全型〕（［写真3.3.25.］［写真3.3.26.］）では、二線幹から一線枝が四方に伸びているが閉鎖は志向しておらず、樹木内部は外空間に大きく開かれている。これらの事例が示すように、包冠線のない開放型では内－外は連続していて、樹木内部が直接的に外空間に晒されている。慢性甲状腺炎群でも〔閉鎖型〕や〔包冠線あり〕も観察されるが（［写真3.3.19.］〜［写真3.3.22.］）、その割合は神経症群・一般群より有意に低かった。

(2) 部分と全体1──独立したパーツ
　統合性に関して、慢性甲状腺炎群では〔不自然な接続あり〕が四分の三にのぼった。幹と枝に連続性がないもの（［写真3.3.20.］［写真3.3.21.］［写真3.3.22.］［写真3.3.24.］［写真3.3.25.］［写真3.3.26.］）、パーツが建て増しされているもの（［写真3.3.19.］［写真3.3.23.］）、枝と実が奇妙に結合しているもの（［写真3.3.19.］［写真3.3.22.］）などの形態が見出される。〔不自然な接続あり〕のバウムでは、幹・枝・葉・実といったそれぞれのパーツが独立して描かれていて、その組み合わせから全体像が構成されているようである。そのため、たとえ各パーツの形態が良好であっても、全体像としてはつぎはぎが目立つのである。

(3) 部分と全体2──分化した部分表現と形態の崩れ
　全体像から細部に目を移すと、慢性甲状腺炎群では〔分枝あり〕〔実十一個以上〕の割合が有意に高く、部分への詳細な描き込みが見られる。ただ、これら細部は幹という中心部と滑らかに接続しているのではなく、各々分離しているところに特徴がある。そのため内的エネルギーが幹から先端に分化していくイメージは抱きにくく、独立したパーツの詳細化という印象が強い。〔全一線枝〕も多く、エネルギーの枯渇が感じられる場合でさえ、細部表現に取り組む姿勢が見てとれる。バセドウ病の一群では未分化な省略型によっ

122

[写真3.3.19.] 慢性甲状腺炎群バウム1

[写真3.3.20.] 慢性甲状腺炎群バウム2

[写真3.3.21.] 慢性甲状腺炎群バウム3

[写真3.3.22.] 慢性甲状腺炎群バウム4

第3章　心身症・身体疾患と物語ることの問題　123

[写真3.3.23.] 慢性甲状腺炎群バウム5

[写真3.3.24.] 慢性甲状腺炎群バウム6

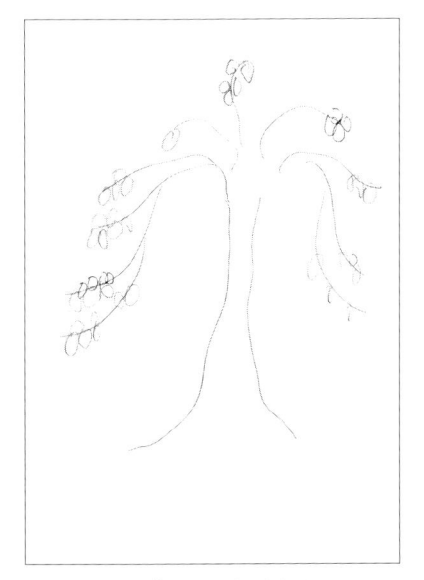

[写真3.3.25.] 慢性甲状腺炎群バウム7

[写真3.3.26.] 慢性甲状腺炎群バウム8

て全体像としてのまとまりをつけていたのに対して、慢性甲状腺炎群では全体像の統合性よりも部分にこだわる心性がより強く感じられる。

(4) 漏斗状幹上開・メビウスの木・一線幹

奇妙な形態のバウムについて慢性甲状腺炎群では一線幹が1例、漏斗状幹上開が1例、メビウスの木（[写真3.3.25.] [写真3.3.26.]）が4例認められた。また、包冠線を備えつつも内部にメビウス様の空間逆転が見られるバウムが3例、内部に漏斗状幹が見られるバウムが3例あった。そもそも奇妙な形態の見られにくい神経症群、奇妙な形態であっても包冠線のあるケースの多いバセドウ病群に対して、慢性甲状腺炎群では包冠線のないタイプが複数例認められ、内－外の空間混合の度合いが大きくなっている。

(5) 慢性甲状腺炎群のバウムの形態的特徴

以上より、慢性甲状腺炎群のバウムの特徴を整理する。

ⅰ) [開放：先端漏洩型] [包冠線なし] の割合が有意に高く、包冠線以外の方法で閉鎖が試みられていた。しかし完全な閉鎖に至らないのが特徴で、内－外の空間は連続していた。
ⅱ) [不自然な接続あり] の割合が有意に高かった。個別に描かれたパーツの組み合わせから全体像が構成され、全体としては均衡の崩れが認められた。
ⅲ) 部分表現が詳細であるが、中身を掴みつつ分化していくというよりは、独立した各パーツの詳細化という印象が強かった。
ⅳ) 一線幹・漏斗状幹上開・メビウスの木など形態不良のバウムが複数例観察された。神経症群やバセドウ病群に比べて包冠線を備えていないタイプが多く、樹木内空間は外空間に直接晒されていた。

甲状腺疾患：結節性甲状腺腫群

続いて、[写真3.3.27.]から[写真3.3.36.]に結節性甲状腺腫群のバウムを示す。

(1) 内－外の境界――内空間の未成立

結節性甲状腺腫群では、〔包冠線あり〕の割合が有意に低く、包冠線以外の方法で閉鎖が試みられるという点で慢性甲状腺炎群と同じ傾向を示していた。〔開放：先端漏洩型〕〔開放：閉鎖不全型〕（[写真3.3.30.]～[写真3.3.32.]）が約1割と慢性甲状腺炎群に次ぐ割合であった。それに加えて、他群ではほぼ出現しなかった〔開放：完全開放型〕（[写真3.3.33.][写真3.3.34.]）が有意に高い割合だった。これは「輪郭閉鎖を完全に放棄したのか、あるいはまったく無関心とも受け取れる」（岸本, 2002）と定義されるもので、文字どおり内－外が筒抜け状態となったバウムである。ここではいかなる境界設定も試みられず、外空間から区別された内空間というのが成立していない。完全開放型は精神病水準での出現が指摘されるが、統合失調症患者の描く完全開放型のバウムが針金状の描線で脆い印象を受けるのに対して、結節性甲状腺腫群では枝葉や地面線が描かれていて、部分的に丁寧な描き込みが見られる。〔開放：完全開放型〕に該当したのは4例（8.2%）と実数としてはさほど多いように思われないかもしれないが、この型は出現自体がきわめて稀であるため、その意味を丁寧に考えていく必要があるだろう。また、幹下端に目を移すと、〔根なし〕が有意に多く、やはり境界設定の曖昧さが示唆される。開かれたあり方だけではなくて、結節性甲状腺腫群でも〔閉鎖型〕や〔包冠線あり〕が観察される（[写真3.3.27.]～[写真3.3.29.]）。ただ各パーツの接続や形態に不自然さの目立つところがあり、その点についてはやはり留意が必要であろう。

(2) 部分と全体1――独立したパーツ

バウムの統合性に関して、結節性甲状腺腫群でも、慢性甲状腺炎群と同じ

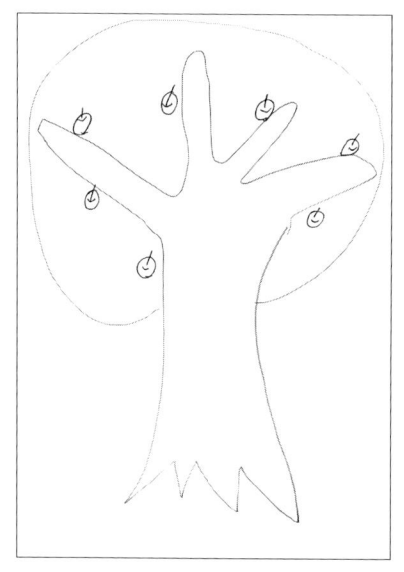

[写真3.3.27.] 結節性甲状腺腫群バウム1

[写真3.3.28.] 結節性甲状腺腫群バウム2

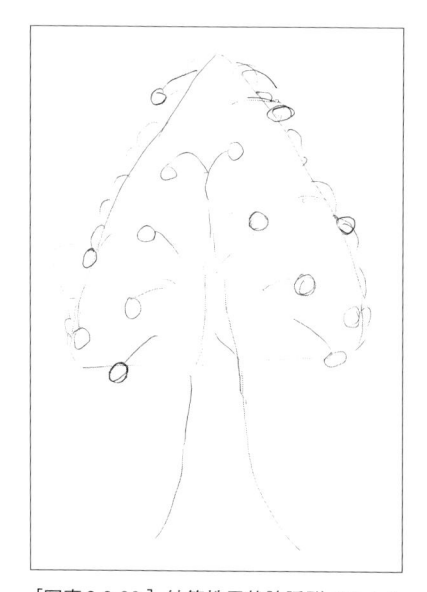

[写真3.3.29.] 結節性甲状腺腫群バウム3

[写真3.3.30.] 結節性甲状腺腫群バウム4

第3章　心身症・身体疾患と物語ることの問題　127

［写真3.3.31.］結節性甲状腺腫群バウム5　　［写真3.3.32.］結節性甲状腺腫群バウム6

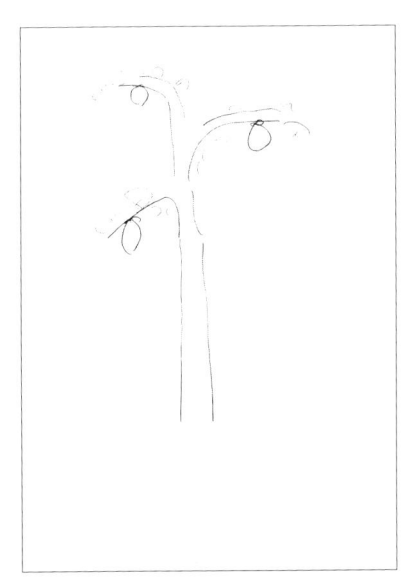

［写真3.3.33.］結節性甲状腺腫群バウム7　　［写真3.3.34.］結節性甲状腺腫群バウム8

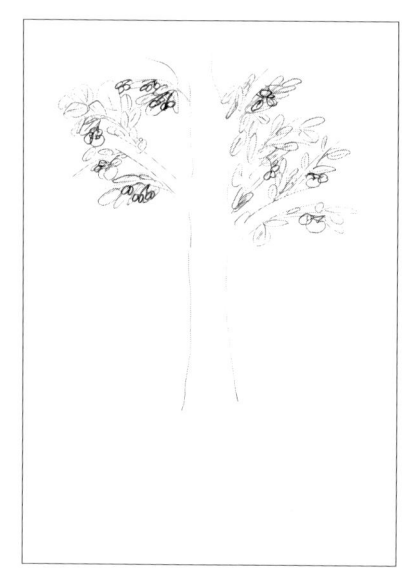

［写真3.3.35.］結節性甲状腺腫群バウム9　　［写真3.3.36.］結節性甲状腺腫群バウム10

く、〔不自然な接続あり〕の割合が有意に高かった。不連続タイプ（［写真3.3.29.］［写真3.3.31.］［写真3.3.32.］［写真3.3.34.］）、建て増しタイプ（［写真3.3.30.］［写真3.3.33.］）、奇妙な結合タイプ（［写真3.3.27.］〜［写真3.3.29.］［写真3.3.32.］）が観察された。

(3) 部分と全体2——パーツの回転

　結節性甲状腺腫群では、同じく統合性に関する指標である〔不自然な空間使用あり〕が約半数に認められた。これは接続の不自然さを伴う場合が多く、パーツごとに個別に描かれているのに加えて、部分的な空間の回転が認められる。最も典型的なのが回転した実や枝で（［写真3.3.29.］）、果柄と実が自然の樹木では見られない角度を向いている。接続の不自然さと相まって奇妙な印象をたたえている。

(4) 漏斗状幹上開・メビウスの木・一線幹

奇妙な形態のバウムについて、結節性甲状腺腫群では、一線幹が3例、漏斗状幹上開が1例（[写真3.3.35.]）、メビウスの木が2例認められた。また、包冠線を備えつつも内部に漏斗状幹が見られるバウムが4例あった。その他に「チューリップ」（[写真3.3.36.]）のように、単純に形態不良とは言いがたいが「実のなる木を描く」という課題からは離れた特殊な表現が見出された。「実のなる木」から出発して、植物、花、チューリップと連想が流れていったのであろうか。教示の枠づける境界をためらいなく超えていった例と考えられる。

(5) 結節性甲状腺腫群のバウムの形態的特徴

以上より、結節性甲状腺腫群のバウムの形式的特徴を整理する。

ⅰ) 〔包冠線なし〕の割合が有意に高く、包冠線以外の方法で閉鎖が試みられていた。実数は多くないものの、まったく閉鎖を志向しない〔開放：完全開放型〕の割合が他群より有意に高く、内空間の成立しにくさがうかがわれた。

ⅱ) 〔不自然な接続あり〕に加えて、〔不自然な空間使用あり〕の割合が有意に高かった。パーツが個別に描かれ、さらにそれが回転しているために、全体像としては均衡の崩れが認められた。

ⅲ) 一線幹・漏斗状幹上開・メビウスの木など形態不良のバウムが複数例観察された。それに加えて、「チューリップ」が描かれるなど、課題から離れた反応も見られた。

6. 考察——バウムテストにみる甲状腺疾患の心理構造

各群のバウムの形態的特徴を検討していくと、①内－外の境界設定に関するテーマと、②部分と全体の関係にみる統合性のテーマが浮かび上がってく

る。これらはバウムの基本構造に関わる重要な要素であろう。この二つのテーマを軸に、バウムテストにみる神経症群と甲状腺疾患群の心理構造を考察していきたい。

（1）バウムテストにおける内－外の境界設定の問題

　樹木は古来人間の比喩表現として用いられてきた。バウムテストで描かれる樹木もまた〈私〉の象徴的表現として受け止められる。コッホ（1957）がバウム表皮を「内界と外界、私とあなた、私と周りの世界」あるいは「私と外の世界」の「接触面」と表現しているように、バウムにおける内－外の境界設定は"私は私である"という自己感に関わる問題として理解されてきた。こうした基盤をもちつつ、バウムにおける境界設定の問題が臨床上有用な視点として用いられるようになったのは、山中（1976）による統合失調症の研究と、その流れを汲んだ岸本（2002）による幹先端処理の研究に拠るところが大きい。以下にこれらの研究を紹介し、バウムにおいて内空間が成立する意味を考えていきたい。

① 樹木内空間成立の心理学的意味
▶漏斗状幹上開・メビウスの木

　山中（1976，2003）は、統合失調症患者の描くバウムのなかに内空間の成立していない幹上開の特殊タイプを見出し、「漏斗状幹上開」「メビウスの木」と名づけた。漏斗状幹上開は「幹の上端が漏斗状に開いてしまっている形態」、メビウスの木は「幹の上端が開放しているために、幹として引かれた線がそのまま枝に移行してしまい、幹の部分においては、内側に内空間を形成していた曲線が、そのまま上部では枝として外空間を形成してしまう」という「空間逆転現象」の見られる形態である。山中（1976，2003）によると、これは健常者・神経症水準ではほとんど出現せず、精神病水準（統合失調症・非定型精神病）に特徴的で、かつ幻覚妄想を示す時期に多く認められることから、「自我境界が破れて、内界と外界が勝手に連絡してしまった」状態と捉

えられている。

▶閉鎖型・開放型

　山中 (1976, 2003) の研究で着目されたバウムの境界について、岸本 (2002) は境界設定が最も露わになる部分として「幹先端処理」（藤岡・吉川, 1971）に着目し、〔閉鎖型〕〔開放型〕の細分類を提案している。健常者には閉鎖型が多いことから「人間の内界の閉鎖系としてのあり方」が指摘された上で、開放型は「何らかの意味で閉鎖系システムが脆弱になっている」、あるいは「自他・内外の『境界』が曖昧になっている」状態と捉えられる。

　上記二つの研究はともに、臨床像との関連から、バウムにおける内空間成立の心理学的意味を追求している点が意義深く思われる。漏斗状幹上開、メビウスの木、極端な閉鎖失敗に認められる内－外空間の交通は心理学的境界の脆弱性を反映し、逆に内空間成立は自－他・内－外に関わる心理学的境界の成立を反映していると考えられる。数量的検討においても精神病水準の患者に開放型を多く認めており (稲富他, 1999；Inadomi et al., 2003；Kaneda et al., 2010)、これらの知見が支持されている。バウムの幹先端における境界のあり方は心理学的境界になぞらえて理解することができ、極端な閉鎖の失敗というのは、上述の諸研究が指摘するように、統合失調症およびその近縁群を見ていく際の有用な指標と捉えられる。

▶一線幹・一線枝

　内空間の成立しない形態には、他に一線幹・一線枝がある。これは本来厚みのある樹木が一本の描線で表現されたもので、60歳以上 (小林, 1990) や慢性の統合失調症 (Kaneda et al., 2010) に多く出現するとの報告がある。内空間はまったく未成立で、その点では開放型と同じく境界脆弱性を有していると考えられる。ただし、形態は比較的まとまっていることから、山森 (2003) は「二線幹・二線枝を描くことによって露わになる外界からの侵入されやす

さをギリギリのところで防いでいる形」という守りの側面を指摘している。

② 内－外の境界設定にみる各疾患群の心理的特徴

　神経症群は内－外の境界設定が相当明瞭で、心理学的境界の成立がうかがわれる。一般群と比べて幹先端のヴァリエーションが少なく図像的であったことから、その境界は強固に過ぎる印象すらあった。心理学的境界が強固であるということは、"他から区別された自"、あるいは"外界から区別された内界"をもつということである。すなわち、神経症群では、境界に囲まれたものとして〈私〉の内面が成立していると考えられよう。

　それに対して、甲状腺疾患群の描くバウムは内－外の境界が曖昧である。バセドウ病群では包冠線を備えつつも幹先端は閉鎖しておらず、内空間は朧げに形成されている。慢性甲状腺炎群・結節性甲状腺腫群では包冠線を備えないまま幹先端が開放している形態が目立ち、樹木の内空間は外空間に対して開かれている。甲状腺疾患群では、一般群・神経症群と比べると、"他から区別された自"、あるいは"外界から区別された内界"というのが明瞭に規定されてはいないと考えられる。自－他・内－外はもっと混在しているのではないだろうか。

　コッホ(1957)によると、管状に開いた幹・枝に見られる境界のなさは、①内的衝動の抑制なき噴出、②外的刺激からの影響の受けやすさを示唆するという。髙橋・髙橋(2010)もこれと同様に、管状幹に情動のコントロールの問題を見ている。これは、いらいら、興奮しやすい、情緒不安定を呈するバセドウ病患者の臨床像と一致していよう。神経症患者が自らの情動を言葉の次元で様々に表現するのに対して、バセドウ病患者はより未分化な情動をそのまま体験し、それに苦しんでいるのだと思われる。

　また慢性甲状腺炎群・結節性甲状腺腫群では、古くから心身症と考えられてきたバセドウ病よりもバウムにおける境界の脆弱性が強く見られた。容易に結論づけがたい結果であるが、この点については、第4節にて半構造化面接の分析と合わせて、改めて検討したい。

（2）バウムテストにおける空間構成と統合性の問題

　続いて統合性のテーマについて検討していきたい。部分間の接続や空間の使い方は、「釣り合い感覚」や「バウムらしいまとまりのよさ」（青木，1986）といったバウムの全体像の統合性を決定づける要素である。

① 空間構成における視点──全体空間と集合空間

　神経症群では、幹・包冠・根からなる樹木の基本構造の崩れは目立たず、全体の印象としても奇妙さはあまり感じられない。空間構成に関しては、バラエティに富む一般群よりも整合性が高いほどだった。

　対照的に、甲状腺疾患群では、基本構造そのものの崩れが散見された。その要因と考えられるのが、①パーツ間の分離、②パーツの奇妙な接続、③パーツの回転といった空間構成の問題である。例えば、慢性甲状腺炎群のバウム［写真3.3.20］では、幹と枝はまったく別個に描かれている。遠方から捉えた樹木全姿と間近から見たような枝とで、遠近感が異なっているのが分かるだろう。また、慢性甲状腺炎群のバウム［写真3.3.37.］では幹に対して細部（枝・葉・実）が大きいなど遠近感の相違に加えて、実の回転のように上下軸も部分的に異なっているのが特徴である。

　コッホ（1957）は、スターンの論を援用しつつ「空間配置に無頓着で、空間の割り当て能力が欠如しているために、奇妙な空間移動の見られるもの」を「空間倒置」と定義し、その代表として実の回転を取り上げている。コッホ（1957）によると、これは「ものとその位置を、そのもの自体の視点から、あるいはそのものを取り囲むものの視点から見ている」ために「果実は、伸ばした手のように、上向きや横向きに置かれ」るのだという。つまり、全体像が部分空間の組み合わせから構成された集合空間になっているのである。集合空間は固有の定点をもたないので、個々のパーツの配置にずれが生じるのは必然であろう。

　こうした観点から改めて神経症群のバウムを見てみると、全姿を俯瞰できる距離にある一点から、基本部分も細部も描かれていることが分かる。バウ

［写真3.3.20.］慢性甲状腺炎群バウム2（再掲）　　［写真3.3.37.］慢性甲状腺炎群バウム9

ムは集合空間ではなく、全体空間にある。バウムにおける統合性の問題というのは、このような空間構成の違いにあるのではないだろうか。神経症群では一点から見た全体空間が多く、甲状腺疾患群では多視点から見た集合空間が多いと言えるだろう。

② 分化と統合の関係

　甲状腺疾患群のバウムでは、全体の統合は崩れていても、部分のみを見るとむしろ細やかな印象のものも見られる。こうした場合、一つひとつは豊かに体験されていながら、全体を統合する視点が弱いのだと考えられる。それに対して、全体を俯瞰する視点に重点が移ると、細部は捉えられず未分化な状態に留まるようである。

　［写真3.3.38.］は結節性甲状腺腫群の事例で、一線枝とさくらんぼ様の実が描かれたのちに、枝・実はすべて消されて空白の包冠線のみが残ったバウムである。これは、詳細化を諦めて曖昧な状態に留めておくことで、全体の統合性を守り、部分に解体してしまうのを防ごうとする試みであろうか。これは、

"統合優先による未分化状態"と"部分詳細化による統合の崩れ"との間に葛藤が現れた事例であると言えよう。

　甲状腺疾患群内では、バセドウ病群は"統合優先による未分化状態"が優位で、慢性甲状腺炎群・結節性甲状腺腫群は"部分詳細化による統合の崩れ"が優位なように思われる。バセドウ病群では、内面を分化していくほどにはピントが絞られてはいないけれども、バウム全姿を捉える一点があるために比較的統合が

[写真3.3.38.] 結節性甲状腺腫群バウム11

保たれている。それに対して慢性甲状腺炎群・結節性甲状腺腫群では、多視点的で、部分は詳細でありながら統合の崩れが生じているのである。バウムの統合性という点において、甲状腺疾患3群のなかではバセドウ病群が最も統合が保たれていて、慢性甲状腺炎群、結節性甲状腺腫群の順に統合の弱さが示唆される。これは、境界脆弱性の程度と同一方向を示していて興味深い結果と言えよう。

(3) 病態水準論からみた神経症・甲状腺疾患の心理構造

　以上より、甲状腺疾患群のバウムには境界形成と統合性の弱さが指摘されるだろう。これを、アモン(1974)による心身症論を手がかりに、自我境界と病態水準という観点から検討していきたい。

① 自我境界

　これまで用いてきた心理学的境界というのは精神病理学における「自我境界」とほぼ同義と考えられる。ここではフェダーン(Federn, P., 1952)とその理

論を解説した小此木 (1985) を参照しつつ、自我境界について確認したい。

　自我というのは一つの現実的体験であり、多様に変化し続ける性質をもつ。それらの変化を通して一つの連続性を形成し、どんな状態においても自己の「統一感（まとまり）」と「統合性」を維持しようと活動する。自我が一つのまとまりとしてあるためには、必然的に自我と非自我を区別する境界が機能していなくてはならない。これが自我境界である。自我境界は、不断に外界と交渉しながら自己と外界とを識別する機能を果たし、自我境界の外側にあるすべてのものを外的現実として自我に体験させてゆく。ところが、自我エネルギー（自我備給）が欠乏すると自我境界が脆弱化し、その結果、主観的な個人的体験（内的なもの）と外界の現実（外的なもの）との間の境界が失われてしまう。フェダーンはこの状態を統合失調症の本態と考える。

② 病態水準からみた心身症

　自我境界によって示された統合失調症の理解は、病態水準を考える上で一つの指標を示してくれよう。

　アモン (1974) は、フェダーンによる自我境界の概念を援用し、心身症の病態水準について考察している。議論を先取りすると、心身症の本態は「自我の境界設定における欠陥」であり、その意味では境界例水準、あるいは精神病水準に類するものであるという。自我が脆弱であると、①苦痛と関連した悩みに耐え、自我境界の分化過程という枠組みのなかでそれを受け入れ、加工することができずに、②苦痛経験が加工されないまま、自我境界の外部に留まった生の苦痛感情という形で蓄積され、③回避された苦痛経験が症状として弱い自我に押しつけられる。心身症状は「"悩む (suffering)" という意味で苦痛な出来事の加工を脆弱な自我に免れさせるべき機能」をもっており、「苦痛感情が"感じる (feeling)" という意味で自我違和的となり、慢性化した形態」として理解される。精神病と心身反応との関連は両者とも「自我境界の統合機能が障害されている」ところにあるが、心身症状は精神病的解体の「等価症」として、身体自我の部分的解体によってその他の自我領域は

障害されずに保たれている、という積極的な面も併せもっている。それに対して神経症においては、自我境界は「たとえ葛藤的に脅かされ、その機能が部分的に著しく制限されているにしても、損なわれてはいない」のである。

③ 病態水準論からみた神経症・甲状腺疾患の心理構造

ここで議論を本研究の対象である神経症群と甲状腺疾患群に戻したい。神経症群の描くバウムは境界設定の明確さを特徴としていた。これは、自－他・内－外の区別が明瞭であること、すなわち自我境界が十分に機能していることを示していよう。本研究の対象とした神経症群は、病態水準でいう神経症水準とおおむね合致していると考えられる。

それに対して甲状腺疾患群の描くバウムでは、境界形成と統合性の弱さが示唆された。包冠線のない開放型にみる境界脆弱性は「統合失調症およびその近縁群」（山中, 2003）を示唆する指標とされるし、部分空間の奇妙な結合は風景構成法における「キメラ的多空間現象」（中井, 1984）を連想させる。甲状腺疾患群に精神病水準に出現するバウムとの構造的類似性が見出されたことは、甲状腺疾患群は病態水準で言うと神経症水準より重篤で精神病水準に類する自我境界の危うさを孕んでいる可能性が考えられる。これは、山森（2002a, 2003）のバセドウ病研究における知見とおおむね一致する見解である。

さらに本研究で新たに明らかになったのは、神経症群を含む4群において、訴えられる心理的問題の強さと反比例して、バウムに重篤な構造的問題が示されたことである。甲状腺疾患群内でも、古くから心身相関の認められてきたバセドウ病よりも、時に精神症状を呈しつつも心理的要因が不明瞭で身体疾患と見なされてきた慢性甲状腺炎群、さらには純然たる身体疾患とされてきた結節性甲状腺腫群において、境界と統合性の弱さがより明確に呈せられた。簡単に結論づけることはできないが、他の身体疾患患者の描くバウムにおいても精神病水準を示唆する境界脆弱性が報告されているのは示唆的である。富田（2011）による糖尿病患者のバウム研究では、"血糖コントロール良好かつ糖尿病に対する感情負荷度の高い群" よりも "血糖コントロール

不良かつ糖尿病に対する感情負荷度の低い群"のほうに〔閉鎖不全型〕〔完全開放型〕が多く認められている。つまり、同じ糖尿病患者であっても、不安が高く心理的訴えの強い患者よりも一見何の葛藤も示さない患者のほうに、身体的難治性かつ自我境界の脆弱性が示されたのである。また、岸本（1999）は白血病患者の描くバウムに〔閉鎖不全型〕〔完全解放型〕が比較的よく出現することを報告し、「癌患者の病態水準としては精神病圏の深さも想定しておく必要がある」と述べている。いずれも、純粋に身体の器質的障害を抱える患者に心身の重篤な問題が示唆されたことは、甲状腺疾患群のバウムの示唆する現象と同一軌道上にあると思われる。すでに述べてきたように、山中（2005）は心身症や身体疾患患者の描くバウムから「心身症と統合失調症の類縁性」を指摘している。ここで言われる心身症は、比較的心身相関の明白な疾患だけではなく、内科・外科で扱われるいわゆる身体疾患も想定されているようである。山中（2005）は、身体疾患における病態水準の重さは「精神で引き受けるべき問題を、身体で引き受けてしまった結果なのであろう」と述べ、「身体イメージの領域で、精神イメージを表現すると、この両者は微妙に近縁性をあらわにするのではないか」と考察している。

　このような身体と精神の関連性は、症状移動（symptom shift）という現象にも表れているように思われる。笠原（2011）は、慢性化していた精神病が展開し始めると激しい身体症状を呈したり、神経症が「ようやくうまくいきだす」と長く続いていた身体症状が消失したりといった経験的知見をもとに、症状の現れ方として「主観化」「身体化」「行動化」という三つの方向を示している。ストレスや不安が高いから身体の病気になったのだ、という直線的な理解とは異なる次元において、身体と精神は連関しているのかもしれない。

　ここまで、バウムテストを通して神経症群と甲状腺疾患群の心理構造について検討してきた。甲状腺疾患群の描くバウムからは神経症水準より深い次元での自我境界や統合性の脆弱性を抱えている可能性が指摘された。この結果をふまえて、次節では、半構造化面接において彼らはいかに自らを物語るのかについて検討していきたい。

第4節　甲状腺疾患患者の語りとその構造

　前節では、バウムテストの分析から、甲状腺疾患群においては神経症水準より深い自我境界と統合性の問題を孕んでいる可能性を指摘した。それでは心理療法が展開される物語の次元で、彼らはいかに自らを物語るのだろうか。本節では半構造化面接から、甲状腺疾患患者と神経症患者の語りの特性を明らかにする。それによって、心身症・身体疾患患者の語りにアプローチする心理療法の可能性を探っていくことにしたい。

1. 甲状腺疾患患者の語りとその構造

　甲状腺疾患の心理療法に関しては、山森（2002a, 2003）や田中他（2005, 2006, 2007, 2008, 2013）による事例報告がある。個別事例の検討を通して共通して指摘されるのは、神経症水準との「質の違い」（田中他, 2008）であろう。これを整理すると、①具体的な出来事のレベルで語りが展開される、②内面ではなくて、環境などの外的変化によって問題が打開されることが多い、③当面の葛藤が解決されることで短期に終結する事例が多い、といった特徴が見出される。甲状腺疾患患者において、神経症や他の心身症と比較して「心理療法に際して独特の難しさがある」（山森, 2002a）と述べられるのは、語りの内容ではなく構造のレベルにおける「質の違い」に結びついていることが推測される。

　こうした「質の違い」とはいかなるものだろうか。アセスメント面接に準ずる半構造化面接を通して、甲状腺疾患における語りの構造的特徴を検討していきたい。

2. 調査対象

　対象としたのは、第1節で示した神経症群と甲状腺疾患3群である［表

3.4.1.]。半構造化面接では疾患をめぐる質問が含まれるため、バウムテストとは異なり、一般群はおいていない。

3. 手続き

アセスメントのための初回面接に準ずるものとして、個別に半構造化面接を行った。一般に初回面接時にインテーカーが尋ねる内容（名島、2008）を参考に、主訴・来談経緯、自分の性格、家族を中心とした対人関係、心理療法への関心を尋ねた。質問項目を［表3.4.2.］に一覧して示す。

4. 分析と結果の全体像

甲状腺疾患における「語り」の特徴を抽出するべく、続いて、半構造化面接の分析過程とその結果を記述していく。

[表3.4.1.] 協力者の属性

	神経症群	甲状腺疾患群		
		バセドウ病	慢性甲状腺炎	結節性甲状腺腫
対象者数（男性／女性）	44 (18/26)	62 (11/51)	33 (3/30)	49 (5/44)
年齢（SD）	34.39 (9.63)	36.15 (9.73)	44.12 (10.82)	45.98 (10.10)

[表3.4.2.] 半構造化面接における質問項目

主訴・来談経緯	どのようなことで受診されましたか？ そのことに気付いたのはいつごろですか？ どんな時期でしたか？ 思い当たるきっかけなどはありますか？
自分の性格	自分の性格についてどう思いますか？ 小さい頃は、どのような子どもさんでしたか？
家族を中心とした 対人関係	家族には伝えましたか？ 伝えた場合、家族の反応はどうでしたか？ 周囲の方との人間関係はどうですか？ ご病気になられたことで、家族や周囲の人との関係に変化はありましたか？
心理療法への関心	カウンセリングに関心はありますか？

(1) 指標の作成

個別性を大切にしつつも、語りの構造的特徴を捉える枠組みを得るために、188名分の全面接内容を通読し、以下の手続きで分析指標を作成した。

1. 全面接内容から、各質問項目に対する回答のヴァリエーションを網羅するリストを作成した。主訴・来談経緯から、1)【症状（既往歴）】と2)【心理的要因】の2カテゴリー14項目、自分の性格から、3)【自己関係】の1カテゴリー13項目、家族を中心とした対人関係から、4)【他者関係】の1カテゴリー13項目、心理療法への関心から、5)【カウンセリングへの姿勢】の1カテゴリー5項目の指標を見出した。
2. 質問項目への直接的回答ではないが、先行研究にて指摘されてきた甲状腺疾患患者の語りの特徴（田中他, 2005, 2006, 2007, 2008）・心身症患者一般の語りの特徴（Sifneos, 1973）を捉える指標として、感情表現の仕方に関わる6)【感情】の1カテゴリー25項目、内的－外的描写やトピックの流動性に関わる7)【語りの視点】の1カテゴリー8項目を追加した。
3. 甲状腺疾患の心理療法に従事するスーパーバイザーに内容の妥当性の確認を求めた。

以上の手続きによって、全7カテゴリー78指標を作成した。

(2) 指標の評定

一人分の面接内容につき臨床心理学専攻の大学院生3名が独立して評定した。評定者は、疾患名の伏せられた面接内容を読み、各指標について「該当する」「該当しない」を判断した。3名中2名以上一致したものを最終評定とした。

(3) クラスター分析による対象者の類型化

実際の心理療法では目の前のクライエントの個別的な語りにいかに徹底し

て向き合うか、ということを行っている。疾患からクライエントを見るのではなく、クライエントその人、あるいはクライエントの語りそのものを見ていくのである。そうではあれ、疾患に共通する特性を把握することもまた、クライエントその人を見通す枠組みをもつ意味で重要であろう。そのため、まず純粋に「語り」そのものに焦点を当ててその類型を抽出し、そのなかで疾患群比率の差異を検討するのが適切と考えてクラスター分析を行うことにした。そこで、指標に「該当する」を1、「該当しない」を0として数値化し、78指標に基づいてクラスター分析を行った。距離の測定には平方ユークリッドを、クラスタリングにはward法を用いた。

(4) クラスター分析の結果
① クラスターの抽出

語りの特性を把握するため、クラスターごとの特徴が捉えやすく、かつ構成人数が全体の1割以上になるよう考慮して4クラスターを採用した。各クラスターをA〜Dとする。

②クラスターにおける疾患群比率の検討

A〜Dの各クラスターにおける疾患群の構成を把握するため、4クラスター×4疾患群でフィッシャーの直接確率検定を用いて、疾患群比率を検定した [表3.4.3.] [図3.4.1.]。

③ クラスターの特徴の検討

A〜Dの各クラスターの語りの特徴を把握するため、フィッシャーの直接確率検定を用いて、4クラスター間で各指標の出現比率を検定した [表3.4.4.]。

5. 各クラスターの語りの類型的特徴の検討

続いて、A〜Dまで各クラスターの語りの類型的特性について、有意差の

[表3.4.3.] クラスターごとの疾患比率

	神経症群 (44名)		バセドウ病群 (62名)		慢性甲状腺炎群 (33名)		結節性甲状腺腫群 (49名)		Fisher	合計
	人数	%	人数	%	人数	%	人数	%		
A	↓ 2	3.8	↑ 24	46.2	11	21.2	15	28.8	***	52
B	↓ 1	5.0	4	20.0	4	20.0	↑ 11	55.0	***	20
C	↓ 7	10.1	26	37.7	15	21.7	21	30.4	***	69
D	↑ 34	72.3	8	17.0	3	6.4	2	4.3	***	47

+$p<.10$, *$p<.05$, **$p<.01$, ***$p<.001$

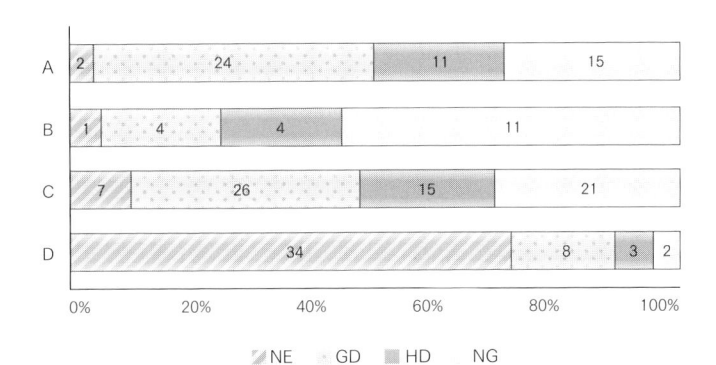

[図3.4.1.] クラスターごとの疾患群比率

見られた指標を中心に検討していく。なお、本文中に協力者の語りを引用する際にはゴシック体で表記する。また、事例として呈示する際には、まず【　】内に「疾患群の略称：年齢・性別」を記す。地の文は協力者の語り、〈　〉は調査者の言葉、（　）は筆者による補足である。

クラスターA

まず、クラスターAを構成する疾患群の比率を示し、続いて指標をもとに語りの特性を検討する。

[表3.4.4.] 指標の出現比率

			A (52名)		B (20名)		C (69名)		D (47名)		Fisher	補足
			人数	%	人数	%	人数	%	人数	%		
1	症状（既往歴）	明確な気づきがある	↓26	50.0	↓5	25.0	44	63.8	↑46	97.9	***	自分で症状を自覚している
2		他者から指摘されて気づく	9	17.3	↑8	40.0	15	21.7	↓1	2.1	**	他者から指摘されて初めて症状を自覚する
3		他者から指摘されても気づきが稀薄	↑17	32.7	5	25.0	8	11.6	↓0	0.0	***	他者から指摘されても症状の気づきが稀薄
4		病識が稀薄	↑11	21.2	4	20.0	7	10.1	↓0	0.0	**	病気という認識が稀薄である
5		肯定的に捉える	0	0.0	0	0.0	2	2.9	0	0.0		症状を肯定的に捉える
6		身体疾患の既往歴を語る	16	30.8	↑13	65.0	22	31.9	12	25.5	*	現在の症状以外の身体疾患の既往を語る
7		精神疾患の既往歴を語る	2	3.8	1	5.0	4	5.8	7	14.9		現在の症状以外の精神疾患の既往を語る
8		事故の既往歴を語る	1	1.9	0	0.0	2	2.9	1	2.1		事故による心身の障害の既往を語る
9		身体に関わる仕事・趣味を語る	5	9.6	3	15.0	12	17.4	5	10.6		スポーツなど身体に関わる仕事・趣味
10	心理的要因	関連づけて捉える	↓5	9.6	6	30.0	↓10	14.5	↑36	76.6	***	心理的要因を症状と関連づけて捉える 因果関係を自覚している
11		可能性として捉える	11	21.2	2	10.0	7	10.1	4	8.5		質問を契機に何らかの心理的要因が想起され、関連があったかもしれないとする
12		関連づけて捉えられない	9	17.3	6	30.0	↑18	26.1	↓2	4.3	**	心理的要因は想起されるが、症状との関連は述べない
13		想起されない	↑23	44.2	1	5.0	9	13.0	↓1	2.1	***	心理的要因が想起されない
14		了解しにくいエピソードを挙げる	4	7.7	0	0.0	5	7.2	1	2.1		ライフイベントには言及するが、心理的要因としては理解しにくい
15	自己関係	肯定的に捉える	↑22	42.3	5	25.0	26	37.7	↓5	10.6	**	自分に対する認識が肯定的である
16		否定的に捉える	↓11	21.2	6	30.0	28	40.6	↑33	70.2	***	自分に対する認識が否定的である
17		多面的に捉える	2	3.8	0	0.0	8	11.6	6	12.8		自分に対する認識が多面的である
18		矛盾がある	6	11.5	3	15.0	4	5.8	8	17.0		自分について矛盾する側面を認める
19		性格変遷のエピソードがある	10	19.2	8	40.0	12	17.4	11	23.4		性格が変わったという認識がある
20		他者視線に対する意識が強い	↓0	0.0	1	5.0	4	5.8	↑11	23.4	***	"他者から見た自分"が気になる
21		他者との類似から捉える	0	0.0	1	5.0	1	1.4	1	2.1		他者との類似から自分について述べる
22		他者との対比から捉える	4	7.7	0	0.0	3	4.3	2	4.3		他者との対比から自分について述べる
23		他者から見た自己像のみ描写する	1	1.9	↑3	15.0	3	4.3	0	0.0	*	自分に対する認識が他者の言葉による
24		外枠を用いる	2	3.8	3	15.0	5	7.2	2	4.3		血液型・出生順・社会的ポジションなどの外枠組みを用いて自分について述べる
25		具体的エピソードを述べる	8	15.4	↑9	45.0	5	7.2	3	6.4	***	具体的・エピソード的な叙述がなされる
26		言葉にできない	4	7.7	2	10.0	1	1.4	2	4.3		言葉にしにくい
27		自分について持続的な葛藤がある	↓0	0.0	0	0.0	↓0	0.0	↑15	31.9	***	自分自身について悩んでいる

+$p<.10$, *$p<.05$, **$p<.01$, ***$p<.001$

第3章　心身症・身体疾患と物語ることの問題

			A (52名) 人数	%	B (20名) 人数	%	C (69名) 人数	%	D (47名) 人数	%	Fisher	補足
28		円満である	↑20	38.5	2	10.0	↑24	34.8	↓2	4.3	***	人間関係が円満である
29		困難を抱えている	↓2	3.8	↓0	0.0	↓4	5.8	↑42	89.4	***	人間関係に困難を抱えている
30		持続する葛藤対象がある	↓3	5.8	↓1	5.0	↓4	5.8	↑34	72.3	***	持続的な葛藤を抱えている他者がいる
31		場面依存的な葛藤対象がある	6	11.5	1	5.0	11	15.9	10	21.3		一時的に葛藤を抱く他者がいる
32		葛藤が語られない	↑27	51.9	↑11	55.0	27	39.1	↓0	0.0	***	葛藤に関する言及がない
33		葛藤を避ける	4	7.7	1	5.0	6	8.7	1	2.1		嫌な人は避ける葛藤場面を回避する
34	他者関係	自己開示的である	3	5.8	3	15.0	6	8.7	↓0	0.0	+	自己開示にためらいがない
35		仲間意識（連帯感）が強い	6	11.5	↑6	30.0	5	7.2	↓1	2.1	**	共通点から仲間意識や連帯感を抱いている
36		頼れる他者の存在がある	3	5.8	2	10.0	8	11.6	5	10.6		病気を含む困難場面を支える他者がいる
37		他者のことを自分のことのように感じる	3	5.8	3	15.0	7	10.1	2	4.3		他者の心身の状態を自分に引きつける
38		来院に他者の影響が強い	23	44.2	↑17	85.0	30	43.5	↓11	23.4	***	他者が来院の決め手になっている
39		同伴者がいる	15	28.8	6	30.0	28	40.6	13	27.7		同伴者がいる
40		調査者に対して働きかけがある	8	15.4	5	25.0	16	23.2	↓2	4.3	*	調査者個人に対して働きかけがある
41		感情の言及がない	↑30	57.7	6	30.0	↓7	10.1	↓2	4.3	***	感情に関する言及がない
42		自分の内面を推測する	1	1.9	1	5.0	3	4.3	2	4.3		自分の心身の状況を推測的に述べる
43		対象のある不安	7	13.5	4	20.0	14	20.3	14	29.8		対照のはっきりした不安を述べる
44		漠然とした不安	↓0	0.0	1	5.0	3	4.3	↑7	14.9	*	対照のはっきりしない不安を述べる
45		怒り	↓0	0.0	1	5.0	4	5.8	↑6	12.8	*	怒り
46		動揺・ショック	↓1	1.9	0	0.0	↑15	21.7	3	6.4	**	動揺・ショック
47		イライラ	4	7.7	3	15.0	9	13.0	↑13	27.7	+	イライラ
48		空虚	0	0.0	0	0.0	0	0.0	2	4.3		空虚感
49		欲求不満	0	0.0	0	0.0	0	0.0	0	0.0		欲求不満
50		困惑	0	0.0	1	5.0	4	5.8	2	4.3		困惑
51		心配	5	9.6	0	0.0	13	18.8	7	14.9		心配
52	感情	悲しみ	1	1.9	0	0.0	1	1.4	1	2.1		悲しみ
53		恐れ	↓1	1.9	0	0.0	8	11.6	↑10	21.3	**	恐れ
54		焦り	0	0.0	0	0.0	1	1.4	↑4	8.5	+	焦り
55		落ち込み	↓3	5.8	1	5.0	8	11.6	↑15	31.9	**	落ち込み
56		恥	1	1.9	0	0.0	2	2.9	0	0.0		恥
57		驚き	2	3.8	0	0.0	6	8.7	1	2.1		驚き
58		不幸	0	0.0	0	0.0	0	0.0	0	0.0		不幸
59		幸せ	0	0.0	0	0.0	0	0.0	0	0.0		幸せ
60		喜び	1	1.9	0	0.0	0	0.0	0	0.0		喜び
61		神経質	0	0.0	0	0.0	4	5.8	↑5	10.6	+	神経質
62		罪悪感	1	1.9	0	0.0	1	1.4	↑8	17.0	**	罪悪感
63		自責感	1	1.9	0	0.0	↓0	0.0	↑10	21.3	***	自責感
64		責められている	0	0.0	0	0.0	↓0	0.0	↑8	17.0	***	他者から責められている
65		プレッシャー	↓0	0.0	2	10.0	3	4.3	↑9	19.1	**	プレッシャーを感じる

+$p<.10$, *$p<.05$, **$p<.01$, ***$p<.001$

			A (52名)		B (20名)		C (69名)		D (47名)		Fisher	補足
			人数	%	人数	%	人数	%	人数	%		
66	カウンセリングへの姿勢	自分が受けるものとして応答	↓14	26.9	15	75.0	↑63	91.3	↑43	91.5	***	自分が受けるものとして希望の有無を述べる
67		自分が受けるものとしては応答しない	↑32	61.5	4	20.0	↓3	4.3	↓0	0.0	***	カウンセリングを自分が受けることとして捉えない
68		能動的に希望する	↓2	3.8	2	10.0	10	14.5	↑15	31.9	**	受けたい
69		受動的に希望する	↓0	0.0	0	0.0	6	8.7	↑6	12.8	*	必要なら受けてもよい
70		希望しない	25	48.1	7	35.0	↑34	49.3	↓8	17.0	**	受けたくない
71	語りの視点	明確な主訴がある	↓11	21.2	4	20.0	24	34.8	↑35	74.5	***	明確な目的・訴えをもって来院している
72		語りの中心が他者に移る	4	7.7	↑11	55.0	↓1	1.4	4	8.5	***	語りの焦点が'自分'から外れて他者のことになる
73		主語が流動的・不明瞭である	3	5.8	↑10	50.0	↓1	1.4	4	8.5	***	主語が入れ替わったり不明瞭だったりする
74		事実に関する細部が付加される	5	9.6	5	25.0	10	14.5	8	17.0		出来事に対して具体的事実が詳細に語られる
75		心的内容が付加される	↓4	7.7	3	15.0	13	18.8	↑23	48.9	***	出来事に対して気持ちも合わせて述べる
76		心的内容が極端に切り替わる	3	5.8	0	0.0	1	1.4	0	0.0		気持ちを切り替えて葛藤を回避する
77		トピックが移る	↓6	11.5	↑20	100.0	14	20.3	8	17.0	***	語りの起点からトピックが移り変わる
78		俯瞰する視点がある	0	0.0	0	0.0	1	1.4	1	2.1		客観的で第三者的な視点から語る

+$p<.10$, *$p<.05$, **$p<.01$, ***$p<.001$

（1）疾患群構成

クラスターAは52名から構成された。疾患群比率は、バセドウ病群が46.2%（24名）と有意に高い割合で、結節性甲状腺腫群28.8%（15名）、慢性甲状腺炎群21.2%（11名）と続く。神経症群は3.8%（2名）と有意に低かった。甲状腺疾患群が96.2%を占め、そのなかでもバセドウ病群に特徴的なクラスターである。

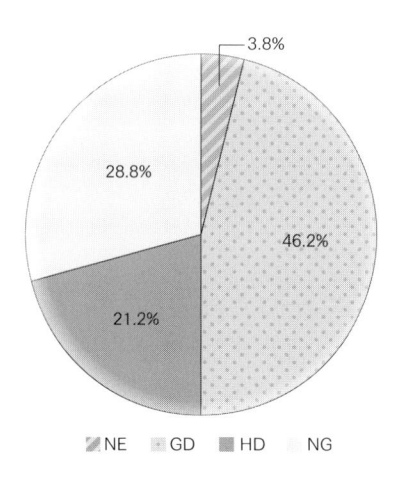

[図3.4.2.] 疾患群比率（クラスターA）

(2) 指標からみた語りの特性
① 症状への関わり：【症状（既往歴）】【心理的要因】

　症状について〔明確な気づきがある〕割合が50.0％と有意に低く、周囲が先に本人の体重減少・喉の腫れ・気分変動などを察知していた。さらに〔他者から指摘されても気づきが稀薄〕〔病識が稀薄〕である割合も有意に高かった。心身の変化は自覚されず、症状が実感されにくいようである。

　心理的要因については、そもそも〔想起されない〕割合が44.2％を占め、有意に高かった。発症前後のライフイベントが想起された場合も、それを症状と〔関連づけて捉える〕割合は低かった。症状は身のまわりの出来事と関連づけられず、突然訪れたものとなっているようである。

② 自分を捉える目・他者を捉える目：【自己関係】【他者関係】

　自分について〔肯定的に捉える〕割合が高く、反対に〔否定的に捉える〕〔持続的な葛藤がある〕割合は低かった。「活発」「明るい」「楽天的」「クヨクヨしない」といった形容が並び、ポジティブで前向きな自己像が認められる。

　他者との関係を捉えるのもポジティブな視点が強く、〔円満である〕〔葛藤が語られない〕割合が高く、〔困難を抱えている〕〔持続する葛藤対象がある〕割合が低かった。人間関係については「良好」「恵まれている」「家族も職場も仲良し」「人と衝突したことがない」などと表現され、社会的な適応のよさを思わせる。それに加えて〔他者視線に対する意識が強い〕の該当がいなかった。他者は、自分を照らし返す存在として対峙しているわけではないようである。「お母さんにべったりしてる」「誰とでも仲良くしてる」というように、むしろ葛藤なく横につながっていく他者関係が推測される。

③ 感情の表出と悩むこと：【感情】

　〔感情の言及がない〕割合は57.7％と有意に高かった。具体的には〔漠然とした不安〕〔怒り〕〔動揺・ショック〕〔恐れ〕〔落ち込み〕〔プレッシャー〕といった項目の出現が有意に低く、反応的感情から反省的感情まで感情一般の

言及が少なかった。

④ 心理療法を捉える目：【カウンセリングへの姿勢】

カウンセリングについて〔自分が受けるものとしては応答しない〕割合が61.5%と有意に高かった。甲状腺疾患群はもともと身体の不調で来院しているので、「私はカウンセリングを受けるつもりはない」という応答はよく理解できる。しかしクラスターAの場合はそうではなくて、調査が枠づけている「私がカウンセリングを受ける」という文脈そのものが揺らぐのである。カウンセリングという本来〈私〉の内面に焦点づけられた問いかけは、そこに引きつけられずに、他者のことや学問領域としての関心に移行していく。「子どもがカウンセリング？　そういうのに興味があって……そういう話を横で聞いていたので心理学に興味はあります」というように①心理学への興味に移るもの、「(関心)ありますよ。人にちょっと話を聞いてって言われることが多い……（実際にカウンセリング講座に行った話に移行）」のように②自分が話を聞く側に移るもの、「一人大変な人がいる。更年期から乳癌をやって、うつに……（その人の話に移行）」のように③他者の話に移るものといったヴァリエーションが見られた。

⑤ 語りの視点：【語りの視点】

症状の自覚・病識のもちにくさと重なるが、〔明確な主訴がある〕割合が低く、問題の焦点はいくぶん漠然としているようである。〔トピックが移る〕割合は有意に低く、基本的には質問事項に応じて語りが展開されている。ただ〔心的内容が付加される〕割合が低かったことに示されるように、語りは内面に向かわずに外的事象に向かうようである。

(3) 考察——内面を通過しないクラスターA

以上の結果から、クラスターAでは心身両面にわたって内的なことが語られにくいという特徴が浮かび上がってくる。続いて、こうした特徴が典型的

に現れている事例を呈示しつつ、臨床場面で実際にどのように語りが展開するのか、その背景にはどのような心理的特性が考えられるのかについて考察していきたい。

① 内面の動きを捉えにくい

クラスターAにおいて面接冒頭から際立った特徴として現れてくるのが、症状の自覚に乏しく、病識も薄いことである。以下に事例を示したい。

【GD：27F】『疲れませんか』とか（診察で）言われて、今思うと高校ぐらいの時（諸症状が）すでにあったかもしれないけど、分からないから。

【GD：29F】私、影響されやすいんです。この病気って暑いと汗かくとか言いますよね？　そうするとなんか汗かくとか思っちゃう。でも『それって季節柄そうなんちゃう？』とか言われるんですけど（笑）。

【GD：37F】〈思い当たること？〉病院ではストレスって言われたけど。確かにストレスかかるような生活パターンやけど……＊月には円形脱毛2カ所なったんやけど、それもストレスだって言われてるけど、そのストレスの原因が何かは分からんままずっと。自分ではストレスだって気づかずきてる。

問診によって自らを顧みる枠組みを呈示されてもなお実感を得にくかったり、逆に影響されすぎて平常と異常の区別がつかなくなったりする様子が伝わってくる。三つめの事例（GD：37F）では、客観的にストレスのかかる生活であることは分かっているが、自分にとって何がストレスなのかは分からない、つまり自らの内的なしんどさをうまく把握できていないのである。クラスターAでは、たとえ頸部の腫れ・眼球突出・情緒不安定など周囲が心配するほどの症状が出ている場合でも、本人はピンときていなくて、疾患を自分のこととして受けとめにくい様子が見られる。

続いて、以下に、初めて甲状腺疾患の可能性が示唆された時の反応を示す。

【GD：49F】（知人に甲状腺疾患の人がいて色々教えてくれるので）私はラッキー。

【GD：31F】私何も知らなくって「甲状腺？　んー？」って。「今年、厄年だからそれかぁ」って（笑）。

【NG：48F】病気したことないので「そんなことあるんだぁ」って。

　これらの反応はどこか他人事のようなリアリティの薄さを感じないだろうか。自分自身の視点を軸にして、身体的・心理的変化を実感として掴んでいないのだろう。感情にまつわる表現が少なかったことも合わせると、クラスターAは、心身にわたって内面的な動きを語りの次元で表現しにくいこと、そしてその背景にはそもそも内的なものの捉えにくさがあることが推測される。

　② 内面から離れてゆく
　先に内的なものの捉えにくさを指摘したが、本面接は心理アセスメント面接に準じるという性質上、基本的に内面に焦点づけた質問から構成されている。そうした場合、語りはどのように展開するのだろうか。以下に示すのはカウンセリングへの関心を尋ねた質問への応答である。

【NG：42F】〈カウンセリングに関心はありますか?〉一回、大学の一般人も受け入れるようなのに行った。それはカウンセリングをする立場の人ばっかりが集まって講習する。人の考えていることとか、自分はどんな?とか。読んでて面白そうだなと思って。〈どうでした?〉＊（メディア）が取材に来てて、写真撮られて、雑誌に載って。それしか覚えてない。

　〈カウンセリングに関心はありますか?〉という問いは、多分に曖昧さを含んだものである。しかし、疾患を抱えた方の心理支援を目的とした研究であることを説明しているので、〈あなたがカウンセリングを受けることに関

心はありますか?〉という前提を暗に示唆しているものでもある。クラスターAでは、この前提が容易に超えられていく。呈示事例では、"私がカウンセリングを受ける"から"私がカウンセリングを学ぶ"へ立ち位置が転換しているし、カウンセリング講座については内容ではなくメディア取材が話題として選ばれている。「自分はどんな?」を考えるカウンセリング講座であるのに、そこから〈私〉の内面に入っていかないのである。

こうした心理的内容が現れてきにくい傾向は、語り全般を通して特徴づけられる。

【HD：46F】〈病気になった頃にストレスとか心理的に思い当たることはありますか?〉健康診断ですね。健康診断が苦手で、病院嫌いなんですよ。
【NG：49F】(甲状腺の腫れを指摘されて)〈どう思った?〉女性の多い職場なんで、まわりにも薬飲んだり手術した人がいて、やっぱり女性に多いんだなと思った。

〈心理的に思い当たることはあるか?〉〈どう思うか?〉といった内面を照らすような質問に対しても、客観的事実や直近の出来事など外側の話題が応答として選ばれやすい。種々の体験は心理的な吟味を回避して外的事象のレベルで語られていくのである。

③ 悩まない
内面から離れていく傾向は"葛藤がない""悩まない"というあり方に端的に表れているように思われる。それはまずきわめて肯定的な自己認識に認められる。

【NG：49F】天真爛漫で今もずっと変わらず。面白いタイプって言われます。人懐っこいから人から好かれる。喋ったら面白い。私がいなかったら(学生時代の)一泊林間とか火が消えたよう。存在感が。

非常に肯定的な自己像がうかがわれるが、これと裏表をなして、クラスターAでは「落ち込まない」「クヨクヨしない」といった自己描写が多く、"悩む"という体験をもちにくいことが推測される。ただ、落ち込むことがまったくない、というわけではない。以下に、クラスターAに典型的だった落ち込む体験の描写を示したい。

【NG：38F】A型なんやけど、明るいけど、落ち込みやすいところもあるし、切り替えも早い。切り替えたら気にしない。

この事例は一見悩んでいるようにも思われながら、「切り替える」という言葉が示すように葛藤状態に留まることはないようである。クラスターAでは、落ち込むことはあるものの「切り替える」「抱え込まない」「気にしない」といった表現が非常によく見られる。こうした描写は情動が一時的な体験として内面を通過していき、"悩み"として吟味することはなされていないことを推測させる。

このようにクラスターAでは、症状の実感しにくさや感情に関わる表現の少なさなど、心身両面にわたって内的なものが語りに現れてきにくい。カウンセリングや人間関係、〈どう思うか？〉といった質問は外的出来事の次元で応答され、語りの視点は内面に向かわないようである。その背景には内的感覚を捉える視点そのものの稀薄さが想定される。

これらは、アレキシサイミアとして指摘されてきた特性と重なる部分が大きいように思われる。語りは外的な次元で展開し、心理的次元にはなかなか開かれていかない。そのため、出来事をめぐって彼らが何を思い、どのように感じているのか、語りを通して内面の動きを摑むことが難しい。こうした傾向は、内面を物語るというカウンセリングを難しくする一因と考えられる。

クラスターB

続いてクラスターBの語りの特性を検討する。まず疾患群の構成比率を示した上で、指標から指摘しうる語りの類型的特性を述べる。

(1) 疾患群構成

クラスターBは20名から構成される。疾患群比率は、結節性甲状腺腫群が55.0%（11名）と有意に高い割合で、次いでバセドウ病群20.0%（4名）、慢性甲状腺炎群20.0%（4名）であった。神経症群は5.0%（1名）と有意に低い割合だった。甲状腺疾患群が95.0%を占め、そのなかでも結節性甲状腺腫群に特徴的なクラスターである。

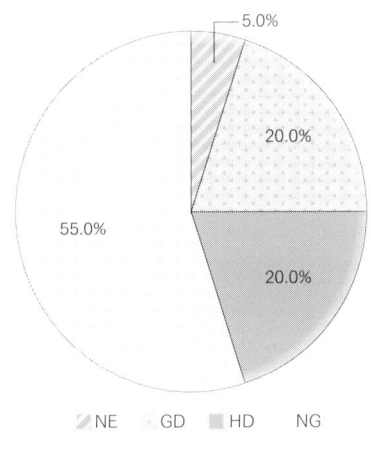

[図3.4.3.] 疾患群比率（クラスターB）

(2) 指標からみた語りの特性

① 症状への関わり：【症状（既往歴）】【心理的要因】

症状について〔明確な気づきがある〕割合が25.0%と有意に低く、〔他者から指摘されて気づく〕割合が40.0%と有意に高かった。周囲から指摘されたのをきっかけに「言われてみれば確かに腫れている」など緩やかな自覚が生まれている。その他に〔身体疾患の既往を語る〕割合が有意に高く、疾患つながりで連想が広がっていく様子が見られた。

② 自分を捉える目・他者を捉える目：【自己関係】【他者関係】

自分について〔具体的エピソードを述べる〕〔他者から見た自己像のみ描写

する〕割合が有意に高かった。「小さい頃は人形遊びが好きでした」「勉強は中ぐらい」「今、夫と対立中です」のように具体的な出来事から自分を象っていくか、「○○って言われます」と外部からの評価をそのまま用いるか、いずれにせよ自分自身を抽象的に象っていくのとは異なる自己描写である。

　周囲との関係では〔困難を抱えている〕〔持続する葛藤対象がある〕割合が低く、〔葛藤が語られない〕割合が高かった。統計的有意差は出ていないが〔自分について持続的な葛藤がある〕に該当がなく、自分についても周囲についても葛藤が生じにくいようである。こうした良好で葛藤のない自己関係・他者関係は、クラスターAと同じ傾向である。

　クラスターBに特有だったのは、周囲との関係のもち方である。〔仲間意識が強い〕割合が有意に高く、趣味や出身地といった社交的な話題から自分の性格や症状といった私的・内的なことまで「私も一緒」というつながりの表現が散見された。〔来院に他者の影響が強い〕割合も高く、先述した他者の言及による自己描写と合わせて考えると、自己認識や行動決定が外側の世界に委ねられている様子が推測される。

　③ 感情の表出：【感情】
　いずれの指標も有意差は認められなかったが、〔感情の言及がない〕に約3割が該当した。これは感情表現の少なかったクラスターAと、比較的感情表現の見られたクラスターC・Dの中間に位置するものだった。

　④ 心理療法を捉える目：【カウンセリングへの姿勢】
　いずれの指標も有意差は認められなかった。

　⑤ 語りの視点：【語りの視点】
　〔主語が流動的・不明瞭である〕〔語りの中心が他者に移る〕割合が50％強、さらに〔トピックが移る〕割合が100.0％と有意に高かった。これらの指標は、いずれも語りが一点に留まらないことを示唆するものである。自分のこ

とから周囲のことへ、ある話題から別の話題へ、連想の連なりで語りの中心点が流れるように移り変わっていく様子が見出された。

(3) 考察──内面が外側に委ねられているクラスターB

以上の結果から、クラスターBでは周囲とつながっていく傾向が強く、個人のあり方が語りのなかに現れてきにくい特徴をもつことが示された。また、語りは中心点をもたず、トピックが移り変わっていく。これらの点について、具体例を挙げながらさらに検討していきたい。

① つながりのなかに埋没する〈私〉

クラスターBに特有なのは"私以外の人"の話題が頻出し、その人と"私も一緒"という表現が目立つことだろう。

【HD：56F】目標が一緒の人たちは揉めない。趣味で行ってるから、好きなことが一緒なら感ずるものが一緒……いい方にめぐり逢ってどこに行ってもいい人ばっかり……＊大の学生？〈はい〉従兄弟の孫が（＊大）＊学部に行ってるんですよ。看護師さんとも出身地の話で盛り上がっちゃって。

上記の事例では、趣味・出身地・大学……と様々に"一緒"なポイントが見出されているが、それが物事の感じ方までを含むあらゆるものに敷衍されて、不思議な一体感をもつに至っている。

"一緒"なのは具体的な事柄にとどまらず、本来個人に固有なはずの内面にも及ぶようである。典型的だったのが、症状や性格における"一緒"である。以下に2例を示したい。

【NG：38F】（喉に違和感を覚えて）えずくまでは更年期やと思っていた。お友達のご主人も更年期で喉に異変があったし。腫れは日によって違うと夫は言うし。〈思い当たるきっかけ？〉妹が＊年＊月にリンパ腫と言われた。喘

息もあるし……（妹の治療の話が続く）。妹も喉の違和感は初めは更年期で見落とされていたと言われていた。それで。

【HD：45F】〈自分の性格について?〉主人がすごく前向きなんです。それに影響してもらえた。一人だとマイナス……主人がプラス志向で、いい方にしてもらえた。（家族）三人よく喋る。喧嘩もしないし、話し合って楽しい毎日を送れるようにしてます。TVも笑える番組を見て、今大変な世の中だから、主人がそういうのを見るので笑える番組を見ます。そういう傾向に家族がなってる。

　一例目では、喉の違和感が「お友達のご主人」や「妹」の症状とつながって、不安が強まったり落ち着いたりしている。自分の症状と他者の症状の区別が曖昧で、人の容態に大きく左右されている。他にも、周囲が病を得たことをきっかけに"私も"と共振して来院に至った人が多かった。こうしたケースでは人を参照枠とすることで自分の不調に気づく面もあるが、固有の訴えは本人もよく分かっていない場合が多い。
　続く二例目では、夫のあり方が家族全体に広がって、性格から趣味嗜好まで共有する一体的な小集団が形成されている。本人にもともとあったはずの「マイナス」というあり方は霧散してしまったようである。他事例でも「四人きょうだいの次女で真ん中だったので、そういう真ん中の性格」や「血液型はA型なんですよ」といった語りが見られたが、ここには自分で自分を規定するのではなく、社会的に共有される枠組みや他との関係を通してしか表現できない〈私〉のあり方がうかがわれる。

　② 揺らぐ〈私〉と流動する語り
　語りにおける固有の〈私〉の摑みにくさは、主語が不明瞭な点に顕著である。以下に事例を呈示したい。子どもの頃の自己像についての語りである。

【GD：35M】〈子どもの頃?〉お兄ちゃんが虐待されるんやけど、でもお兄

ちゃんが一番の救いやったりとか〈?〉お兄ちゃんが俺を殴るの。でも一番仲いいんやけど。だから今も全部一緒やしね。俺＊(職業)やけどお兄ちゃんも＊やし。(お兄ちゃんは)＊＊経営してるけど、俺は＊＊＊を経営してるし。今も仲いいね。

　"虐待"(ここでは激しいきょうだい喧嘩を意味していると思われる)する方とされる方の主客が混合し、殴り合いながら「仲いい」し「今も全部一緒」という、やはり不思議な一体感が見られる。自分を取り巻く周囲が一つの塊として語りに現れていて、自－他の区別はあまり重要ではないようである。
　興味深いのは、こうした語りとトピックが移り変わる語りというのが、ほぼ重なっていることである。以下に示すのは、同じ協力者の語りである。

　【GD：35M】(診察で)自制してやれって。ドキドキするのあかんのやろか?……そういうのは心臓によくないんやろか?　甲状腺の病気って。(調査者は)心理学なんやっけ?　どう思う?　つまりね、右脳とか左脳とかいうけど、頭の中でイメージしてることっていうたら妄想やんか。自分、右脳しか使ってないんちゃうか、とかね。どうなんやろうか?

　診察を終えたところなのだが、「自制→ドキドキしてはいけない→心臓→脳→自分は右脳しか使っていない……」と話題から話題へ移り変わっていく。局所的なポイントで連想から連想へ話題が流れ、最初のテーマから離れていくのである。

　③悩まない
　こうした語りは"悩む"ことの対局にあるように思われる。「悩まない」「落ち込まない」「楽天的」といった言及が多く、クラスターAと同様に"悩まない"あり方がうかがわれる。さらにクラスターBでは、心理的な出来事さえ周囲と共有されるという独特の対応が見られる。

【GD：35M】〈きっかけに思うこと?〉仕事やね。いや、人かな。人やね。仕事ちゃう。人間やわ。誰でもそうなんちゃう？　人、気遣ったりとか。みんなあるんちゃう？　みんな悩むのは人間関係やろ。だってそこの水道見て悩んだりせーへんでしょ。

【HD：58F】なんでも喋るんです。私が深刻じゃないから、(相手も)ふーん、くらい。

　心理的な出来事の存在は示唆されても、それは「ある」以上の言及にはなりにくい。ただ、調査者に対して防衛的になっている様子ではなく何ともあっけらかんとしているのである。「誰でもそう」と一般化されたり「なんでも喋る」と外側に開かれて共有されたり、心理的にインパクトをもつ出来事があっても、個人の"悩み"として内的に結晶化してはいないようである。

　このようにクラスターBでは、自－他の区別が分かりにくかったり、完全に他者の話題に移行してしまったり、"あなたは？"という問いかけに対して"私は"という主語そのものが揺らいだりする、という特徴が見られる。これは、語りの中心に〈私〉がないと言えるかもしれない。中心点のない語りは、一点を深めていくのではない、話題から話題へと移り変わる流動的な性質をもっている。そして、局所的・具体的なポイントを通して"私も一緒"と周囲とつながっていくあり方が推察される。共同体的な小集団のなかに〈私〉があって、行動、意志決定、自己認識や悩みに至るまで、〈私〉は外側の世界にまったく開かれていると考えられる。周囲が固まりとなって現れてくる語りは、個人を前提とする心理療法の枠組みそのものを揺るがすものだろう。

クラスターC

続いてクラスターCの語りの特性を検討する。まず疾患群の構成比率を示した上で、指標から指摘しうる語りの類型的特性を述べる。

(1) 疾患群構成

クラスターCは69名から構成される。疾患群比率は、バセドウ病群が37.7%（26名）、結節性甲状腺腫群が30.4%（21名）慢性甲状腺炎群が21.7%（15名）、そして神経症群が10.1%（7名）であった。全4クラスターのうち最大人数を擁し、神経症群が有意に低い割合ではあるが、疾患群比率の偏りは最も小さい。

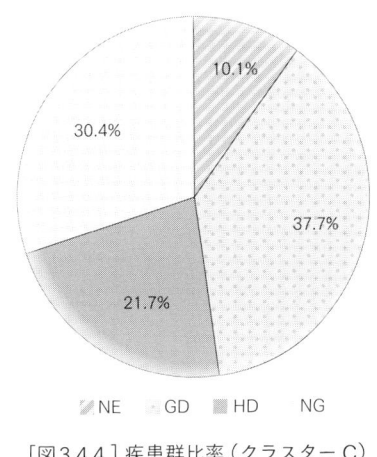

[図3.4.4.] 疾患群比率（クラスターC）

(2) 指標からみた語りの特性

① 症状への関わり：【症状（既往歴）】【心理的要因】

症状（既往歴）についてはどの指標にも有意差は見られなかったが、指標の出現率を見ると、気づきの薄かったクラスターA・Bと明確な気づきのあったクラスターDの中間に位置していた。

発症前後のライフイベントについては、まったく想起されない割合は13.0%とむしろ少なく、死別・結婚・出産など家族の変化、進学・就職など自立に関わる問題、転職・引越しに伴う環境変化など様々に語られた。ただ症状とそうした出来事を〔関連づけて捉える〕割合は有意に低く、〔関連づけて捉えられない〕割合が高かった。調査の質問をきっかけに症状をめぐる心理的出来事の存在が語られるが、症状とその出来事を積極的に結びつけることはなく、それぞれ別個の事柄として存在しているようである。

② 自分を捉える目・他者を捉える目：【自己関係】【他者関係】
〔自分について持続的な葛藤がある〕割合が有意に低かった。他者との関係では〔円満である〕割合が有意に高く、〔困難を抱えている〕〔持続する葛藤対象がある〕割合は低かった。自分についても他者についても葛藤が生じにくいのはクラスターA・Bと同様と言えそうである。ただクラスターA・Bとはニュアンスが異なり、「色々思っていてもこの人はこのへんまでと、心地よい人づき合いをしている」「イラッとしても言わない。争いを起こしたくない」といった言及が目立つ。全面的に肯定的なわけではなく、不快感を覚えても葛藤を回避していく姿勢が認められる。

③ 感情の表出：【感情】
クラスターCに特徴的だったのは、感情の語られ方である。〔感情の言及がない〕割合は有意に低く、〔動揺・ショック〕が多く見られた。しかし〔自責感〕〔責められている〕は有意に低く、まったく語られなかった。自らの内面に照らすような自己反省的な感情はあまり見られず、反応的に生じてくる感情が主なようである。

④ 心理療法を捉える目：【カウンセリングへの姿勢】
カウンセリングについては〔自分が受けるものとして応答〕し、〔自分が受けるものとして応答しない〕割合は有意に低かった。ただし、実際には〔希望しない〕割合が有意に高かった。「自分がカウンセリングを受ける」という文脈の枠内にはあるが、内面に踏み込むことは望んでいないようである。

⑤ 語りの視点：【語りの視点】
〔語りの中心が他者に移る〕〔主語が流動的・不明瞭である〕割合が低かった。語りは一点に留まり、連想で流れていくことは少なかった。

(3) 考察——内面に踏み込まないクラスターC

以上の結果から、クラスターCでは内的な動きがある程度自覚されているが、その内容までは語られにくいという特徴が認められる。以下に具体例を示しつつ、考察していきたい。

① 内的感覚の自覚と無自覚

クラスターCでは、疾患を自覚しにくかったクラスターA・Bと比べると、症状やライフイベントに自覚的である。ただ、心身の変化は自覚しているのに、それが異常のサインであるという自覚には乏しい様子が見られる。以下に来談経緯に関する事例を呈示したい。

【GD：35F】汗疹ができて、腋に。今まで一回もなったことないのに……先々週熱が出てお風呂に２日入れなくて湿疹が広がって皮膚科に行ったんですけど、「何しても汗かく」って行ったら、ここに『早よ行き』って言われて……3年前から暑がりになった。去年もっとなって、今年はずっと止まらない。〈仕事？〉今はしていない。3年前くらいに終電ギリギリとか（終電が）ないくらいまで毎日やってて、派遣だったんで辞めて遊ぼうと思ったら3年経ってた……。〈熱が出るまで病院に行かなかった〉働いていなかったから保険証がなかった。皮膚科なら自費で行けると思って行ったら、『保険証作ったほうがいい』って言われて、隣の区役所で話したらすぐにできた。だから、それがなかったら今でも行ってないかな。

家族や同僚から心配されるほどに異常な暑がりを呈し、その自覚もあったのだが、約3年にわたって放置していたそうである。心理的要因についても、症状発生と仕事の過負荷が同時期である、という自覚はあるものの、両者の結びつきは意識されていない。仕事を辞めて気づいたら3年経っていたというエピソードも驚きではないだろうか。焦点化されにくく、漂うような意識のあり方が推測される。自分の内的変化を捉える視点はあるものの、その焦

点は曖昧で、そこに主体的に関わっていくのは難しいようである。クラスターCでは、心身の変化に気づきつつも異常とは認識せずに"何となく"放っておいてしまったというケースが多く見られる。ただクラスターA・Bとは異なり、問診や調査の質問を通して枠組みが示されることによって、内的感覚を捉える視点が焦点づくようである。

【GD：39F】（バセドウ病と分かってから）日々の体調変化に気づくようになりましたかね……振り返ってみれば、あぁ足がよく浮腫（むく）んでたなとか、発疹があったなとか、異変があったことには気づくんですけど。

【GD：30F】ストレスと言われたらあれかなと思うのはある。これまでも（悪化したのは）会社を変えたりとかした時とか。自分では気にせぇへんと思ってるけど、自然に出るんかな。

上記の事例では、受診前にすでに身体的・心理的不調を何となく感じてはいたようだが、症状と言えるほどまとまったものとしては捉えきれていなかったようである。症状や心理的心当たりについて問診・調査で具体的に確認されると、それが枠組みとなって焦点が明確に結ばれる。

② 反応的感情
続いて、クラスターCの感情表現について見ていきたい。

【GD：56F】この＊月に10kg痩せた。気にしてなかったんやけど、まわりに『怖い』って言われて、それで怖くなって不安やったんです。

【HD：53F】まったく（甲状腺疾患とは）考えてもいなかったのでショック。癌やったらどうしよう……。

「ショック」「怖い」「不安」などは、外枠を利用しつつも心身の変化を自分のものとして実感し、それに対して情動的反応が生じていることを推測させ

る。こうした感情表現は、「特に何も」「厄年？」「そんなことあるんだぁ」といったあっけらかんとした反応の目立ったクラスターA・Bとは対照的である。また、クラスターCの感情表現のほとんどがこうした疾患をめぐるショックに限局されていたのだが、これは後述のクラスターDが多彩な感情表現を示したことともまた対照的である。

③ 悩むことを回避する
　自分についても他者についても葛藤が示されないというのはクラスターA・Bと同じ傾向であるが、先述のように、そのニュアンスは少し異なっている。

【NG：39F】しんどいけど、相手に合わせてしまう方かな。嫌って思ってもまぁまぁつき合えてしまう。
【NG：51F】内向的で消極的。人から見たらそうじゃないかも。よく分からない。

　上記の事例からは、全面的にポジティブだったりまったく他者に同化していたりするのではないことが分かる。しんどい〈私〉や他者の認識と違う〈私〉が意識されている。これらの事例が示すように〈私〉なりの視点が介在すると天真爛漫のままではいられなくなるように思われるが、かといって彼らの語りからは葛藤に落ち込んでいる様子はあまりうかがえない。
　それでは、クラスターCでは、自らの"ポジティブではいられない"面にどのように対応しているのだろうか。上記事例の「人に合わせる」というのもその一つであるが、他のタイプも示してみたい。

【GD：38F】全部溜まって１年に１回くらいイィーッてなる。でも物に当たることはない。食べ物で満たされるかな。
【HD：42M】ここに来て治らなかったら気力の部分を別の何かで高めていくしかない。話してどうこうなるものじゃない（疾患による心身の不調を、禁煙

によって解消しようとする)。

　バセドウ病群の女性はイライラを食べ物で解消し、慢性甲状腺炎の男性は気力が出ないのを禁煙によって解決しようとしている。彼らは、カウンセリングはもちろんのこと、投薬治療にさえ懐疑的な面があり、目に見えるもっと具体的な形で行動を起こすことで自らの不調を解消しようと試みている。他の事例も含めて太極拳・ヨガ・水泳・ウォーキングなど具体的解決方法として身体運動系が選ばれやすいことも興味深い。不調の解消は、語りの次元ではなく身体の次元で求められているようである。

　【NG：49F】(前の病院で甲状腺疾患と判明した時に)看護師さんが気を遣ってくださったみたいなんですけど、私はけっこう「大丈夫ですー」っていう感じで。落ち込んでるんじゃないかと色々心配してくださったみたいなんですけど、全然(涙)。
　【GD：24M】(心療内科に行って)薬もらって抑うつ状態と言われて。「あー、やっぱり」。それで納得してもう行かなかった……色々あってストレスだった。彼女とも別れて職場が＊月から移動になって、それでフラットになった。それで気分的に楽になったのはある。これまでの人間関係から解放された、肩にしょってた重荷がとれたみたいな。

　上記2例はいずれも、甲状腺疾患群で情緒不安定が呈された事例である。結節性甲状腺腫群の女性は疾患判明時の体験を「大丈夫ですー」「全然」と語りながら、調査中に涙を流されている。涙という生理的次元では反応しているのだが、自身では本当に「気にしていない」と思っておられるようで不安は内面から切り離されてしまっている。またバセドウ病群の男性は「軽いうつ」で一度心療内科に行き、診断名に「納得して」通院をやめている。実際に、その後の現実的な環境変化によって人間関係が清算されたことで情緒不安も解消している。「フラットになった」という表現に表れているように、問題

を抱えていくのではなくて切り離す作業が行われたのだろう。クラスターCでは甲状腺疾患3群・神経症群含めて「一番たいへんだった時のことを覚えていない」というような語りが散見され、解離的傾向の認められる一群があった。

　このようにクラスターCでは、心身両面にわたって内的感覚がある程度捉えられ、またある程度捉えられていないところに最大の特徴がある。すなわち、心身の変化を捉える視点は存在しているものの、焦点が曖昧であったり、反応的感情は示されるのに反省的感情は表現されなかったり、またネガティブな感情をもちつつもそれが回避されたりする。感覚を捉えるという点では内面が機能しているのだが、感受したものを抱えて内面的に深めていく動きは起こりにくい。

　人は日常において絶えず自らの内面を見つめ続けているわけではない。ここでの語りがカウンセリングを志向したものではなくあくまで調査面接の枠組みであったことを考慮すると、クラスターCの語りは日常レベルに近い側面があると考えられる。ただし、ネガティブな事象に対して行動や解離によって対処したり、特有の主体的関わりの弱さが認められたりする場合もあり、これらについては個別に病理的側面を検討する必要があると思われる。

クラスターD

　最後にクラスターDの語りの特性を検討する。まず疾患群の構成比率を示した上で、指標から指摘しうる語りの類型的特性を述べる。

（1）疾患群構成

　クラスターDは47名から構成される。疾患群比率を見ると、神経症群が72.3%（34名）と有意に高い割合だった。甲状腺疾患3群では、バセドウ病群17.0%（8名）、慢性甲状腺炎群6.4%（3名）、結節性甲状腺腫群3.4%（2名）で、それぞれ有意に低い割合だった。神経症群に特徴的なクラスターである。

(2) 指標からみた語りの特性

① 症状への関わり：【症状（既往歴）】【心理的要因】

症状について〔明確な気づきがある〕割合が有意に高く、〔他者から指摘されて気づく〕〔他者から指摘されても気づきが稀薄〕〔病識が稀薄〕である割合はそれぞれ有意に低かった。

発症前後のライフイベントが語られ、それらを症状と〔関連づけて捉える〕割合が有意に高く、〔関連づけて捉えない〕〔想起されない〕割合が低かった。症状が何らかの内的体験と結びつけられて、心理的な意味を帯びているようである。

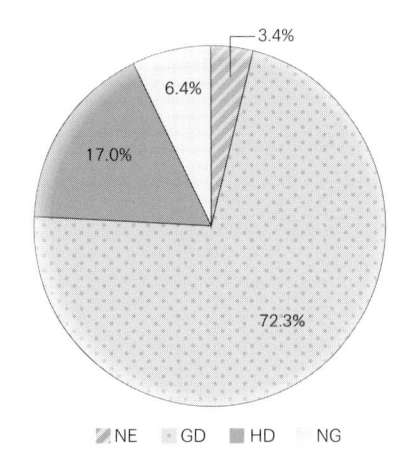

[図3.4.5.] 疾患群比率（クラスターD）

② 自分を捉える目・他者を捉える目：【自己関係】【他者関係】

自分について〔否定的に捉える〕〔自分について持続する葛藤がある〕割合が有意に高く、〔肯定的に捉える〕割合が低かった。「ネガティブ」「自虐的」「内向的」「神経質」「気にしぃ」といった形容が並び、自分で自分を否定する動きが顕著であった。

他者との関係については〔困難を抱えている〕〔持続する葛藤対象がある〕割合が有意に高く、反対に〔円満である〕〔葛藤が語られない〕割合は低かった。「上手くいってない」「否定される」「理解してくれない」「息苦しい」などと述べられている。自分についても他者についても徹底して否定する意識が働いていて、そこに葛藤が生じていることが特徴であろう。これはクラスターA・B・Cとまったく対照的である。

また〔他者視線に対する意識が強い〕割合が有意に高く、反対に〔自己開示的である〕〔仲間意識（連帯感）が強い〕〔来院に他者の影響が強い〕割合が低

かった。さらに調査者に個人的な質問や関心を向ける〔調査者に対して働きかけがある〕ことも少なかった。周囲に開かれてはいない、閉じられた〈私〉のあり方がうかがわれる。他者との関係も一定の距離が意識されていて、独立した〈私〉に対峙して他者が存在しているようである。

③ 感情の表出：【感情】
　〔感情の言及がない〕割合が有意に低く、個別の指標では〔漠然とした不安〕〔怒り〕〔イライラ〕〔恐れ〕〔焦り〕〔落ち込み〕〔神経質〕〔罪悪感〕〔自責感〕〔責められている〕〔プレッシャー〕が有意に高い割合で出現した。他クラスターと比較して感情表現のヴァリエーションの多さが目を引く。そして、「私が悪い」「こんな自分が嫌」「自分でプレッシャーをかけている」「責められている気がする」など自分を顧みることで生じてくる反省的感情が語られていた。語りを通して自らの内的感覚を捉え、そこに内省が生じているようである。

④ 心理療法を捉える目：【カウンセリングへの姿勢】
　カウンセリングについて〔自分が受けるものとして応答〕し、〔自分が受けるものとして応答しない〕割合は有意に低かった。自分がカウンセリングを受けるものとして〔能動的に希望する〕〔受動的に希望する〕割合が有意に高く、〔希望しない〕割合が低かった。「私がカウンセリングを受ける」という文脈が揺らがないことはもとより、自らの心理的課題に積極的に取り組もうとする、あるいは取り組まざるを得ないと考えている様子がうかがわれる。

⑤ 語りの視点：【語りの視点】
　〔明確な主訴がある〕割合が有意に高かった。症状が素朴な気づきから訴えるべき内容としてある程度焦点づけられた上で来院に至っている。主訴に付随して投薬や手術といった治療の方向性を自ら希望する語りもあり、症状に主体的に関わっていこうとする姿勢が見られる。また、語りに〔心的内容

が付加される〕割合が有意に高かった。感情表現の多彩さ・自己反省的な感情とも重なるが、外的出来事よりも自分の内面に照らしながら語りが展開されている。内面から離れていく動きは目立たず、内面が語りの舞台となっていると考えられる。

(3) 考察――内省するクラスターD

以上の結果から、クラスターDでは、症状、心理的要因、多彩な感情描写など、内的なものが詳細に表現され、内面に照らして語られるところに特徴がある。続いて、実際の語りを示しつつ考察していきたい。

① 内面に入っていく

クラスターDでは身体感覚や感情が相当細かく表現されており、自らの内的感覚を捉える視点が明瞭に機能していることが推測される。

さらに症状が単なる感覚の叙述に終わらずに心理的出来事と結びつけて語られる点に、他クラスターとの決定的な違いが認められる。以下に、来談経緯に関する語りを示す。

【NE：40M】以前から色々と考え込む性格で。会社に＊年ほど勤めているんですが、この＊月から部署が移動になって業務内容も変わったんですね。もともと、人に気を遣い過ぎるほど気を遣う、家庭でも地元の友だちにも、会社含め。疲れてしまったんでしょうね、長年蓄積してきたものだと思います。会社に行くのがしんどい。動悸・震えがする。プレッシャーを感じる。緊張してしまう。

部署移動を契機とした動悸・震えが主訴であるものの、「気を遣い過ぎる」「プレッシャーを感じる」「緊張してしまう」という自分の性格が話の中心になっていることが分かる。ここでは、症状とその契機となった出来事が結びつけられるにとどまらず、症状を窓口として自分のあり方そのものに入って

いく様子が見てとれる。神経症群ほど明確でないが、甲状腺疾患群でも「ストレスに弱いと思います。それですぐに具合が悪くなったりしますね」のように、身体的不調と自分のあり方が結びつけられて理解されるケースが見られる。

② 葛藤する
　内面に入っていく動きは、あらゆる話題のなかに生じてくる。以下にやはり冒頭の来談経緯に始まる語りを示す。

【NE：38F】自分のやっていることに自信がもてなくて。毎日こなすのに精一杯の状態で心の余裕がなくて。心から相談できなくて、人の中に入るのがえらい、殻に閉じこもってしまう〈思い当たること?〉ちょっと仕事が上手くできなくて、しんどかった……自分の子どもに対しても人に任せっぱなしで、自分は何をしているんだろうと虚しくなってしまって。〈人間関係?〉自分が思っていることを気軽に話せなかった。不安を全部吐き出せず、「みんながんばってるのに自分だけ何言ってるの?」「自分だけ何でできないの?」って思いが募ってくる。まわりはがんばってるのに、自分だけ。

　上手くいかないことも人間関係もすべて「自分」に還元され、「自分は何をしているんだろう」「自分だけ何言ってるの?」と自分を責める動きにつながっている。〈私〉の内側に向かう動きは、強い否定の力をもっているようである。他にも、クラスターDの語りは「まわりに何かあるとかではない。自分の中のこと」「行き着くところは、結局は自分が何とかせなアカンこと」と自分に向かう傾向が強く、最終的には「こんな自分が嫌」「私のせい」「私が悪いんです」と自己否定にたどり着いている。"悩まない"、あるいは"悩むことを回避する"他クラスターとは対照的に、「何かに悩んでるけど解決の答えはなくて、そういう状態にいる」「考え出したら止まらない。同じことをクヨクヨ考える」など、葛藤状態に陥って悩みから抜け出せない状態が

くり返し語られている。

③〈私〉の裏と表
　クラスターＤの語りの中核には"悩む私"があるように思われるが、ここで描写される自己像は単層的なものではないことが特徴である。

　【GD：38F】表では気にしていないように見えて、裏では気にしてる……（小さい頃は）"いい子ちゃん"。
　【NE：33F】友だちは多い方だけど、"よそゆき"の自分で接している感じはいつもある。
　【NE：33F】うわーってなっている自分と、"またこんな風になってしまっている"っていうもう一人の自分がある。よけい情けない。

　いずれの事例も"表の私"と"裏の私"があることが分かるだろう。「いい子ちゃん」や「よそゆきの自分」という表現は、どこか作り出された〈私〉が意識されていることを感じさせる。自己像が徹底して肯定的なクラスターＡ、他者に同化しているクラスターＢ、自他のギャップを認めるクラスターＣと比べると、クラスターＤでは自分自身のなかにギャップを認めていると考えられる。「うわーってなっている自分と、"またこんな風になってしまっている"っていうもう一人の自分がある」というように、"悩む私"においてさえ離れた視点から眺める"見る私"が在ることは興味深い。
　このようにクラスターＤでは、自分の内的な動きを捉える視点が明瞭で、徹底して〈私〉の内面が語りの舞台になっている。それは、症状から心理的要因へ、さらに〈私〉そのものへと一点を深めていくような性質をもっている。その自己反省的な動きは自分で自分を否定する意識を含み、それによって葛藤状態に落ち込んでいると考えられる。クラスターＤの語りは"内省する私"に特徴づけられる。

6. 考察――語りにみる甲状腺疾患患者の心理構造

　初回アセスメントに準じる半構造化面接によって得られた語りの構造について、クラスター分析により類型化を行い、類型ごとにその特徴を検討した。それをふまえて、甲状腺疾患患者の語りの特性とその背景に想定される心理的特徴について考察していきたい。

(1) 語りの位相と疾患群の特性

　神経症群・甲状腺疾患3群（バセドウ病群・慢性甲状腺炎群・結節性甲状腺腫群）の半構造化面接をクラスター分析によって類型化し、臨床場面における語りの位相を把握しようと試みた。同じ枠組みの調査面接を設定しても、四つの対照的なクラスターが見出されたことは興味深い。クラスターDは個人の内面を舞台に"内省する私"に特徴づけられ、これまで心理療法が前提としてきた語りの構造と重なる部分が大きいと考えられる。それに対して、クラスターAとクラスターBは、物語というパラダイムに基づく心理療法の前提を超える語りではないだろうか。クラスターAは内面から離れていく動きによって、クラスターBは固有の〈私〉が埋没することによって、語りの背後に個人の内面を感じとることが難しい。クラスターCは、内的な動きを捉えつつも内省する場としては内面が機能していないという点で、クラスターDとクラスターA・Bの中間に位置すると考えられる。各クラスターはいずれも四つの疾患群すべてを含んでいたことから、神経症患者であっても内面に焦点づけられない語りがあるし、甲状腺疾患患者であっても自己反省的な語りがある。それを考慮してもなお、疾患の特性と言えるような差異が見られたことは注目に値しよう。

　ここで視点を変えて、疾患群内のクラスター分布を呈示し、そこから各疾患における語りの傾向を検討してみたい。

　[図3.4.6.] は神経症群のクラスター比率である。クラスターDが77.3%と圧倒的に高い割合を占めている。クラスターAとBはそれぞれ4.5%と2.3%

で、出現するのは比較的稀と言えそうである。

[図3.4.7.]はバセドウ病群のクラスター比率である。神経症群とはまったく異なる分布になっていることが分かるだろう。クラスターA・Bが43.8%を占め、その中ではアレキシサイミア特性と重なる特徴をもつクラスターAが38.7%と他群よりも有意に高い割合である。クラスターDは12.9%で、神経症群と比較すると出現率は低いが、甲状腺疾患3群のなかでは最も高い割合である。

[図3.4.8.]は慢性甲状腺炎群のクラスター比率である。クラスターA・Bの占める割合は45.4%とバセドウ病と同程度であるが、バセドウ病群と比べるとクラスターAが低く、固有性の稀薄なクラスターBの割合が高くなっている。クラスターDは9.1%とバセドウ病群よりも低く、結節性甲状腺腫群よりは高い割合である。

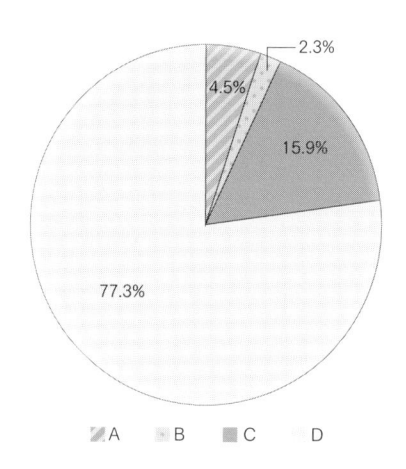

[図3.4.6.] 神経症群のクラスター比率

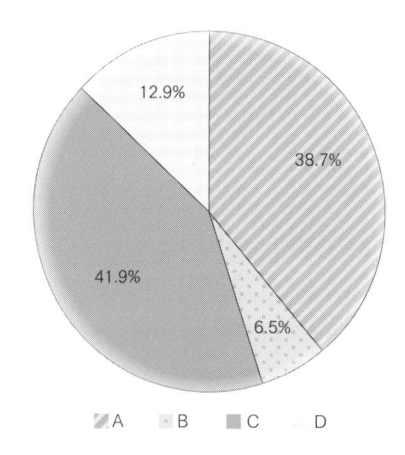

[図3.4.7.] バセドウ病群のクラスター比率

[図3.4.9.]は結節性甲状腺腫群のクラスター比率である。クラスターA・Bが53.1%と4群のなかで最も高い割合を占め、そのなかでは固有の〈私〉の見えにくいクラスターBの割合が22.4%と他群より有意に高い。クラスターDは4.1%と最も低い割合である。

疾患群内におけるクラスター比率の差異が示すように、神経症群と甲状腺

疾患群では臨床場面で現れてくる語りの類型が相当異なっている。神経症群では、クラスターDが77.3%を占めるように、内面に照らした自己反省的な語りを一つの典型として捉えることができるだろう。症状が手足の震えや疲労・腹痛といった身体面に強く出ている場合でも、自らの気持ちに触れないことは稀である。それに対して、甲状腺疾患3群ではクラスターA・Bが合わせて47.9%を占めることに示されるように、個人の内面というのが語りに現れてきにくい。クラスターDに該当する自己反省的な語りは1割弱と神経症群と比べて低い割合である。なお、甲状腺疾患群内でクラスターDの割合を見ると、バセドウ病群が最も高く、慢性甲状腺炎群、結節性甲状腺腫群の順に低くなっている。臨床場面における語りの類型的特徴としては、神経症群と甲状腺疾患群とで対照をなしているが、甲状腺疾患群内ではバセドウ病群が神経症群に最も近く、慢性甲状腺炎群、結節性甲状腺腫群の順に離れていく。この傾向はバウムテストの形態的特徴とも同一の方向を示しており、興味深い。そこで、以下ではバウムテストもふまえて、改めて語りの位相を検討してみたい。

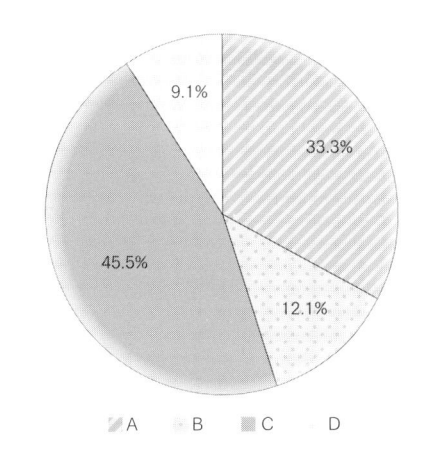

[図3.4.8.] 慢性甲状腺炎群のクラスター比率

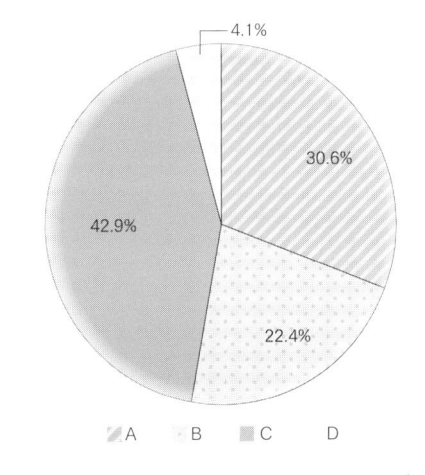

[図3.4.9.] 結節性甲状腺腫群のクラスター比率

(2) "悩むこと"の問題1——「苦痛を悩む」と「苦痛を感じる」

神経症群と甲状腺疾患群との語りの相違は、クラスターDとクラスターA・B・Cの相違、すなわち"悩む"ことにあるのではないだろうか。甲状腺疾患群では、"悩まない"ことを特徴とするクラスターA・B・Cが約9割を占めている。彼らは自分に対しても周囲に対しても葛藤を抱えていないように見えるし、調査面接という設定の要因もあろうが、カウンセリングの実際的な希望はとても少ない。そうであれば、心理療法などまったく必要ないようにも思われる。実際に彼らのなかには環境によく適応していて、心理療法の必要性を感じない事例も確かに存在する。けれども、本人の自覚は稀薄であるのに重症度は高く、心身双方のケアが必要とされるケースもまた少なからず存在するように思われる。葛藤が語られないということを、心理的問題がないと直線的に理解するのは早計であるかもしれない。

ここで、バウムテストにおける自我境界の問題が思い起こされる。フェダーン (1952) は苦痛な出来事に対する反応を「苦痛を悩む (suffering)」と「苦痛を感じる (feeling)」という2種類の体験様式に分けて、自我境界の機能から両者の相違を論じている。「苦痛を悩む」というのは、苦痛経験が自我境界のなかに引き受けられて加工され、"悩み"として取り組まれることを言う。自我境界が脆弱であると、苦痛経験は自我境界のなかに取り込まれず、したがって加工もされないまま外部からくる攻撃として直接的に自我境界に触れ、ただ「苦痛を感じる」状態に留まる。アモン (1974) によると心身症は「自我境界の構造的欠陥」と捉えられ、心身症患者は苦痛な出来事を悩むことができずに、等価症的に現実体験に置き換えて、苦痛を感じるのである。

「苦痛を悩む」と「苦痛を感じる」という概念は、"悩むこと"をめぐる神経症群と甲状腺疾患群のあり方への理解を深めてくれるように思われる。神経症群のバウムに見られる閉じられた内空間は、自我境界に囲まれた内面が「苦痛を悩む」舞台になることとよく相応していよう。甲状腺疾患群のバウムに特徴づけられる曖昧な境界は、悩む舞台としての内面が確立していないために、内的衝動も外的刺激も加工して体験することができず、これらに直

第3章　心身症・身体疾患と物語ることの問題　175

接晒されている、すなわち「苦痛を感じる」状態を示唆していると考えられるのではないだろうか。

　このことについて、事例を示しつつ考えてみたい。[写真3.4.1.]に示すバウムを描いたのは、クラスターAに属する慢性甲状腺炎群の50代女性である。日常会話の流れでたまたま喉の痛みに触れたところ、甲状腺専門病院に通院する友人にひどく勧められてその友人同伴で来院された。自分の性格について「明るいけど落ち込んだら落ち込む。調子悪いと癌だろうかってすごい思う。でも楽しいときは楽しい。はじけたりもする」と語られる。調査面接後半では親族に癌が見つかったことに触れて「自分がえらくなるんです。自分もそうじゃないかって不安で。自分もなるんじゃないかって。顔見ないようにしてました。見ると怖くなるから」と不安が高まるが、親族が精神的に落ち着いたことで「私も」落ち着いたという。もう一例、クラスターCに属する結節性甲状腺腫群の女性の事例を、[写真3.4.2.]に示すバウムとともに取り上げたい。彼女は、性格が「同じ」という近しい親族が癌になったこ

[写真3.4.1.] 慢性甲状腺炎群バウム
（クラスターA：50代女性）

[写真3.4.2.] 結節性甲状腺種群バウム
（クラスターC：50代女性）

とから「自分も心配になって、ここらへん（首）が気持ち悪くて。脈まで腫れているのかと思ってしまって……」と相当動揺して来院された。診察を経て癌の疑いが軽減した面接中にも涙を流され、情動をコントロールするのが難しい様子であった。近親者を想っての涙であるとともに、その人の癌を自分のこととして引き受けておられるようで、二重に動揺している様子が伝わってくる。

　この2例のバウムはそれぞれ〔開放：閉鎖不全型〕と〔開放：完全開放型〕に分類され、閉じられた内面は形成されていない。〈私〉と親族、あるいは〈私〉と友人の病があたかも一緒のものとして体験されている様子は、自－他の境界が曖昧で内面の未成立なバウムのイメージと重なるだろう。親族の病は、遺伝的素因が自分にもあるかもしれないという可能性に対する心配を超えて、「自分がえらくなるんです」「ここらへん（首）が気持ち悪くて」というようにもっと直接的に侵入し、苦痛をもたらすものとなっている。苦痛な経験は、悲しみや怒りとして言葉で表現され悩まれるのではなくて、まさに刺激そのままに体験されていると考えられよう。

(3) "悩むこと"の問題2——主体的に対応することの難しさ

　調査面接記録を見ていくと、苦痛の経験に晒されていないとき、甲状腺疾患群の環境への適応は概してとてもよい。神経症群が他者の視線を気にして、自分を理解してくれない他者を責め、結局自分を攻めるという葛藤に陥っていたのに対して、甲状腺疾患群は持続的な葛藤はほとんど語らない。甲状腺疾患群の適応のよさというのは、〈私〉が周囲の他者に包まれていて、そこに違和感が生じていない状態であると考えられる。しかし周囲との関係のなかに存在する〈私〉というのは、関係の均衡が崩れたとき、一気に脆弱な自我が露呈する危うさを孕んでいるのではないだろうか。

　クラスターAに所属する慢性甲状腺炎群の34歳女性は、「トイレも這い這いして行ってた。身体が衰弱してだるくて」「食べてないのに太る。浮腫(むくみ)もかなりひどくてゾウみたいに腫れて」という状態に陥るが、「妊娠してるか

ら仕方ない」と思い続けていた。たまたま家に訪れた友人が『何その首！連れてってあげるから車乗り！』と強引に病院に引っ張ってくれたことによって診察を受けることになったのだが、「一緒にいるのに、旦那も子どもも分からなかった」し、「それ（友人の訪問）がなかったら今でも家にいてたかも」という。身体の変化そのものへの気づきはあるが、通常の妊娠を超えた異常な事態としては受け止められていない。歩けないほどに状態が悪化してもなお自ら治療を望むことはなく、不調をただ受け入れるだけである。〈私〉の代わりに異常を見つけてくれる人がいないと、状態の悪化に拍車がかかってしまう。これほど極端な形でなくても、甲状腺疾患群では、不安を否定しながら涙を流したり、何となく投薬を止めてしまったり、症状の発見から来院まで年単位の時間がかかったり、心身の異変を悩むに至らず、問題に主体的に関わることの難しさを感じさせる事例が散見される。

(4) "悩むこと"の問題3──心身症の水準と身体疾患の水準

　上述したのは、いずれも甲状腺疾患群における悩むことの問題が端的に現れている事例である。これらは、実のところ、従来心身相関が指摘されてきたバセドウ病群よりも純粋な身体疾患とされる慢性甲状腺炎群と結節性甲状腺腫群に目立つのである。この点について悩みの入り口となる症状の語られ方に焦点を絞って考えてみたい。

　江崎他 (1978) は、バセドウ病患者の心身の自覚症状について患者による自発的報告と医師の問診を通しての報告という2種類のアプローチから調べている。その結果、二つのアプローチで自覚症状の出現順位は同じだが、出現比率に2〜3倍の差を認めたという。問診という枠組みを示されたほうが症状を捉えやすいというのは、「日頃から自分の体の健康状態については、あまり注意を向けない性格である可能性」や「患者自身が自分の症状を客観的にとらえて、それを表現しうる能力」の問題として考察されている (江崎他, 1978)。これは、内面を捉えて、自分の言葉で表現することが根本的に難しいという彼らの性質を示唆していよう。

ただバセドウ病群の精神症状はたとえ未分化であっても情動の問題として自覚されているが、慢性甲状腺炎群と結節性甲状腺腫群の訴えは、上記の事例からも分かるように、もっと漠然としていて一つのまとまった症状として捉えることが難しい。これは、精神症状として結晶化する以前の段階にあるのではないだろうか。慢性甲状腺炎群と結節性甲状腺腫群においては、疾患特有の精神症状としてまとめられてはいないが、問題の現れ方に劇的な事例が個々に存在していることは把握しておく必要があるだろう。〈私〉を支える周囲が機能しなくなったときの心身の苦しみの強さと、その背後に想定される自我境界の脆弱性は、本人が自覚していないぶん、いっそう留意が必要であると思われる。

(5) 心理療法の難しさ

アモン（1974）の心身症論を参考に、自我境界と病態水準という観点から、甲状腺疾患における語りの位相を見てきた。彼らに対する心理療法の難しさというのは、苦痛な体験が"悩む"という形で現れてこないところにあるのではないだろうか。身体治療のみで治癒する場合はもちろんそれでよいのだが、そうではない場合に、しばしば心理療法が求められる。甲状腺専門医の隈（2001）が述べているように、身体治療が終了してもなお心身の訴えが続いたり、治療そのものを拒否したりする場合さえある。自らの内面的問題に無自覚であるという事態に際して、心理療法は、彼らにどのようにアプローチすることが可能だろうか。この問題を考えるにあたって、次節では、主体という視点から語りの構造を捉え直してみたい。〈私〉が世界をいかに象るかという語りの本質に立ち返ると、〈私〉と世界との関係を扱う主体という概念は有効であると思われる。

第5節　「物語ること」と主体

　第4節では、半構造化面接における語りの分析から甲状腺疾患の「物語」の特徴と「物語ること」の問題を検討した。それによって、私が自らの内面を物語るという従来的な心理療法の方法が通用しがたいことが示された。それでは、彼らに対してはどのような心理療法的アプローチが考えられるだろうか。本節では、物語る主体としての〈私〉のあり方を糸口として、このテーマに取り組むことにしたい。

1. 語りにおける〈私〉という定点——近代主体と神経症

　ここでは、分析心理学におけるギーゲリッヒ (Giegerich, W.) の主体概念と、これを紹介した河合俊雄 (2000, 2010, 2013) の論を参考に、事例に沿う形で物語の実像を描き出すとともに、物語を主体という視点から考察してみたい。ギーゲリッヒによると、近代主体とは、神話的世界に包まれていた人が、それを否定して自分自身でよって立つ存在になって初めて成立する。そうすると、世界が〈私〉を包んでいるのではなくて、〈私〉という「絶対的で抽象的な定点」(河合, 2000) が世界を眺めることになる。

　クラスターDの語りでは、この近代主体としての〈私〉が定点として機能していると考えられる。以下に、クラスターDに属する神経症群の事例を呈示したい。協力者は、トイレが近くて外出がままならないことを訴える33歳女性である。

[例3.5.1.] 神経症群（33歳女性）

　＊歳からトイレがすごく近い。家では全然行かないんです。4～5時間は行かない。いつトイレ行ったっけ？というくらい。外に出ると、乗り物に乗ったり、外に行けない状況になると、行きたい。行けない状況だとドキドキしたり過呼吸に

> なったり……常に頭にトイレのことがある。歯医者にも行きたいけど、診察台に乗ると想像するとドキドキして息苦しい。自分で制限をつくっちゃってる……身体のなかじゃなく、私の「行きたくなったらどうしよう」という考えだと思う。
> 〈きっかけ?〉＊歳の時、そういう状況になったんです。行きたくてもトイレがない。結局ガソリンスタンドで行けたんですけど……。＊歳の時は、仕事始めて、合わなくて、2週間食べられなくてフラフラ。仕事辞めて3カ月引きこもりじゃないけど、家にいて。それから怖くなった。外に出られるようになったけど、トイレがなかったらどうしようって。

　症状の始まりとして最初の恐怖体験が挙げられるが、後に、それは社会参入へのつまずきと関係していることが示される。症状は、私にとってどのような意味があるのか、私のなかにどのように位置づけられるのか、常に〈私〉との関連から語られていく。これは、事象と事象の間に自分なりの筋を見出していく行為と言えるだろう。そこには筋を読みこむ〈私〉の存在が感じられる。そして〈私〉の視点は、「自分で制限をつくっちゃってる」「私の『行きたくなったらどうしよう』という考えだと思う」というように、自らの内側に向いていく。さらに語るうちに、「人生の基準がトイレ。夢の中でもトイレを探してる」「やりたいこと、今までやれなかったし。学校にも行きたかったし、仕事もしたかったし。そう言って、楽なほうに逃げてただけかもしれないけど」と述べられる。症状に縛られて苦しんでいる様子が真に迫って伝わってくるけれども、一方で症状を作り出しているのが自分だという自覚が薄々あって、症状を生み出す自分と症状に苦しめられる自分の間に葛藤が生じている。"私が私を見る"ことで反省する動きが起こっていて、症状は内面の問題として自らの内に水路づけられていく。
　クラスターDの語りは、基本的に〈私〉という一つの視点から見た世界が描かれる。その視線は、"私が私を見る"ことによって自分の内側に向いていく。まさに、抽象的な"定点としての私"から織りなされる語りであろう。神経症群の77.3％がクラスターDに属するが、ギーゲリッヒによると、そもそも近代主体の成立によって神経症が生じてきたと考えられる。"見る私"

と"見られる私"の分裂、そしてそのずれによって罪悪感・自責感・不安といった神経症症状が起こる(河合, 2000, 2010, 2013)。"私という定点"と"私をめぐる葛藤"に特徴づけられる語りは、ギーゲリッヒ理論における神経症構造をきわめてよく反映したものと思われる。症状というのが「自分の物語に組み込めないもの」(河合, 2002a)と考えられるので、それを内省し、"私の物語"として心におさめていく作業が、こうした語りをもつクライエントとの心理療法で目指されるところだろう。

2. 語りにおける〈私〉の揺らぎ

(1) 神経症構造の認められない語り

クラスターDを特徴づける神経症構造の語りと対象をなすのが、クラスターA・Bである。これらの語りの構造を考える糸口として、まずクラスターAに属するバセドウ病群の31歳男性の事例を示したい。

[例3.5.2.] バセドウ病群(31歳男性)

> 自分ではそう思っていなかったが、まわりの人から『痩せてる』『痩せてる』と言われて。それで検査を受けてみたら、検査の数値が悪くて。それで『一度こちらで診てもらうように』と。僕自身、全然気になっていなくて、けど確かに体重が減っていた。昨年の春に仕事を変えたんで、そのことで過労、心労というのがあったかもしれないです……(仕事の)環境はいいです。職場での生活も。人間関係悪いとは思わないです。疲れている、ダルいとかもないです。

最大の来院理由は、周りの人に言われたから、というものである。来院時の身体検査所見は相当な器質的病変を示していたが、数値による変化の把握はなされても、身体感覚的な自覚は薄い。体重減少は転職に結びつけて捉えられ、一見心理的な心当たりがあるようにも思われるが、語りが進んでも新しい仕事に「いい」以上の思いは出てこず、過労・心労という言葉が本来も

つ疲労感や苦しさは感じられない。環境変化と身体の数値的変化という事実同士が結びついているのであって、〈私〉なりの筋が見出されているわけではないようである。ここには、"私が私を見る"動きも、それにより生じてくる葛藤も起こっていない。

　こうした語りからは、近代主体的な〈私〉とは異なる世界との関わりが推測される。クラスターAは、語りのなかに近代主体としての〈私〉を最も認めにくい群である。例えば、「『がんばりすぎちゃうか？』っていろんな人からよく言われるんですけど、自分では全然そんなつもりはないし……自分で気づかないけど、疲れとか影響してるのかなぁと思って、なら身体を休めようと思って、ちょうど先月仕事を辞めたところなんです」(HD：42F) と言うように、客観的な状況因を把握する視点はあるが、"私が私を見る"視点は立ち上がっていない。そのため、しばしば〈私〉不在のまま外側の出来事だけが動いているように見えることがある。クラスターBは、〈私〉が外側の世界に委ねられている群である。「好きなものが一緒なら感ずるものが一緒」(HD：58F) というように、個としての〈私〉という意識は稀薄で、同質性・類似性によってつながる"場"や"集団"においてあらゆる事象が共有される。クラスターCは、クラスターA・Bに比べて"私という定点"がいくぶん認められるが、多分に曖昧なところを残していて、クラスターDのような反省する動きは起こってこない。"私をめぐる葛藤"は様々に回避されてゆく。クラスターCに見られる〈私〉の意識のあり方は、クラスターA・BとクラスターDの中間的な位置にあると思われる。そういう意味では、クラスターCも含めて、〈私〉は「絶対的で抽象的な定点」(河合，2000) にはなりえず、近代主体としての〈私〉が明確に立ち上がっているとは言いがたい。

　以下では、こうした特徴が端的に現れている事例を示し、神経症構造ではない語りの主体のあり方について検討したい。

(2) 流動する〈私〉

　以下に二つの事例を連続して示したい。1例目はクラスターBに属するバ

セドウ病群の女性の来談経緯に関する語りである。

[例3.5.3.] バセドウ病群（38歳女性）

> ＊歳の時に離婚したんです。＊県に実家があるんで、そこに戻って、その時から病院に行くのをやめてしまって。薬やめたんですけど、別に平気やし、いっかぁと思って。子どもが＊年生になる時に、＊県って田舎でほんまいい学校ないんですよ。それで（＊県から）こっちに戻ろうかな〜ってなって。（実家を出て）自分一人でも何とか生活していけるかなぁと思って。それと妹が（母と）一緒に住むって話があったんで。妹夫婦が母と同居することになって、（私は）（子どもと）二人でこっちに戻ってきたんです。

続いて、クラスターAに属するバセドウ病群の女性の家族関係・自分の性格に関する語りを示す。

[例3.5.4.] バセドウ病群（49歳女性）

> 〈病気のこと、ご家族には?〉主人にはしました。（病院は）よく混んでますねぇ（調査者、相槌）いやぁ、意外と人ごみ平気なんですよ、私。きょうだいが多くて。＊人きょうだいのなかで育ったので。＊県のね、＊島で。＊島っていうのは海に面していて……（海で泳いだり山に登ったり、＊島のエピソードが続く）
> 〈自分の性格?〉なるようにしかならない、かな。川の流れのように、なるように。そういう意味では楽天的ですね。あまり物事を深く考えない。私はこんなですけど、子ども二人ともが精神科にかかっているんです。主人も＊島で育って、私と似たような環境。自然のなか、海のなかで育ってきた人なので。子ども達は＊県……（子どもたちのエピソードが続く）

[例3.5.3.] では語りのなかで主語・客語が入れ替わり、行為の主体が誰なのかまったく判然としない。私・子ども・母・妹が渾然一体となって、全体として出来事が語られている。[例3.5.4.] では、家族関係の話から「病院の混雑→人ごみ→きょうだいの多さ→子ども時代の島での暮らし」へ、自分の

性格についても「子ども→夫→子ども」へ、話題が次々に移り変わる。〈私〉から見た対象を語るのではなく、主体が"他の人"や"もの"の側に移るのである。エピソードの一つひとつは生き生きと詳細に語られながら、語りは定点をもたず、話題は連鎖的に流れてゆく。[例3.5.4.]の協力者が自らを称した「川の流れのように、なるように」というあり方が、語り方にも現れているようである。語りを紡ぐ〈私〉という定点が明瞭に定まっていないため、語りは次々に流れていくのだろう。

これらの語りは、流動し、時に消失する〈私〉に特徴づけられていると考えられる。甲状腺疾患群のバウムテストの分析を振り返ると、バウムにみる境界形成と統合性の弱さというのは"一つのまとまりを形成し保持すること"の問題であり、そこには統合する定点としての〈私〉の問題があるように思われる。この問題の異なる側面として現れてきたのが、境界として区切りを設定することの難しさであり、統合の中心点をもつことの難しさであるのだろう。

〈私〉という定点なき語りは、時に非常に分かりにくい。実際に筆者はこうした語りを聴くうちに、「いったいあなたはどう思っているのか」「そもそも誰の話だったのか、あるいは何の話だったのか」分からなくなることがしばしばあった。しかし見方を変えると、一つの定点を想定しようとすることが、そもそも近代主体を基準とした捉え方なのかもしれない。そこで、近代以前の物語に、こうした語りを理解する手がかりを探ってみたい。

3. 中世の物語にみる主体

ここで、比較素材として中世の物語を取り上げたい。中世の物語に着目するというのは、突然のことに思われるかもしれない。河合隼雄 (2002a) は、心身症を「はっきりとした身体の症状（中略）が生じるが、その原因を心の方にも体の方にも見出すことができない」病であるとして、「心と体の分離を癒すことは、近代医学の方法ではできない」と述べている。そして、河合隼

雄（2002a, 2008）は、こうした近代主義的な二分法によらないものの見方として、日本の中世の物語に着目している。「近代ヨーロッパにおいて確立された意識とは異なる意識によって物語られる内容から、われわれが現代に生きる、つまり、現代人としての物語をつくり出す上において、示唆を得られるのではないか」（河合隼雄, 2002a）と述べられるように、中世の物語を検討することによって、近代主体としての〈私〉を想定しえないクラスターA・Bのような語りにアプローチする方法を探ることができるのではないだろうか。

（1）源氏物語と源氏物語絵巻

このような観点から中世の物語として『源氏物語』を取り上げてみたい。国文学者の高橋（1991）が物語における遠近法として絵巻とともに取り上げて考察している素材として、『源氏物語』第五十帖 東屋から、薫が三条の隠れ家に住む浮き舟を訪れる場面を呈示する。

> ①宵うち過ぐるほどに、宇治より人参りりとて、門忍びやかにうちたたく。②さにやあらん、と思へど、弁開けさせたれば、車をぞ引き入るなる。③あやし、と思ふに、「尼君に対面たまはらむ」とて、この近き御庄の預りの名のりをさせたまへれば、戸口にゐざり出たり。

> ①は語り手の地の文による状況の指示、②は弁の尼の心へと視点が移りながらも、「弁開けさせたれば」とあるように、語り手の地の文としての対象化と重層している。③も弁の尼を主体とした表現の内に薫の行動を含む。（高橋, 1991）

この短い一節からも分かるように、『源氏物語』では「一文の中に語りの主体の変換を含んだり、いわゆる主語が明示されないままに、異なった登場人物の話声や行為が連続的に描かれる」（高橋, 1991）のはごく普通であるとい

う。物語は一つの視点から象られた世界ではないのである。この点、クラスターA・Bの語りとの類似性が認められないだろうか。

流動する視点は、絵巻の世界にも現れている。『源氏物語絵巻』より例示の物語と同じ場面「東屋（二）」を示す［図3.5.1-1.］［図3.5.1-2.］。これは、山森（2002b, 2003）がバセドウ病患者の室内画との関連から考察に用いている場面であり、本研究における語りを理解する上でも有用であると思われ

[図3.5.1-1.]
『源氏物語絵巻』東屋（二）徳川美術館 12世紀前半
（高橋亨（1991）．物語と絵の遠近法　ぺりかん社　p.10）

[図3.5.1-2.]
『源氏物語絵巻』 東屋（二）　書き起こし図
（高橋亨（1991）．物語と絵の遠近法　ぺりかん社　p.16）

る。山森（2002b, 2003）を参照しつつ、空間構成という観点からこれを見ていくことにする。

(A) 秋草の茂った庭：「観察者の視点から水平に眺めたもの」。
(B) 簀子に坐る薫：簀子と長押との線は「斜め左下から斜め右上に向かって末広がり」で、透垣は「絵を正面から見るものの視点に水平」になっている。
(C) 浮舟と女房たちのいる室内：「正面（前面）からほぼ水平に見たようになっているものの、たとえば左奥の燈台は、急角度の俯瞰法」で、大きさの比重が異なる（高橋, 1991）。

(A)(B)(C)からなるこの一場面の絵は、多視点から描かれているところに最大の特徴がある。物語の時間的流れに沿って、(A)庭→(B)簀子に坐

る薫→（C）室内の浮舟と女房たち……と視点を動かしながら読みとっていく。山森（2002b, 2003）はバセドウ病患者の室内画に見られた「多次元型」と『源氏物語絵巻』の構図の類似性を指摘し、西洋近代絵画に見られる遠近法の未成立、すなわち「不動の視座が想定されていない」という特徴を取り出している。

　高橋（1991）は、『源氏物語』と『源氏物語絵巻』に共通する主体のあり方として「動く視点」を挙げている。「その語りの主体は、地の文の語り手を基体としながら、作中世界の人物の視点と同化し、登場人物たちに憑いては離れるようにして、物語の多声的（ポリフォニック）な世界を表現していく」（高橋, 1991）という。『源氏物語』は、「人々の心の内と外とを憑依によって移動しうる（と考えられていた）主体」から織りなされていくのである。高橋（1991）の言葉によると、それは当時の人々のリアリティであった「もののけ」のあり方とも重なる、自－他・内－外の連続した主体である。

(2) 中世の物語にみる主体

　河合隼雄（1993, 1994, 2002a, 2008）は、臨床心理学の立場から中世の物語を多彩に取り上げて考察するなかで、これらの物語の底流に近代小説、ひいては近代主体的な意識とは異なる意識の構造を見出している。例えば、『とりかへばや物語』では固有名詞は一つも出てこず官位で人が表現されるが、その官位も時間とともに移り変わっていく。つまり人物の固有性というのは重要ではないのである。彼らの意識は「主観と客観が切れて、主語が客語に対して何をするかという世界でないところ」（河合, 1993）にあるのではないか。それは近代小説のように一人の主人公の個別的な物語ではなく、「川の流れのように滔々と流れる事象を全体として記述している」（河合隼雄, 2008）と考えられる。こうした物語は、「多分に重層的な、あるいは、他中心的な構造」（河合隼雄, 2008）を備えているので、〈私〉という固有の主体を想定することはそもそも不可能なのである。

　クラスターA・Bの語りは"流動する私"に特徴づけられ、〈私〉に留まら

ないので内的に悩みが深められることはない。ここにみる主体は、前近代の物語にみる主体に近いところがあるのではないだろうか。そうであれば、クラスターA・Bのような語りにおいて、〈私〉という個人を、またその内面を取り上げて深めようとする近代的な心理療法のあり方は馴染まないかもしれない。

4. 心理療法における課題

それでは、固有の〈私〉、あるいは〈私〉の内面が定点とならない語りにはどのような心理療法的アプローチが可能だろうか。『源氏物語』における視点の流動について、文章要素の計量調査を行った鈴木 (1978) はその限界を認め、「地と会話、地と心内語などにおけるたがいの融けあい、ひびきあい」にこの物語の本質があると見ている。また、『源氏物語絵巻』の構図について高橋 (1991) は「線遠近法（平面遠近法・透視投象）を基準として見るとき、視点は多元的で、混乱したさまざまの歪みをもつというほかはない」（高橋, 1991 傍点部筆者）と述べている。ここで鈴木 (1978) や高橋 (1991) が真に述べようとしているのは、遠近法を基準とした価値観からの転換、そして『源氏物語』にふさわしい視点の探求ということではないだろうか。〈私〉という定点がなくても『源氏物語』が素晴らしい物語であることに変わりはない。クラスターA・Bについても、近代主体とは異なる視点から語りそのものの特性を捉えていく必要があるのではないだろうか。続いて、"定点としての私"とは異なる主体の特質について検討していきたい。

(1) 開かれた〈私〉

クラスターA・Bのような語りにおいて心理療法を難しくしているのは、〈私〉という個人の内面が悩む場として立ち上がっていないことだろう。「何でもオープン」「自分で抱えていられないから全部話す」というように、異変も苦痛も周囲に対して開かれ、共有されている。これは、内空間の閉鎖しな

いバウムのイメージを思い起こさせる。

　バウムの幹先端における極端な開放状態は、自我境界が十分に機能していないことを示唆する。しかし必ずしも内空間の成立が重要ではない世界もまた存在する。濱野・杉岡(2005)によるアフリカ・カメルーンでのバウム研究では、閉鎖型のほうがむしろ例外で、メビウスの木もごく自然に観察されるという。2003年の調査実施時点で「精霊が人々にメッセージを与えてくれる」世界であったその地では、「表がいつの間にか裏に通じ、裏がいつの間にか表になっているようなメビウス的位相表現こそ、彼らのイメージの表象にふさわしい」と考察されている(濱野・杉岡, 2005)。この著者らの見解は非常に納得させられるものである。バウムの開放は、ここでは「彼らの非常にナイーブに他者を察する能力」(濱野・杉岡, 2005)に相応するイメージと捉えるほうが適切だろう。

　閉じられた内空間に特徴づけられるバウムが近代主体のあり方を反映しているとすると、甲状腺疾患群の描く内－外の交通したバウムは、周囲に(時に精霊にさえ)開かれた主体と捉えることができるのではないだろうか。甲状腺専門病院で調査をしていて驚いたのは、実に様々な同伴者がいることである。伴侶という親密なプライベートの共有者を伴うのは神経症群でもごく普通であったが、甲状腺疾患群では家族総出や40～50代の方の両親連れ、また友人・職場の同僚・近所の知人などの姿がよく見られた。病は個人に閉じられたものではなく、共同体的小集団で担われている側面があるのだろう。

(2) 具体的な出来事のリアリティ

　クラスターA・Bでは、内面に焦点づけられない一方で外側の出来事は驚くほど詳細に語られる場合がある。これは、一つのものとして統合されてはいないけれど、個別に詳細に描き込まれるバウムのイメージに相応するように思われる。バラバラに描かれたパーツは、統合の失敗や視点の混乱と捉えられる。しかしながら、『源氏物語絵巻』に示されるように、前近代の日本美術では多視点の空間構成がごく普通に用いられている。代表的な作品は、

風俗屏風や絵巻物だろう。東西美術の空間構成の相違を分析した美術史家の高階（2009）によると、『洛中洛外図屏風』では鳥瞰図法も遠近法も用いられていない。その描かれ方は、「空中のある一点にとどまっているのではなく、あたかも京都の町の上を自在に移動しながら町を見下ろしているかのよう」であり、「町角の猿回しや、大道商人や、通行人の姿など、いずれも小さくはあっても、普通の人間の視点で、すぐそばで見ているように綿密に描き出されている」。つまり『洛中洛外図屏風』は、「全体の構成であるよりもむしろ、数多くの細部の緻密な描写」（高階, 2009）にこそ、その本質がある。多視点描写は人物画にも見られる。『慧可断臂図』では顔は横から、眼は正面、耳は後ろから描かれているし（山口, 2012）、『見返り美人図』でも身体の各部が異なる方向から描かれている（諏訪, 1998）。画家である山口（2012）は『慧可断臂図』の描かれ方について「描いている方の意識が部分部分によって全然違う」のだと言う。高階（2009）によると、近代意識が確立する以前はむしろこうした空間の捉え方こそが自然であったと考えられる。

　具体的出来事の詳細な語りやパーツの詳細なバウムを見ると、単なる解体、あるいは統合の失敗ではなくて部分部分に宿るリアリティを強く感じさせる。先述した［例3.5.4.］では、幼い頃の島での体験がその世界に入り込んでいるかのように非常に生き生きと物語られ、聴いている筆者にも、目の前にその情景が浮かぶようなリアリティを感じさせるものだった。語りは定点なく流動していくけれども、一つひとつのエピソードはとても大切なものとして体験されていることが伝わってくる。

（3）心理療法への視座

　以上をふまえて、ここでは中世の物語の分析のなかで河合隼雄（2008）が言及している二つの要素に着目して、臨床場面における語りを理解する視点を得たい。すなわち、"全体の流れへの眼差し" と "意思する私が現れる瞬間" である。

　〈私〉という定点なき語りは、まったくとりとめのないものになる可能性

を孕んでいる。それなのに中世の物語が一つのまとまりをもって成立しているのは、何らかの枠組みをもっているからだと考えられる。枠組みは様々な次元で考えられるが、その一つに、全体の流れに眼差しを向けるということがあるのではないだろうか。川の流れのような語りは「水滴をひとつひとつ取り出してみても、『流れ』そのものを記述できない」（河合隼雄, 2008）。個人の内面を定点としてそこに関連づけて筋を見出そうとしても、クライエントの本来的なあり方から離れてしまうだろう。河合俊雄（2008）は、甲状腺疾患の心理療法では「内的に問題を扱うというより、具体的なことを解決するなかでよくなっていく人が多い」と指摘している。主体が外側に委ねられていたクラスターBを思うと、家族関係や環境の変化を個人の内的世界のこととして見ていくよりも、個人をとりまく場の流れ全体のなかで、クライエントがそこにどう関わり周囲がクライエントをどう抱えていくかを見ていく視点が有効ではないだろうか。山森（2002a, 2003）はバセドウ病患者の心理療法において、バラバラなものを個々のままに聞いていく、という姿勢を示している。これは一見全体を見る姿勢と矛盾するように感じられるが、一つの物語としての統合を無理に目指すのではない、全体の流れをそのまま見遣るセラピストの眼差しがあってこそ、クライエントの語る個々のエピソードに入っていけるということを指摘しているように思われる。

　そしてもう一つ、"意思する私"が立ち上がる瞬間を捉える、という視点を呈示したい。中世の物語の登場人物たちは「自然の流れ（あるいは運命）に身をまかせているようでありながら、ある一点において、極めて積極的な意思を示す」（河合隼雄, 2008）という。[例3.5.3.]の語りは、誰がどこで何を想ってどうしたのかという物語的な構造は分かりにくいものの、子どもの話題だけは輪郭がはっきりし、ビビッドに協力者の存在感が伝わってくるようだった。たった1回の調査面接でも、流れゆく語りのなかに協力者の姿が立ち上がってくる瞬間は確かにあったように思われる。そうした契機をセラピストが摑むことから、ある定点が生まれ、開かれていく世界があるのではないだろうか。

5. 次章に向けて

　本章では、心身症・身体疾患のうち甲状腺疾患を取り上げて、彼らの「語り」の特徴を描き出すことを試みた。それによって、従来心理療法が対象としてきた神経症とはまったく異なる語りの構造をもつことが示された。〈私〉という主体のあり方を考察の視点として導入することで、「内面的に物語ることが難しい」と考えられてきた物語を検討する、新たな視座を得られたのではないだろうか。

　次章では、そもそも物語る主体としての〈私〉を前提としえなかった自験例を取り上げて、〈私〉が自らをいかに物語ろうとし、それが継続的なプロセスのなかでどのように展開するのかについて検討していきたい。

第4章
〈私〉と物語ることの問題：物語における〈私〉の現れ
「私がない」ことを訴える青年期女性の物語の検討

　心理療法の出会った「物語ること」の問題は、現代に至ってさらに広がりを見せつつある。物語ることの通用しない症例群について当初は病態水準との関連から考察されてきたけれども、昨今は必ずしも重篤な病理を想定できないのに自らの内面を物語ることに困難を抱える症例が数多く報告されるようになっている。

　本章では、特定の病理からは捉えきれない「物語ること」の問題を示した自験例を呈示する。「私がない」ことを訴えるクライエントはそもそも物語る主体としての〈私〉を前提としえなかったのである。第3章で考察したように、物語に映し出される〈私〉のあり方を検討することで、たとえ従来的な物語に基礎づけられた心理療法の構造をとらなくても、物語のなかに〈私〉のリアリティ、あるいは〈私〉の現実を見出すことができるのではないだろうか。「私がない」ことを訴えるクライエントにおいて、〈私〉はいかに自らを物語り、それが継続的なプロセスのなかでどのように展開していくのか、見ていくことにしたい。

第1節　問題

　最近の心理臨床の現場では「物語ること」の問題がいっそう注目を集めている。より正確に言えば、「物語れないこと」を問題として呈する症例が増えているのである。こうした症例群は、1950年代から1970年代にかけて物語という枠組みに困難を突きつけた境界例や心身症・身体疾患のように、病態水準論からでは容易に了解しがたいように思われる。

　第1章でも触れたように、大学の学生相談や中学校・高等学校のスクールカウンセリング、さらには大学附属の心理相談室において、「なかなか自分自身の『物語』の生成に至らない、『物語未満』を生きているクライエント」（岩宮, 2014）に出会う機会が増加しつつある。ここに見られる問題の本質は、物語る主体としての〈私〉のあり方であると考えられる。河合（2010）は、日本における精神症状の移り変わりを取り上げて、「心理療法はそもそも主体性があって、自分の内面と向き合える人を前提としているのに対して、境界例以後の症状をもつ人はそうでない人であり、今後もその傾向が続いて、それどころか強まっていく可能性は強いであろう」と述べている。主体のあり方が典型的な神経症構造をとらなくなっており、それゆえ"定点としての私"が自らの内面を物語るというスタイルが見られにくくなっていることが想定されるのである。

　このような現状をふまえて本章では、「私がない」ことを訴える青年期女性の心理療法を取り上げて、その継続的なプロセスを検討する。物語る主体としての〈私〉を前提としえなかった本事例において、クライエントはいかに〈私〉の物語を創造し、内的リアリティに触れようと試みるのだろうか。

第2節　事例の概要

　クライエントであるAさんは「自分自身について」という主訴を入り口に

筆者の所属する心理相談室に来談した青年期の女性である。初回面接時は、両親と弟、そしてペットの犬と暮らしていた。

　Aさんの言う「病気」の始まりは、中学校時代に遡る。Aさんは小学校高学年から取り組んできた受験勉強が実って名のある中学校に進学するが、ある男子生徒のグループに揶揄されたことをきっかけに過度な食事制限を始め、やがて学校に通えなくなってしまう。高等学校への内部進学を諦めざるを得ず、周囲の勧めを受けて他校に進むが、視線恐怖などに苦しんで数カ月で退学することになる。その頃から希死念慮や衝動的な自殺企図が続き、数度、精神科に入院する。ずっと「α 歳になったら死のう」と考えていて、α 歳を迎えて3カ月後に市販鎮痛剤を大量服薬する。一命を取りとめたあと、自らカウンセリングを希望し、主治医の紹介で心理相談室に来談する。

　摂食障害・気分障害の診断がついているが、Aさんによると主治医からは『診断名はつけられない』と言われているとのことである。思春期頃は一過的に精神病様の病態だった可能性もあるが、「暴れていてもどこかでそれを分かっている自分がいた」(#49)と振り返られるように、不安定ながらも最小限の自我機能は保たれていたようである。来談時には衝動性は落ち着いており、時折報告される過食のエピソードも病理的な量ではないことが推測されるものである。筆者から見ると、Aさんはとても華やかで知的な様相で、男子生徒から揶揄されたことが、にわかには信じがたかったけれども、彼女は容姿を含めて自らを強く嫌悪しているようである。

　以下では、約3年半にわたる心理療法のプロセスを8期に分けて呈示する。この際、〈私〉という主体のあり方をよく反映していると思われる夢を取り上げて、イメージの次元から物語ることを検討する。なお、プライバシーに配慮して具体的事実に関する記述は最小限に留め、夢イメージを軸に語りの特徴に焦点づけることにしたい。

第3節　事例のプロセスの検討

事例の呈示は、面接中の実際のやりとりをゴシック体で、面接プロセスを地の文で記す。「　」はＡさんの、〈　〉はセラピスト（以下の事例中、Th.）の言葉である。面接プロセスにはセラピストの所感等も合わせて記述するが、これは本事例が試行錯誤のなかで進められたものであり、面接プロセスとセラピストの主観とが切り離せないものであったからである。

> 第Ⅰ期　整った物語：#1～#12（X年1月～X年5月）

1.〈私〉の不在とリアリティなき語り

まず、心理療法開始当初のＡさんの語りがどのようなものであったかについて、初回面接の一部を記す。

#1　（相談申込書の主訴欄には「自分自身について」と記入）
〈相談したいこと？〉んー、相談したいことっていうのは難しい。中学の時にいじめられて学校に行けなくなってから、ほとんど学校に行ってない。みんなが社会性を学ぶ大事な時期に家と病院に籠もってたのもあると思うんだけど、人とどう接したらいいのか分からない。表面的には上手く接することができるけど本当の自分じゃない感じがする。本当の自分って何？　自分を知りたい。

小学＊年の時から塾に通って受験して＊中学校へ。勉強ができて目立ってしまって男の子たちにいじめられた……。そこから中学のほとんど入院。高校は先生と親が見つけてくれたところを受験したけど＊月には通えなくなって中退。親にも迷惑かけるし「こんな私α歳になったら死のう」と思ってて、α歳までは割とのんびりしてた。その間も薬飲んだり飛び降りたり色々してたけど……（後略：現在に連なるその後の症状歴が続く）。

とても落ち着いた様子で、Aさんはこのような病歴を順々に語っていく。受験勉強から現在に至るまでの出来事が時系列に沿って並べられ、ほどよく要約されていることもあり、いつ何があったのかよく理解できる。語りに迷いはなく、これまで自分のなかで何度も反芻してきたであろうことがうかがわれる。そうであるのに、Th. はむしろ漠然とした違和感を抱く。出来事の一つひとつはAさんにとって大きな意味をもっているだろうに、彼女がそれをどのように体験し、何を感じていたのかについてほとんど分からなかったのである。言語的に表現されていないというだけではなくて、背後に想定される情動的な揺れがほとんど感じられなかったのだ。自殺の衝動さえ「割とのんびりしてた」と位置づけられるのはどういうことなのだろうか。

　このときのTh. の戸惑いは、外的出来事の次元では整った物語が成立しているのに、そこにAさんという〈私〉の内的リアリティが介在していないように思われるというものだっただろう。唯一、冒頭の「本当の自分じゃない感じがする」という語りに微かなリアリティを感じつつ、Aさんとの面接は手探りで始められることになる。

2. 他者の不在とループする語り

　しかし、その後もAさんの像を立体的に捉えられない状況が続くことになる。

　#2　〈1週間どうでしたか？〉……何をするでもなくずっと寝ていて。以前、先生（主治医）に言われて日記を書いていたんだけど、読み返すと何が書いてあるのか分からない。ほとんど意識がなく、手もぶるぶる震えていた。何かしなくてはと思う気持ちと、何もできないという気持ちと、それは甘やかしかもしれない、とか色々考えてしまう。そうすると起きていたくなくて寝てしまう…。カーテンを閉め切って真っ暗。覚えていない。

　#6　えっと、今日は〇日？〈ううん、△日〉えー、そうか…。寝ている時

間がすごく多くて。

　1週間の様子を問うと、ほぼ毎回「ずっと寝てた」「ほとんど覚えていない」という答えが返ってくる。Aさんはカーテンを閉めた暗い部屋にいて、非常に茫漠とした意識状態のまま日々を過ごしているようである。面接のなかで"今"がほとんど物語られない代わりに、語りはいつの間にか受験に始まる病歴に立ち戻り、初回に語られた内容がずっとループするようになる。循環する語りは澱みなく流れ、Th. は疑問を挟むことはおろか相槌を打つことさえ難しかったし、時間による区切りをつけられなくて延長する回が続く。

　そうであるのに、一方で、連絡なしキャンセルと大幅な遅刻がくり返される。Th. はその都度、手紙や電話でAさんとのつながりを保とうとする。〈休んだのはどうして？〉〈カウンセリングに来にくいとかある？〉と尋ねるのだが、「今日カウンセリング？　寝ちゃってて分からなかった」「あ、来にくいとか、そういうのはないです」とあっさりした反応が見られるのみで、キャンセルや遅刻に至る心理的理由や抵抗感はほとんど摑めなかったのである。そして、来談すると、語りはやはり循環する流れに戻っていくことになる。

　Aさんにとって「病気」をめぐる語りはすでに整った物語として完結していて、〈私〉のリアリティも、聴き手としての他者も必要としていなかったのかもしれない。セッションの順が前後するが、以下にこれを象徴するやりとりを示したい。初回面接終了間際に、流れ続ける語りに句読点を打とうとTh. が言葉を挟んだ場面である。

#1 〈今、ここに来ようと思ったのは？〉迷いました―、場所。

　Th. としては「今このタイミングで来談したのはどのような思いからか」を尋ねたつもりなのだが、彼女は質問の意図を「今日はどのような手段で来談したのか」と受け止めたようである。「ここ」という単語を捉えての応答だろう。Th. の介入は流れ続ける語りには唐突すぎて、二人の間に奇妙なずれ

を生じさせただけであり、対話的なやりとりには至らないのである。

> 第Ⅱ期　整った物語の綻び：#13〜#29 (X年5月〜X年11月)

3. 露わになるリアリティのなさ

　Th.は、循環する語りと、キャンセルや遅刻がくり返されるばかりの面接に行き詰まりを覚え、自分が他者としてAさんに対峙できていないことを強く感じる。そこで、語りを聴くなかで生じてきた自分の気持ちや疑問を彼女に率直に投げかけてみることにする。同時に、外的出来事とは異なる次元からAさんの内的動きを感じとれないかと思い、#13に夢の導入を提案する。

　#15　年はとりたくない。「α歳まで」って思ってたのに。〈なんでα歳？〉え……親に『扶養義務はα歳まで』って言われてきたし？
　#18　今、自分が全然分からない。自分っていうものを会う人に合わせて変えてる。ここでは"天然"、ここでは"大人びてる"、ここでは"鈍臭い"とか。〈ここは？〉うーん、普段とちょっと違う場所。いつも、まず人が話すのを聞いて、それでその人がどういうことを言ってほしいのかが分かるから、そういうことを言う。ここは自分が喋る側だから。

　「夢はむちゃくちゃ（よく）みる」（#13）とのことだったが、具体的に聞いてみると「ふつーの日常生活の夢」や「浮いたり水に潜ったりするような夢」「本や漫画に出てきそうなファンタジーっぽい夢」（#17）など最初はぼんやりとしか語れないようだった。しかし、Th.の質問を介してループするばかりだった語りに隙間ができると、Aさんの"今"が姿を現すようになる。幼い頃から周囲の期待に応えるよう様々に努力をしてきたこと、そして相手の求めに従ってその場その場で〈私〉のあり方を変えてきたことが明らかになる。対話において相手の求めることを言うというのは、ある意味で〈私〉なき語

りと言えよう。Aさんという〈私〉は、多くの場所に分離し、それぞれの場所において受け身であったことがうかがわれる。そうであれば、「今、自分が全然分からない」というのも、もっとものことのように思われる。面接が進むと、自分が分からないという感覚はいっそう露わになってくる。

#19　現実味がない。感情に色味がない。手・足・身体、「これ自分？」って実感がない。鏡を見ると「こんな顔だっけ？　これ自分？」って分からなくなる。病気になってから最近まであまり記憶がない。自分について頭で考えるばっかり。

"今の私"を語ろうとすればするほど、彼女は「お腹すいたとか分からない」(#13)、「怪我したらじーっと見る。『今、血が出てるところは痛覚が刺激されてるねんな』とか考えると、そんなに痛いとか思わない」(#15)、「自分の声が分からない」(#21)、「感情が分からない。喜ぶ・怒る・楽しいが分からない」(#21)など、自分に関わるあらゆる事象にリアリティをもてないという現実を摑んでいく。

4. 生きられない・死ねない

リアリティのなさに迫られたAさんは、#23以降、生きることそのものに対する疑問を重ねるようになる。

#23　何で生きていなきゃいけないの？　"ゼロ"にしちゃいたい。
#25　存在するのが面倒くさい。なぜ生きているの？　死ねないからただ生きているだけ。私が自殺するんじゃないかって親は考えてる。〈自殺だけは私も頷けない〉生きたい人に「死ね」っていうのと、死ねない人に「生きろ」っていうのと、同じこと。それが救済とは思わないでほしい。
#27　何のために生きているのか分からない。生きていても何もしてない

し。逆に苦しみたいとか死にたいっていうのもない。

　#25で自殺という言葉が出たことからTh.は必死にそれに応じるのだが、同時に自分の発した言葉がどこかAさんのあり方とずれていることを感じる。生を否定する姿に自殺の可能性を念頭に置きつつも、Th.はAさんの言う「死」がどこか本当の死に近い生々しさとも異なっているように思われたのである。よく考えるとAさんはここで自殺を意図していないし、自殺を否定するTh.に応じた内容もどこか淡々としたものである。むしろくり返し訴えられていたのは、生きることも死ぬこともできない、どうしようもない苦しさだったのではないだろうか。生にも死にも身を置くことのできない〈私〉は、リアリティをもたない「ゼロ」の存在になることを求めるしかできなかったのではないだろうか。

5. 他者の予感

　このようなAさんの姿は、夢のなかで明確に描かれることになる。以下に示すのは、夢を提案して以来、初めてまとまった形で報告された二つの夢である。

　#19 【夢4】家のなかで、よく分からない催しがある。お葬式か何か？そこに侵入者が入ってくる。逃げようとするけど、思うように身体が動かず、全然進まない。身体が浮いている感じ。
　　　　【夢5】銃弾で撃たれたり、ナイフで刺されたり、弓で撃たれたり、火で焼かれたり。なぜか身体がボロボロでも、意識がある。

　これら二つの夢は、閉じられた世界に他者が侵入してくるというよく似た主題をもっている。夢の始まりはいずれも人気なく、Aさんが一人の世界にいることが示されている。夢4は社会的な集まりである「催し」に対してそ

こにいてしかるべき家族や近隣の人の気配がまったく感じられないし、夢5でははなから何もない状況である。Aさんは、社会的なものとまったくつながりをもたず、ただ一人きりでいるのだ。まるでさなぎのように、彼女は自らに籠もっているようである。これは、暗い部屋のなかで完結した物語に包まれていた面接初期の彼女の姿と重なるだろう。

　この自己閉鎖的な世界は、「侵入者」や「攻撃」によって破られることになる。これは"追われる夢"のヴァリエーションであり、追う者は"内的な他者"の現れと考えられる。けれども、Aさんに不安が生じていないという点で、これらの夢は思春期頃によくみられる"追われる夢"とは決定的に異なっている。「侵入者」や「攻撃」に対して彼女は何ら情動的な反応を示すことなく、ただ停止してしまう。夢5では、一見攻撃がAさんを貫いているようでありながら、「銃弾」「ナイフ」「弓」とくり返されることによって、実はどれも本物ではないことが示されているし、最終的に「火で焼かれる」ことによって貫くという攻撃の焦点はいっそう曖昧なものとなってしまう。「身体がボロボロでも、意識がある」というのは、他者の接近が本物ではなくてあくまでも観念的なものに留まっていることを表しているだろう。

　あまりに閉鎖された世界に身を置くAさんに、夢は他者を送り込んでくる。これは"内的な他者"であり、"もう一人の私"と言えるだろう。"内的な他者"はAさんへの接近を試みるが、彼女はすべての状況をストップすることで、いまだリアリティなき自分だけの世界に包まれた状態を保っている。Aさんは、"内的な他者"としての〈私〉に未だ出会っていないのだ。しかし、自己閉鎖的な世界に他者の現れが予感されたことは意義深いと思われる。

　第Ⅱ期終盤の#29において、Aさんは前週の無断キャンセルについて「先週来なかったですよね、ごめんなさい」と初めて自らから触れ、次のように言及する。

#29　（自分が）満たされるもの、分からなくて。どうしたら満たされるかって考えたら、一人じゃだめなんじゃないかと思って。人と深く関わるのって、

気持ちが傷つくリスクを犯さないとだめなんじゃないか。今までの人との関わりをいったん全部切ってるから、そういうのできるかな…猫かぶりじゃない自分。何十枚もかぶっているのを全部脱いで人と向かい合うっていうか…〈何十枚もかぶってるのかー〉("何十枚"に思わず二人とも吹き出す)

　自室で眠り続けるAさんにおいては観念的なものが先行しているかもしれないけれど、思わず共に吹き出してしまったときTh.は初めてAさんと少しだけ関わり合えたように感じる。

> 第Ⅲ期　〈私〉を定めてほしい：#30 〜 #49 (X年11月〜X+1年5月)

6. 枠組みを求める

　Aさんは、毎日をほぼ眠って過ごしているため、やはりあまり何も覚えていない。しかし、キャンセルへの謝罪や「それ（覚えていないこと）が嫌」(#36)といった言葉が出てくるようになる。
　リアリティのなさはより強く自覚され、「カスカスのミイラみたい」(#32)、「ティッシュ一枚隔てて世界を見ているよう」(#47)などと表現される。

#31　「高機能なんとか」って当てはまる？　病名がついていないのが不安。〈病名、欲しいの？〉ないと分からない。「今、こういう病気で家にいます」って言えない。〈枠組みがないと自分を定位できない？〉属するものがない。生きている感じがしない。

#34　自分の位置が分からない。平均値を知りたい。最低ラインは越えられてる？　小学校のときの塾では週1で模試があって、客観的に自分の位置が分かったのに。

　第Ⅲ期を通してAさんはTh.に、病名・学業成績・心理特性のグラフなど、

あらゆる枠組みによって「自分を教えてほしい」と求め続ける。何にもリアリティを感じられないために内的に〈私〉を定位することができず、代わって外側に枠組みを求めたかったのだろう。#38には、なかなか要求に応じないTh.に不満をぶつけることになる。

　#38　カウンセリングに来てどのくらいになりますか？〈ちょうど1年くらい〉1年通うのに、何も変わっていない。何も見えてこない。目標とかどうなっていきたいのかとか分からない。ただ溢れてくるものをわーっと吐き出しているだけ…。RPG（ロール・プレイング・ゲーム）のように、HP（ヒット・ポイント）とかMP（マジック・ポイント）じゃないけど、自分の能力値を細かく知りたい。平均値も知りたい。それでどこが足りないのか分かったらそこを伸ばせるし、限界も分かるし。知りたい、理論的に。じゃないと分からない。教えてもらえますか？〈溢れてくるものを吐き出すこと、カウンセリングの場で今それをすることが必要じゃないか。まずはそこから。もし私が水路をつけてしまったら、それはAちゃんじゃなくなっちゃう。とにかく話すことでAちゃんができてくる〉

　Aさんはゲームのポイントやレーダーグラフのように、目に見える形で自分を規定するようにTh.に要求する。そうしなければいられないほどに自己感が稀薄なのだろう。しかしTh.は外側から枠組みを定めることが問題の解決になるとは思えず、これを拒む。そしてさらに語り続けるように求める。要求が叶わなかったにもかかわらず、#38以降、Aさんはぱったり無断キャンセルも遅刻もしなくなる。第Ⅰ期では聴き手としての他者がいなかったことを思うと、要求をぶつける相手の存在が実感されてきたのだろうか。

> 第IV期　〈私〉がない：#50 〜 #68（X+1年5月〜X+1年10月）

7. 空っぽな〈私〉

　自分を定める枠組みを外側に求めたAさんの視点は突如反転して自らの内に向かう。すると、「自分が空っぽ」「自分がない」（第IV期ほぼ毎回）という感覚に襲われることになる。

　#50　考えるのが怖い。素顔を見せるのが怖い。内面を見せるのが怖い。空っぽな私が分かってしまう。
　#53　怖い。不安。……答えが見えてこない。
　#55　存在しているという実感がない。
　#62　アイデンティティ？　私はそういうのに失敗した。今、何にもなれていない。

　面接は"私がない"という語りで埋め尽くされるとともに、自らの内に広がる空っぽさの感覚に不安が高まっていく。続いて、この時期に報告された夢を示したい。

　#67　【夢26】誰かに追われていて、足をトンッてした拍子に飛び上がってしまう。下の景色がよく見える。地面に足をつけたくて、「エイ！　エイ！」ってやるけど、全然だめ。何かに摑まりたくてもがくけど、電線も何も摑めない。ビルに張りついてとまれないかと考えるけど、何にもひっかからない。風にビュービュー煽られる。そのうち、海とか山とか雪山とか、降りても人のいないところまで来てしまう。降りたい、地面に足をつけたいと思うけれど、もはや降りるのも怖い。

　これは、夢4・5から主題を同じくする"追われる夢"である。ただ以前と

異なるのは、誰かに追われているという実感が芽生えていることであろう。足元の地面への意識は、観念的なものに留まっているのではなく、"追う他者"と"追われる私"のリアリティに開かれつつあることを示していよう。

　しかしAさんは地面を踏みしめることなく、空に大きく飛ばされてしまう。地面どころか電線にもビルにも何物にも触れられず、ただ風に煽られるばかりのAさんである。これはまさしく、生身のリアリティをもって現実と関われないことを示す、究極的な"私のなさ"の体験だろう。人間の世界から遠く離れ、なす術なく空を漂う様子は危うさを感じさせる。これは非常に危機的な状況と言わねばならないだろう。けれども、危機に触れた瞬間、「降りたい」「地面に足をつけたい」という強い願いがAさんのうちに生じてくる。これは重要なことである。〈私〉が真に他者と出会うためには「ゼロ」の存在では駄目で、リアルな存在として地面に降り立たなければならない。すなわちAさんにおいて、この瞬間に他者に関わる地平に立とう、現実に参入しようという格闘が始まったのである。同時に、ここで、降りたいけれども怖くて降りられないという葛藤が生じてくる。夢4・5では〈私〉を脅かす他者の出現になんら情緒的反応が示されなかったことを思い起こすと、この葛藤は内面の動きに開かれつつあることを示しているように思われる。

　第Ⅳ期になると、病歴の語りはもはやループしなくなる。閉じられた輪のなかで循環する物語が語られなくなってくることは示唆的であろう。Aさんは、籠もっていた世界を後にして現実へ足を踏み入れつつあるのかもしれない。そして、#67の夢26の翌回、彼女はかつて熱心に取り組んでいたダンスを踊ってみることにする。

　#68　すっごく久しぶりにダンスをしてみた。そしたら、「楽しいってこういうこと？」って思えて。自分の内側から、何か感情とか表情とかが出てくる感じがあって、「あ、生きてる」って実感。

> 第Ⅴ期　もがく：#69〜#97（X＋1年11月〜X＋2年6月）

8. 怖くて動けない

　ダンスを通して開かれた一瞬のリアリティは、Aさんにいっそう強い不安を引き起こすことになる。

　#69　ダンスをしてみて、感じないように考えないようにしまい込んできたのに、その鎖がとけてしまった。嬉しいとか悲しいとか感じられるのって、生きてるからなんだなーと思って。先週話してて、それは嬉しかった。でもそうしたらこれから生きていくってことを考えないといけない。そうしたら不安が……。頑張ってみても上手くいかなかったらどうしよう。

　自分の内的リアリティに開かれるということは、閉じられた繭から出て現実に参入することに他ならない。このような事態に直面したとき、彼女は恐怖を覚えて身動きがとれなくなってしまう。これ以降、Aさんは「失敗したら…」「上手くいかなかったら…」と逡巡し、そう思えば思うほど「動き出すのが怖い」(#71)、「怖くて動けない」(#73)という状況に陥る。そして、「ほぼ一日中眠ってる。起きているとやることがなくて不安になるので眠ってしまう」(#71)と、再び眠りの世界に戻っていこうとする。面接では、「何もできなかった」「寝てしまっていた」とくり返される。

9. 死の訪れ

　一見、眠るばかりで何もしていないように思われるなか、夢では〈私〉を求める内的なもがきが始まっていたように思われる。続けて二つの夢を示す。

　#75　【夢28】ダンスの舞台がある。自分は病気で入院していて、そのダ

ンスを全然習っていなくて、でも完璧に踊らなくてはいけない。(振りつけを)1回見たかどうかで、ほとんど知らない状態。たとえ練習していなくても完璧に踊らなければならない。センターではなく端のほうなんだけど。観客からも望まれていなくて、『引っ込め―！』とか罵声を浴びせられる。でも、どうしても舞台に立たなくてはいけない。私は、舞台監督みたいな人に、舞台裏で「どうしても出たい。出なくちゃいけない。踊らなきゃいけない」と訴えてて、「出してください。端のほうに立つだけでもいい」って言うんだけど、『立ってるだけで照明に影ができる。お前が立つだけで舞台が100％じゃなくなる。そんなことも分からへんのか！』『くず！』『ゴミ！』って言われ続ける。

　夢26ではるか上空に飛ばされたＡさんは、夢28においてとうとう地に降り立つ。舞台に身を置いてダンスをする〈私〉は、これまでのような実体なき「ゼロ」の存在ではなく、リアリティある生身の存在である。「センターではなく端のほう」であっても聴衆のなかに身を置き、また彼らの視線を集めることによって〈私〉という存在はリアルに意識される。

　ただ、せっかく舞台に立ったＡさんではあるが、振りつけさえほとんど知らず、まったく練習できていない状態である。舞台でダンスする準備は、現段階では整っていないと言わざるを得ない。そうであるのに、舞台に立って「完璧に踊らなくてはいけない」というのはほとんど無謀な試みではないだろうか。ここでＡさんは "完璧ではない私" を受け入れることを求められていたのかもしれない。しかし、これは彼女にとってとても大変なことだったのだろう。Ａさんが自ら退く代わりに、舞台監督や観客が彼女を否定する。夢4・5・26で姿の見えなかった "追う他者" は、"否定する他者" としてＡさんに対峙する。彼女は、"内的な他者" に否定されることを通して "完璧ではない私" に触れ始めているのかもしれない。

　練習をしていないのに舞台に立とうとするのはまったく無茶な試みであるし、準備出来ていないことは受け入れられなければならない。そうではあっ

第4章 〈私〉と物語ることの問題：物語における〈私〉の現れ　209

ても、「どうしても出たい。出なくちゃいけない。踊らなきゃいけない」という強い願いがAさんの内面から生じてきたことは重要であろう。方法は一足跳びで拙いかもしれないけれども、ここにおいて、漂うばかりだったリアリティなき存在は〈私〉としての意思を獲得し、その思いに支えられて現実に関わろうともがき始めているのである。

　#82【夢32】日給一万円くらいの仕事があって、自分もそのメンバーに入っている。何かの実験で、生き残りゲームみたい。10人中3人くらい生き残れる感じ。次々に攻撃されて走って逃げる。生き残るほうがしんどい道に思えて、「いっそ死んでしまったら楽なのに。そうまでして生き残らなくても」と思っているけど、全然死ねなくて、身体は傷ついているのにそのまま走って逃げなくちゃいけない。攻撃を避けなくちゃいけない。身体がボロボロになりながら、もうそんなこと考えなくなった時、「やばい！　逃げ遅れた！」ってなる。そう思った瞬間死んだ。

　夢は、「生き残りゲームみたい」な「実験」という形で、Aさんに生死をかけた挑戦に参入するよう求める。命がけで逃げ始めたAさんだったが、すぐに「いっそ死んでしまったら楽なのに」と挑戦することを諦めてしまいそうになる。これは生きるための逃走ではなく、生も死も否定した逃避的なあり方だろう。身体は傷ついているのに死ねないというのは、夢5における「身体がボロボロでも意識はある」という状態によく似ている。このような姿は、心理療法を訪れた当初のAさんと重なるかもしれない。Aさんは、再び生きることからも死ぬことからも退避して、閉じられた世界に戻ろうとしているのだろうか。
　しかし夢はそれを許さない。諦念を抱えて逃走するAさんは、やがて逃げることそのものに必死になる。そうするともはや「生き残るほうがしんどい」とか「死んでしまったら楽なのに」とか考えていられなくなる。彼女は生き残るために本気になったのであり、明言されてはいないものの、ここに生き

たいという強い意志を感じとることができるだろう。そして生きることを受け入れ、その場に全力を投じた瞬間、Ａさんに死が訪れる。"内的な他者"はついにＡさんという〈私〉に到達したのだ。生からも死からも逃れて自己閉鎖的世界に籠もっていた〈私〉は、他者に貫かれて死を迎える必要があったのかもしれない。それによってこそ"新たな私"への変容が可能になるように思われる。

> 第Ⅵ期　〈私〉に出会う：#98～#121（X＋2年6月～X＋2年12月）

10. リフレクション

変わらずよく眠っているものの、「何もできなかった」という語りに終始することはなくなる。ほぼ唯一接触する家族、特にちょうど思春期を迎えた弟や、辛い時期からずっと傍にいてくれたペットの犬との関わりを通して、そこに映し出される自分の姿を見出していく。

#101　今週もずっと寝てた。また何も出来てない。あ、ドッグランに行ってきました。〈本当にずっと寝てるのかと思ってたら、外出てる！〉そうなんですよー。〈どんなところ？〉広場があって犬が走りまわれる。色んな子がいるんです。私の犬、私に似てる。混ぜてほしくても素直に言えない。相手から来てくれても素直に反応できなくて、関心がないふりをしちゃう。

#102　犬が笑うようになった。"にぃー"って。私と犬はよく似ている。ペットショップで全然売れてなくて、ガリガリにやせ細ってて今にも死にそうだった。私も拒食でガリガリで死にそうだった。犬がいなかったら崩壊してたかも。犬に「可愛い」「可愛い」って笑いかけてたら笑うようになった。私が笑うようになったことも影響してるのかも。こないだ嬉しいことがあって、一人でニヤニヤしてる自分に気づいた。それと、（犬が）自己主張するようになった。お腹すいても、どこか痛くても、気持ち悪くても何も言わな

かったのに。それで病気にも気づいてやれなかった。最近は、お腹空いたり暑かったりすると言ってくる。

　半ば自覚されているように、犬にはAさんの姿が映し出されているのだろう。笑う、お腹が空く、痛みを感じる、自己主張する……といった犬の変化は、彼女自身の変化でもあったかもしれない。Aさんは、稀ではあるが外出もするようになり、その過程で再会した友人にありのままの自分を語り、それを受け入れてもらう体験をする。そして「自分の気持ち、大事にしていきたい」(#104)と語られたように、腹が立ったこと、嬉しかったこと、悲しかったことなどを面接のなかで率直に口にするようになる。このような流れと並行して、彼女は自分の感情や身体感覚とつながっていく。
　この時期は、夢にも変化が現れる。

#92　【夢33】海外に行って、外人さんと恋人になる。年上の、30前くらい。背が高くてガタイもよくて格好いいんだけど、ちょっとくたびれたというか、疲れた感じの人。何年か後に結婚することになる。仕事とか収入が現実的な感じで、「(彼は)こうや。釣り合いとれてるやろ」って親を説得してる。

　これまでの夢と大きく異なり、ここには他者の接近に受け身であり続けてきた姿はもう見られない。「海外」という試練多き場へ主体的に赴き、さらにそこで「恋人」を見つけるのである。〈私〉は、〈私〉を見つめる親密な他者との関係をまさに今始めようとしているのかもしれない。

#104　【夢36】白い女の子が鏡を持っている。その子と目を合わせたらだめ。すごく怖い。まわりには私以外の人もいて、その子が順番に廻ってくる。私は目をつぶって耐える。一人ひとり通り過ぎて、私の前にくる。首や肩をギューッと押さえつけられて、『(目を)開けてー。こっちを見てー。あなたが一番取りやすいのー』と言う。すっごく怖い。私は「早く次の人に行っ

て！」って願っているんだけど、『そんな浅ましいことを考えているのはあなただけ』って私から離れてくれない。

　夢は、「鏡」を持った「白い女の子」が人々の間を順番に廻ってくるという状況から始まる。鏡は自分自身を映し出すものであり、鏡を見るというのは"私が私を見つめる"行為に他ならない。この夢では、「白い女の子」の瞳を見つめることと、鏡を見つめることが等価になっている。この少女はAさんの内面から現れ出てきた人であり、"内的な他者"であるとともに"もう一人の私"としての彼女自身であろう。夢は、AさんをAさん自身に向き合わせようとしているのだ。

　ところが、彼女は目を閉じて「白い女の子」の瞳から逃れようとする。夢36を報告しながらAさんは「本当に怖かった」と身体を震わせるが、真の自分を見つめるというのは本当に怖いことなのだろう。夢のなかで目を開くことはなかったけれども、「白い女の子」はAさんを摑んで離さないし、Aさんもまた二人がいずれ瞳を交わし、真に出会うことをどこかで知っているようにも思われる。これは、"私を見つめる私"の出現を示す夢と考えられる。

> 第Ⅶ期　〈私〉を見つめる：#122〜#141（X＋3年1月〜X＋3年6月）

11. 目覚めと内省

　ぼーっとしている時間は長いけれど、ひとまず、朝、目を覚ますようになる。そして、自分自身について振り返って語り始める。

　#124　勉強とか資格とか、「貯金」のイメージ。将来のために何かする。〈今は？　今、楽しいこととか、大切なことは？〉…ゲームやってても、アイテムとかすべてコンプリートしないと気が済まない。「効率のよいまわり方は？」とか。私、ゲームも楽しめないんだ。「ゲームを楽しめない人が、

日常生活を楽しめるかー」と思って（笑）。
　#125　「自分なんて何もできない」って思い込もうとしてきたけど、何かしてみないと自信なんてつかない。
　#130　起きていることが前は罪悪感だったけど、気にならなくなった。

　ゲームについての語りは、今を生きることではなくて、完璧にこなすこと自体が目標となるAさんのあり方を感じさせる。「コンプリート」しない限り、歩みはその場でストップしてしまうのだ。こうした傾向は彼女に深く根ざしているのだろう。ただ、ここでは「『ゲームを楽しめない人が、日常生活を楽しめるかー』と思って」と、ややユーモラスに自らの姿を振り返る作業が加わっている。これは重要なことだろう。これこそが"完璧ではない私"を受け入れる第一歩になるように思われるからである。
　そして、この時期から少しずつ外出やおしゃれを楽しもうとするようになる。観念的な世界に留まるのではなくて、現実の世界へ実際に足を踏み出し始めるのである。彼女は、長らく否定してきた現実を受け入れ始めたのであろうか。そして、"今の私"について次のように語る。

　#131　昔思い描いていた自分と、今の自分とは全然別人。私は1回死んだんだと思う。今、3歳か4歳くらい。

　第Ⅴ期の夢32における内的な死の体験は、ここに至って意識の次元でも受け入れられたのだろうか。「3歳か4歳くらい」というのはちょうど心理療法の経過と同じくらいの年月である。「昔思い描いていた自分」というのは、おそらく彼女自身や周囲によって作り出された理想的な自己像であっただろう。架空の"完璧な私"を葬り、今まさに誕生を迎えた"新たな私"を育み始めているのかもしれない。

> 第Ⅷ期　現実を生きる：#142〜#149（X+3年6月〜X+3年7月）

12.〈私〉をかける

　家庭の事情で引越しをすることになったAさんは、忙しい親に代わって、進んでその準備に携わる。そして、「前はカウンセリングだけが外出だったけど、今は3〜4日は過ごしている感覚」（#146）と、日中の活動量が増える。その過程で、とても大きな出来事があったことが報告される。

　#142　一つ嬉しいことがあった。お父さんがスズメの子を拾ってきた。糸が喉に絡まっていて、舌が飛び出していて、もうダメじゃないか……もう死体みたいだった。ネットで調べて、湿った新聞紙の上にティッシュを敷き詰めて保湿。電球で保温。夜通し、数時間おきにスポイトで砂糖水。もうダメかと思ってたのに、1日で元気になったんですよ。すごくなついてくれて可愛かった……。人の匂いがつかないうちに、と縁側へ持って行くと、親スズメが迎えに来て鳴き合う。すごーく大きい声で親子が鳴き合うんです。親スズメと飛んで行った。動物の生命力ってすごい！

　長らく現実に関われなかったAさんだったが、この時はスズメの命が助かることを心から願い、そこに全力を尽くす。ここにこそ、彼女のリアリティは存在しているのではないだろうか。生き生きと語られたこのエピソードは、現実を生き始めたAさんの姿とも重なり、Th.にとっても響いてくるものだった。

13. 立ち上がる〈私〉

　現実への参入とともに、Aさんという〈私〉は力強さを獲得していく。

#146 【夢50】人ごみのなかにいて、自分だけ巨人になっている。3メートルくらい。焦って「縮まなきゃ」「皆のなかに入らなきゃ」と思う。ふと見ると1メートルくらいのヒールを履いていることに気づき、まずエイッてヒールを折る。それでもまだ周りより大きい。「小っちゃくなれー小っちゃくなれー」って気合いを入れるとちょうどいいくらいになる。でも、まだ気を抜くと大きく戻ってしまいそう。

　不特定多数の他者とともにいるAさんは、具体的な関係は結ばれていないけれど、ともかく社会のなかに身を置いているようである。そこで、彼女だけ3メートルくらいの「巨人」になっている。これは、"匿名ではない私"、あるいは"他の誰でもない私"という特別な存在が力強く立ち上がった体験だろうか。それと同時に、"巨人化した私"は誇大した姿であり、自らをありのままに捉えることの難しさもまた示しているだろう。そうではあれ、「縮まなきゃ」「皆のなかに入らなきゃ」と感じているように、すでにAさんは自分の姿が巨人になっていることに気づいているし、1メートルのヒールを折ったように、巨人としての自分が作り物であることを知っている。自らを内省する力によって、彼女はいずれ"巨人化した私"を現実世界に位置づけ、"等身大の私"を獲得していくことが予想される。
　夢50と同時期に、Aさんは自らのこれまでを振り返り、整理していくことになる。

#146・147（2回にわたって、これまでのこと、今考えていることを書いた用紙を持参する）これ、昔の写真なんです。全然笑ってないでしょう（どれも整った真顔で映っている）。私は相手が喜ぶことを考えて振る舞ってきたのに、弟はいるだけで可愛がられてた。「何で？」って思ってたけど、今ならそれが分かる。
　……振り返るの、怖かった。先生（Th.）に私のことをすべて話すのも怖かったし、自分自身で気づくのも怖かった。これ以上もう自分の嫌なところとか落胆するようなところが分かったらどうしよう、耐えられないって。今は、

開き直ったというか、仕方ないやんって思う。これが自分だし。

その後

　引越しを経て、Ａさんの生活は文字通り一変する。これまで親に担われてきた生活を自らの手で積極的に引き受けることになる。料理・掃除・洗濯など、生きることに関わる雑事をこなしていくＡさんは、もはや自分が何のために生きているのかということを問うことはなく、ただ日常を一歩一歩丁寧に歩んでいる。

第４節　考察——主体のあり方からみた物語

　ここでは事例のプロセスに沿って「物語」と「物語る私」のあり方を改めて検討していきたい。

1.〈私〉をめぐる問い

　心理療法においてＡさんが取り組んだテーマは、いったいどのようなものだっただろうか。初回来談時に持参された紹介状には診断名として摂食障害・気分障害の記載があったが、これがあくまでも症状の叙述であって本質ではないことは『診断名はつけられない』という主治医の言葉からも明らかだろう。Ａさん本人の訴えに目を移すと、面接初期には病歴の語りが面接を埋め尽くすなか、冒頭に「自分自身について」「本当の自分って何？　自分を知りたい」と示されている。これは、"私が私をどのように捉えるか"、あるいは"私が私をどのようなものとして受け入れるか"、という自己関係の問題を示す言葉であろう。劇的にも思われる症状歴に隠された真のテーマは、彼女が最初に触れた"私をめぐる探求"だったのではないだろうか。

けれども、第Ⅰ期（#1〜#12）では、このテーマはほんの最初に投げかけられるに留まり、ほとんど触れられないまま過ぎていく。漠然と抱えられてきた「自分自身について」「本当の自分って何？」という問いは、第Ⅱ期以降（#13〜）に徐々に姿を現してくる。すなわち、「自分が空っぽ」「自分がない」とくり返し訴えられたように、"私がわからない"ということが問題の核心だったのである。診断名をつけられないというまさにそのことが、こうしたテーマを先取りしていたように思われる。

2. 問いの始まり——思春期における自己像の揺らぎ

"私をめぐる探求"は、Aさんの言う「病気」の始まりから潜在的に始まっていたように思われる。というのも、思春期を迎えつつあったこの時、彼女は自己像の大きな転換を迫られていたからである。

Aさんは、「勉強できる、スポーツもできる、可愛い、ダンスできる、歌もうまいっていう自分を作ろうとしてきた」（#39）、「小学校の頃、完璧目指してイライラしてた」（#56）、「100点でなければならない。100点が平均点」（#73）というように、幼い頃から"完璧な私"であろうとし続けてきた。こうした努力の背景には、「人からどう評価されるか」「どうしたら大人に食いついてもらえるか」（#68）というように、他者の期待に応えようとしてきた、あるいは応えざるを得なかったことがあるだろう。

しかし、一点の曇りもなき完璧な人間などこの世に存在しうるだろうか。理想的自己像は、多くの場合、思春期に見直しを迫られることになる。河合（1987）がプシケーを取り上げて述べているように、個への道を歩み始める時、世界との一体感のもと幸福であった時代は終わりを告げ、人は「影」の侵入に晒される。岩宮（2009）によると、思春期には自分の「影」に気づき、その葛藤を「自分の内側に抱えていく」プロセスが歩まれることになる。思春期には、内的にも外的にも自分のなかに否定的な側面を認め、"完璧ではない私"に向かい合うことが迫られるのである。

中学生になったAさんは、まさにこの問題に行き当たったのではないだろうか。思春期における内的成長と外的環境変化は、純粋で完璧な子どものままではいられないという現実を彼女に突きつけたのだと思われる。後に「思春期を引きずっているところがある。自分って何もない。でも何もないと思いたくないし、自分って何なん？って考え出したら分かんない」(#111)と語られたように、完璧さの奥に覗く"何もない"、もしくは"何もないかもしれない"という怖さに、彼女はこの頃から気づき始めていたのだろう。しかし、Aさんにとってこの問題に取り組むのはとても大変だったに違いない。「病気」の始まりが同級生による「いじめ」だったのに間違いはないが、これを契機に理想的自己像をいったん保留にせざるを得ない状況が作り出されることになる。自分を嫌悪するといった極端な自己否定も、真に〈私〉に向き合ったのではなく、これを避ける方法の一つだっただろう。こうしてAさんは、思春期に歩み始めた〈私〉の探求をいったん停止させたのではないだろうか。

3.〈私〉がない

　「本当の自分って何？　自分を知りたい」(#1)と心理療法を訪れたAさんは、ここで再び〈私〉をめぐる問いに向かい合うことになる。それはまず、眠りへの埋没、リアリティのもてなさ、断片的な記憶という問題として現れてくる。
　〈私〉の問題が最も顕著に現れていたのは、眠りのなかに身を置き、明確な意識の立ち上がらない状態が長く続いたことであろう。第Ⅰ期から第Ⅵ期までの約3年間にわたって(#1〜#121)、Aさんの意識は非常に曖昧でぼんやりとした状態にあったようである。特に#38までは週1回の心理療法も意識されておらず、連絡なしのキャンセルや、キャンセル自体を覚えていないことがくり返される。一定の楔として心理療法が機能するようになって以降も、「1週間ほとんど寝ていた」と、日中はほぼ眠りに包まれていたようである。本人にも自覚されていたように、「考えない」「感じない」ために、半ば

進んで意識は手放されていたのかもしれない。意識の定点としての〈私〉は、無意識的な眠りの世界に吸収されてしまい、明確な輪郭を持ちえていなかったように思われる。

　続いて明らかになったのは、第Ⅱ期から第Ⅳ期頃まで(#13～#68)強く呈せられたリアリティのなさである。「嬉しい」「楽しい」「悲しい」「好き」「嫌い」といったごく自然なこころの動きも、「痛い」「おいしい」「お腹がすいた」といった基本的身体感覚も、さらには自分の顔や声さえ、〈私〉に関わるあらゆるものが分からないと訴えられる。「カスカスのミイラみたい」(#32)、「ティッシュ一枚隔てて世界を見ているよう」(#47)というのは、〈私〉が生きた存在としてこの世に関われない苦しさを表しているだろう。Aさんにとって世界は朧影のようでしかなかったのである。彼女は、〈私〉という生身のリアリティをもって世界のなかに身を置くことができなかったのだ。

　さらには、記憶の断片化、あるいは記憶の消失という問題が示される。面接で1週間の様子を問うても「ほとんど覚えていない」し、キャンセルや過食のエピソードを問うても「あんまり覚えていない」のだ。過去を遡っても、例えば「辛い時の記憶、ほとんど覚えていない。その時どんな感じだったかとか、どんな気持ちだったかとか分からない。教室のここに座ってたとかは浮かぶんだけど、そこに自分がいてどうだったのかは分からない」(#111)と、たとえ記憶があってもそれは出来事の次元であり、内面の次元はまったく分からないのである。記憶という〈私〉を内面的に形づくるはずのものが、一つに統合されず、〈私〉から切り離されてしまっている。

　こうした体験の背景には、〈私〉が受動的であること、すなわち相手や場に合わせて〈私〉のあり方を変えてきたことが関係しているように思われる。このような〈私〉のあり方は、アニメ映画『ハウルの動く城』(宮崎駿監督, 2004)の主人公の一人、ハウルのあり方と重なるかもしれない。魔法の動く城に住むハウルは、定住地をもたぬままドア一つで色んな場所にアクセスし、その場に合わせて名前も性格もまったく変えて生きている。岩宮(2013)は、こうしたハウルのあり方を「自分自身をほんとうに生きているわけでは

なくて、自分自身で生きることが、あまりにもこころもとないということ」と捉えている。すなわち、「その場その場のかりそめの姿でなければ生きていけないぐらい、ハウルの内面は実はとても脆弱」（岩宮, 2013）なのだ。ハウルは心臓（こころ）を自らの内にもっていない。彼の心臓は炎の悪魔カルシファーに託されて、彼の外にある。こころを切り離してしまったハウルは、Aさんの言葉を借りれば「空っぽ」なのである。心臓（こころ）という核をもたないハウルは、その場その場に合わせた「かりそめの姿」をとらざるを得ず、「かりそめの姿」は一つに統合されぬままバラバラに存在せざるを得ない。この世とのつながりが稀薄で、統合されえぬ〈私〉を抱えたAさんもまた、その内面がとても脆弱な状態だったのだろう。

　Aさんにおける〈私〉をめぐる問題は、離人感や解離という概念から検討することも可能だろう。木村（1978）は、離人症を「あらゆる精神症状の中で、自己とか自分とかいわれるものの異常が最も明白に患者自身に体験される」として、「生と死とのいわば中間にあるもの」「肉体の死をも伴わず、精神の死をも伴わない、純粋な自我の死」と指摘する。一方、解離は、河合によると「人格のある側面と別の側面がつながっていない」（河合, 2013）、または「バラバラの主体しか存在していないかのよう」（河合, 2010）な状態と捉えられる。これはいずれも、〈私〉が〈私〉として存在しえないことの問題と言える。外的に求められる像を演じてきたAさんは、内的に規定される〈私〉をもたなかった。状況によって受動的に形成され、常に変転する自分というあり方は、一つの定点としての〈私〉が定まらない状態である。「自我の死」（木村, 1978）や「バラバラの主体」（河合, 2010）というのは、こうした〈私〉のあり方を指し示しているように思われる。Aさんという〈私〉は一つに統合されないばかりか眠りのなかに埋没していて、"見つめる私"も"見つめられる私"も稀薄であった。初回に投げかけられた「本当の自分って何?」という問いは、このような意味で"私をもちえない"という問題を潜在的に訴えていたのではないだろうか。

4.〈私〉なき物語

　それでは、このような意味において"私がない"というテーマを抱えていたＡさんは、心理療法においてどのように物語ったのだろうか。

　病歴が語られる第Ⅰ期は、語り口のみに着目すると、第Ⅱ期以降よりもむしろ流暢であることを特徴とする。面接開始当初、Ａさんにとって大きな意味をもつはずの出来事が次々に語られていくのを聴いて、Th.としての筆者は「Ａさんはそれをどのように受けとめたのだろう」「そこにはどのような思いがあったのだろう」と物語る〈私〉に焦点づけていく。しかしすぐに、このような自分の姿勢に違和感を抱くようになる。いくら傾聴しようとしてもほぼ同じ内容が循環するばかりで、物語はどこからも深まっていかなかったのである。また、それぞれの出来事にＡさんがどのように関わっていたのかまったく摑むことができなかったのだ。

　河合(1992, 1993, 2001, 2002a)は、心理療法における物語の本質を〈私〉の主体的行為にある、と捉えている。事象と事象の間に筋を見出していく〈私〉があるからこそ物語が成立するのだし、物語る行為によってこそ〈私〉は自らの存在を内的にも外的にも世界のなかに位置づけていくことができる。ところが、Ａさんの物語には、事象をつなぐ〈私〉のリアリティが決定的に欠けている。外的事象をつないでいく機能的な〈私〉はあるけれども、心理的事実を物語ってゆく〈私〉はないのである。外的事実をつないだ物語は、〈私〉のリアリティが介在していないという意味で「知的につくりあげる物語」（河合, 2001）と言うことができるかもしれない。すでに指摘したように、この時期のＡさんの意識は眠りのなかに埋没しているような状態であった。物語る主体としての〈私〉が立ち上がっていないのだから、物語のなかに〈私〉を認められないのは当然であろうし、そうであれば作られた物語がループせざるを得なかったことが了解される。しかしながら、作られた物語は〈私〉から切り離されてしまっているので、〈私〉を動かす力をもたない、心理療法においては意味をなさない物語なのである。

5. 物語れない

　どこからも深まらず反芻されるばかりの面接に行き詰まりを覚えた筆者は、Aさんにとって自分は聴き手として存在していなくて、傾聴するばかりでは何も進展しないことに思い至る。そうした思いから、自らの内的な動きを伝えることと夢を取り上げることにする。この二つは循環する語りに切れ目を生じさせる契機になったように思われる。第Ⅱ期にTh.が自分の気持ちや疑問を投げかけ始めると、Aさんはしばしば「え…」と詰まり、夢は反芻されていたものとは異なる次元の語りを生成していくことになる。

　それとともに、語ろうとすればするほど、Aさんは"私がない"という感覚に開かれていく。第Ⅱ期から第Ⅴ期頃（#13〜#97）の面接記録を見直すと、「自分が分からない」「自分は何もできない」という言葉で埋め尽くされている。物語る主体も、物語られるべき対象も、ほとんど体験されていないのだ。すると、もはや一見整った病歴の語りは意味をなさなくなり、"私を物語れない"という事実のみが剝き出しに迫ってくる。この時期はAさんもTh.としての筆者も、とても苦しい時間を過ごすことになる。しかしこれこそが、作られた物語に覆い隠されたAさんの真の姿だっただろう。

6. 反転──意思する〈私〉の現れ

　このような〈私〉をめぐる問題は、夢において"私と他者の関係"として取り組まれていく。第Ⅱ期の夢4・5では、Aさんは自己完結的な世界にたった一人包まれていることが示されるが、そこに「侵入者」や「攻撃」という形で他者が現れてくる。これは思春期頃に増えてくる"追われる夢"に連なるものであろう。河合（2013）によると、"追われる夢"は自己意識の確立に関係している。自分を意識するからこそ自分が特別で大切な存在になるのであり、それが脅かされるかもしれないという不安が迫ってくるのである。Aさんにおいても〈私〉を意識する"もう一人の私"、あるいは"内的な他者"の

第4章 〈私〉と物語ることの問題：物語における〈私〉の現れ　223

出現が予感される。このような他者の接近によって閉じられた世界にわずかな綻びが生じるけれども、一般的な"追われる夢"と異なるのは、それに対して〈私〉は何の情動的反応も能動的関わりも示さないところにある。〈私〉も他者も、ここではまったく生身のリアリティをもっていない。

　「空っぽな自分」が自覚される第Ⅳ期の夢26では、究極的に"私のなさ"が体験される。風に煽られるばかりで地に足をつけることはおろか何にも触れられないというのは、内面から〈私〉であることを支えるものを何ももたず、また外的対象からも切り離されてしまった彼女の自己感とよく相応しているだろう。この体験は、遥かな高みから描かれる風景構成法作品を連想させる。高石（1996）は、これが自己意識の芽生えてくる小学4～5年生頃に多く出現することを報告し、〈私〉という意識が立ち上がる時には自我と対象との距離がいったん「無限大にまで遠ざけられ」るほどの内的転換が生じる、と捉えている。そして、これは「臨死体験」（高石，1996）に匹敵するほどの転換なのである。対象から極端に遊離したAさんは、生にも死にも身を置けない「ゼロ」の存在であり、まさに生と死の狭間にあったのだろう。これは非常に重大な心理的危機である。

　しかしこの瞬間において、これまでほとんど能動的な反応を示さなかったAさんから地に足をつけたいという強い思いが生じてくる。「ゼロ」だった〈私〉は、身をもった存在として現実に一歩踏み出すことを志向する。内的に生じてきた願いに支えられた〈私〉は、もう空っぽではない。この思いは第Ⅴ期の夢28で成就する。舞台に降り立ち、そこで踊りたいと訴えるのである。ダンスする身体は、風に煽られるだけであった存在とは異なり、生身のリアリティに基礎づけられた〈私〉である。そして、同じく第Ⅴ期の夢32ではサバイバルゲームに挑戦するなかで何も考えられなくなるほどに必死にその場に身を投じた瞬間、生きたいという強い願いが自らの内に湧き起こる。

　一連の夢26・28・32に示されるように、"私がない"というのが究極に体験されることによって、翻って、〈私〉の内側から現実に降り立ちたいとい

う願いが生じてくる。願いというのは内面から〈私〉を形作っていくものである。ここにおいて、受動的な「ゼロ」の存在から、能動的で意志する〈私〉への反転が生じている。この反転は、生きることからも死ぬことからも退いたあり方を後にして、文字通り命をかけて現実に身を投じようとすることによって初めて成し遂げられるものだろう。現実を生きようとする限り、Aさんはもう「空っぽ」ではないのだ。そして、願いという内的なリアリティに支えられた〈私〉は、ここで初めて他者と出会い、夢32で死を迎える。河合(1967)は「心理療法によって大きい人格変化を生じてきたときに、死の夢をみることがある」と述べているが、Aさんが真に現実世界に参入するためには死に匹敵するほどの大きな変容を必要としていたのだろう。

7.〈私〉の物語

　決定的な〈私〉の変容を迎えた第VI期以降(#98〜)、これまで「自分がない」「自分は何もできない」としか物語れなかった語りに変化が訪れる。目を覚ましている時間が増えるにつれて、日常生活を物語り始めるのだ。

　同時に夢における"私と他者の関係"も大きく転換する。この時期に報告された夢33では、追う−追われる構造はなくなり、〈私〉は自ら外の世界へ赴くのである。さらに〈私〉と親密な関係を築こうとする他者を見つける。ここでの他者はやや理想的な様相を呈しており、まだ現実的な関わりには至っていないだろうか。けれども、受動性はもはや失せ、自らの意志で主体的に行動していこうとするAさんの姿が印象深い。その後の夢36では、〈私〉は、「鏡」を持った「白い女の子」によって真の〈私〉を見つめるように迫られる。このときの震えるような恐怖こそ、Aさんがごまかすことなく、真に〈私〉に向き合おうとしていることを示しているだろう。河合(2013)によると、内面をもつということは「自分のこころの中をいわば鏡に映してみる」ことであり、それはすなわち自分自身と関係をもつことである。Aさんは、"もう一人の私"と呼びうる"内的な他者"との関係を今まさに始めようとし

ているのだ。この夢はまた古事記における天磐屋戸神話を思い起こさせる。須佐之男の狼藉に傷ついて磐屋戸に籠もった天照は、現実世界に参入する際に鏡に映った自分自身の姿を突きつけられる。Kawai (1964) が指摘するように、天照は「霊的な処女の内にある暗い側面に直面」し、「その姿を受け入れなければならなかった」のである。磐屋戸から出てきた天照はもう以前のままのただ輝くばかりの女神ではなく、「月の光を内に含む」太陽となったのだ。やがて目を開いた時、Aさんもまた自らの傷や影を内包した"新たな私"に出会うことになるのではないだろうか。

　そして、第Ⅷ期の夢50において、〈私〉はいっそう強く立ち上がる。"巨人化した私"は、もはや透明でも受動的でもない。誰に代わることもない、唯一無二の〈私〉という存在なのである。ただ、巨人としての自己像はやや誇大化された姿である。これは、ちょうど自己意識を確立する小学5年生頃に画用紙を突き抜けて上へ上へと伸びていくバウムが描かれ、その後再び画用紙内に収まっていくという、山中 (2003) の報告を連想させる。Aさんが〈私〉を確立するためにはいったん巨人のように高く突き抜ける必要があったのではないだろうか。しかし自らの姿を見つめ始めた彼女は、いずれ"巨人化した私"を現実世界に位置づけ、"等身大の私"の姿を獲得していくことが予想されるのである。自己像の揺らぎから〈私〉をめぐる探求が始まり、力強く〈私〉を立ち上げたあと、徐々に等身大の自己像に収束させてゆくというのは、まさに子どもから大人へ移行するプロセスであったように思われる。思春期に始まったAさんの問いは、ここにおいて成し遂げられようとしているのではないだろうか。

　"もう一人の私"という"内的な他者"に出会うことを通して、Aさんという〈私〉は現れてきた。Aさんが夢を、Th. が内的な動きを語り始めたことそのものが、二人にとって語りによって異質な他者に出会うプロセスそのものとなっていったのかもしれない。夢において〈私〉が立ち上がるのと並行して、強い離人感や解離は消失する。現実に関われないほどに稀薄だった〈私〉は、もう強さを備えた唯一の定点、あるいは唯一の〈私〉を獲得している。

〈私〉をめぐる問いというのは、「自分って何?」「なぜ生きているの?」と問うことではなく、〈私〉という存在をかけて現実世界を生き抜いていくことなのではないだろうか。今の生活を大切に営むAさんは、もはや過去の物語をループすることはない。他の誰でもない、今の〈私〉について物語っていくのである。

終 章
〈私〉の物語としての心理療法

　ここまで、調査研究・事例研究を通して、心理臨床場面における「物語」あるいは「物語ること」の位相を描き出そうと試みてきた。本章ではこれらを改めて整理し、物語というパラダイムの外に置かれてきた現象に対して、心理療法がどのように応えることができるのかについて考えていきたい。

1.「物語ること」と「物語れないこと」

　第2章では、物語ることの実像を描き出すことを目指して、非臨床群を対象に箱庭物語作り法を用いた調査実験を行った。「イメージを物語る」という課題を通して、物語ることにおける主体のあり方の諸相が現れてきたように思われる。物語は事象と事象の間に筋を見出していく〈私〉の主体的行為によって成立するのであるが、イメージに基礎づけられた物語は、これが単なる機能的な作業ではないところに特徴がある。すなわち、物語は自己展開するイメージと〈私〉の、双方向的な関わり合いのなかから創造されるのである。〈私〉が主体的に物語ろうとすることで〈私〉を超えた"第三のもの"としてのイメージが立ち現れ、"第三のもの"に包まれることで〈私〉は自らのこころの活動を現実のものにするのである。これは実に微妙なバランスのもとに成立していて、たとえ事象を知的に構造化して物語を作ったとして

も、内面とまったく切り離されてしまった物語は〈私〉にとってリアリティのない、意味をなさない物語となってしまう。〈私〉の関与のなされ方によって、物語ることは内的リアリティに反した「騙り」を作り出す可能性も秘めている。心理臨床の場ではクライエントの物語が内面に根ざしたものであるのか、あるいはどのような内的リアリティを映し出したものであるのかを見通していく姿勢が大切だろう。

　そして物語ることの諸相として、「物語れない」という現象もまた見出される。箱庭物語作り法は物語というパラダイムを前提とした方法であるが、ここから逃れていく事例の存在が示されたのである。これらの事例では物語るという課題は、内的イメージの動かない箱庭制作に始まり、外的事象の列挙にたどり着く。「物語れない」という現象においては、そもそも物語られるべき内面の動きが生じていないのである。調査協力者の言葉を借りれば、これは「物語がない」状態と言えるかもしれない。これにあくまでも従来的な物語の枠組みからアプローチしようとすると、「イメージがない」「筋がない」「意味が分かりにくい」など、「〇〇がない」という否定的な理解にしか至らないのではないだろうか。そうすると、物語の枠外で何が起こっていたのか、またこのような現象の心理的な本質はどこにあるのか、むしろ掴みにくくなってしまうように思われる。物語というパラダイムを逃れていく現象に心理療法が応えようとするならば、従来的な見方をいったん括弧に入れて、まずそのありのままの姿を捉えていくことが必要だろう。

2. 心理臨床場面における「物語」の類型

　第3章では、従来的な物語という枠組みから深められる現象もそうではない現象も、まずは「物語られるもの」のヴァリエーションと考えてその位相を捉えようと試みた。心理療法の主要な対象であり続けた神経症群と、心身症・身体疾患のスペクトラムに位置づけられる甲状腺疾患群を対象に、初回アセスメントに準ずる調査面接を施行し、心理臨床場面に現れる語りの類型

を抽出した。それによって両者の語りに際立った質の違いが浮き彫りになったことは興味深い。

この相違は、物語る主体のあり方を反映したものと考えられた。神経症群では"定点としての私"が確立されていて、物語る主体は基本的に一つの視点から事象を筋立てていく。これは、〈私〉が自らの内面を見つめる基点となることを意味するだろう。それによって"私が私を見る"というリフレクションが生じて、問題は心理的に深められるのである。他方、甲状腺疾患群では"流動する私"というあり方が見出される。物語る主体は移りゆき、それに伴って物語られる対象もまた移り変わっていく。ここでは、内面を見つめる視点は定まらず、"私が私を見る"というリフレクションが生じにくい。定点として内面を捉える視点が稀薄であると、心身の症状を自覚しにくかったり、苦痛な出来事を「悩む」に至らなかったりすることにつながりうる。甲状腺疾患群において、問題に主体的に取り組むことのできないまま容態が悪化してしまったり、未分化な情動に直接晒されてしまったりするケースが散見されたのは、そのためだろう。彼らにとって、物語ることは、強いインパクトを内面に抱えていく方法とはなりがたいようである。

心身症・身体疾患に広く見られるとされるアレキシサイミアは、感情体験やファンタジーに乏しく、自分の気持ちを言語化することの困難さに特徴づけられる。このようなアレキシサイミア特性をもつクライエントに対して従来的な心理療法の適用が難しいと考えられてきたのは、第3章で示されたように、内面を捉える〈私〉という定点が稀薄であることに相応していたように思われる。

内面を物語ることの難しさは、アレキシサイミアという概念によって古くから示唆されてきた心身症・身体疾患にのみ限定されるものではないだろう。第4章では、特定の病理として位置づけられないにもかかわらず、内面を物語ることの困難さを呈した自験例について検討した。心理面接のなかで「私がない」ことが強く訴えられたように、Aさんにおいては"定点としての私"をもてないことが問題の中核であったように思われる。Aさんという

〈私〉は、断片化し、時に消失するような、不確かなものであった。面接初期の物語は、流暢ではあったけれども、彼女の内的リアリティに結びつくものではなかった。これは、このような"仮初めの私"によって作り出されたものだったのではないだろうか。離人感や解離的な症状を呈しながら、時に強い衝動や情動に突然襲われたAさんは、物語るという方法によってはこれらを扱うことができず、大きな苦しみに直接的に晒されていたのである。そして"仮初めの私"ですら意味をなさなくなると、今度は「私がない」ということが訴えられ、並行して「物語ることができない」という事態が露わになる。物語る主体は、実のところなかったのである。

　第3章・第4章における臨床群の検討からは、"定点としての私"が稀薄であるために、物語ることで自らの内面に触れていくプロセスは歩まれがたい症例群が見出された。けれども、一人ひとりに「物語られたもの」を丁寧に見ていくと、それは決して意味のないものではないし、何より各人の抱える苦しみは他との比較を許さない固有の重みをもっていたように思われる。このような症例群では、"定点としての私"が起点となって物語を深めていくという神経症の類型とは異なるけれども、〈私〉が自らの内面とつながりうる別の物語の形があるのではないだろうか。それを探ることが、物語というパラダイムから逃れていく現象について検討する糸口になるように思われる。

3.「物語る私」と「物語」の位相

　神経症の類型とは異なる物語を考えるにあたって、物語る主体のヴァリエーションを考えることが一つの打開点となるのではないだろうか。ここでは前近代の日本の物語を臨床心理学的に研究した河合隼雄（2003, 2008）の論を参照に、「物語」と「物語る私」の関係を見ていきたい。

　"定点としての私"によって描かれる物語は、一人の主人公を中心に展開する近代小説になぞらえられるのではないだろうか。河合は近代小説の特徴の一つを「個人」の独立性に置いている。昔話の登場人物が固有性のない不

特定の人物であるのに対して、小説では「登場する人物の性格」や「一人の人間の心のひだまでをうまく書きあげねばならない」(河合隼雄, 2008)。小説は、個人の感情や苦悩という内面をもった一人の人を描くのである。このような"個人の物語"の基底には、他から自立した西洋的な近代主体の成立を見ることができるだろうし、ユング派分析家ノイマン (Neumann, E., 1971) が明らかにしたように、その源流は英雄物語に求められる (河合, 2003)。主人公が怪物を倒して美女と結婚するという物語は、包まれていた世界を否定して主体を確立した個人が他者と新たな関係を結ぶプロセスとして理解される。河合 (2003) によると、個人が独立しているがゆえに他者 (特に異性) との一対一の関係を結ぶことが重要となるのであり、これが近代以降のロマンチック・ラブの小説の流行へとつながっていくのだという。

　"流動する私"によって描かれる物語は、このような個人を中心とした近代小説とは異なる様相を呈するように思われる。第3章で指摘したように、これはむしろ日本の中世の物語に近いのではないだろうか。中世の物語では、登場人物は「昔話のように感情抜きではなく、肉づけを与えられる」が、ただ「個々の人物の造形がどうの、などと言うのではなく、全体として見るときに、その物語の伝えんとすることがわかってくる」という特徴がある (河合, 2003)。日本の近代以前の物語では、個人の内面ではなくて、個を包む世界全体の流れに主眼があったのだろう。近代主義を基準とするのであれば、これは近代主体未成立の状態と見なされるかもしれない。けれども、あまりに強力に世界を支配するようになった近代主義を反省する動きが今まさに起こっていること、そしてそもそも物語というパラダイムが近代に発展した自然科学の枠組みからの脱却を試みるものであったことを鑑みると、"定点としての私"ではない主体のあり方も「物語る私」の一つの位相として尊重されるべきであり、むしろここにこそ学ぶべき点が隠されているように思われる。

4.「中空構造」に学ぶ

　"定点としての私"とは異なる主体によって描かれた物語として、引き続き日本における近代以前の物語を取り上げて考えを深めていきたい。河合隼雄は日本神話や昔話、中世の物語の研究を通して、これらの基底にある物語の構造が「中空」であることを見抜き、このような物語を生み出す日本人の意識のあり方を「中空構造」と名づけている。これは、河合のユング派分析家資格審査論文である「日本神話における太陽の女神像」(1964/2009)にその萌芽が見られ、その後、『昔話と日本人の心』(1982)、『とりかへばや、男と女』(1991/2008)、『源氏物語と日本人——紫マンダラ』(2000/2003) など一連の物語研究を通して日本的な主体のあり方を示す思想として深められていく（括弧内出版年は、初出/再録を示す。以下の引用は再録版による）。

　「中空構造」は、アマテラス－ツクヨミ－スサノオという重要なトライアッドの中心にツクヨミという「無為」の存在が置かれることに象徴される、「無」を中心とする意識構造である。〈私〉が絶対的な中心である近代意識に対して、「無」と「無」を取り巻く事物のバランスによって支えられる。ただ、「中空構造」の物語に見られる主体は、常に「無」なのではないところが重要であるように思われる。

　河合において神話、昔話、中世の物語と分析が進むうちに、「中空構造」のなかに一つの重要なイメージが浮かび上がってくる。それは、『手無し娘』の娘や、『炭焼き長者』の女房、『とりかへばや物語』の姉君、そして『源氏物語』の浮舟に認められる、「意思する女性」（河合, 1982）の姿である。西洋に比べて日本の昔話は「女性の主人公の耐える姿、あるいは受動的性格が特徴的である」という。けれども、受動的に耐えるばかりかと思われた彼女たちの内に「耐える女性から、意思する女性へと変貌する」瞬間が見出されるのである（河合, 1982）。例えば、『源氏物語』において匂宮と薫という二人の男性を受け入れてしまう浮舟の姿はあまりに受動的であるが、苦しみの果てに入水という形で「死と再生」を体験した彼女は、もう誰に依ることもなく

出家の志を固く貫く〈私〉を獲得する。これは「薫とか小君とかの関係によってではなく、自分の中から生じてくるものを基盤にもって個として生きる」姿である（河合，2003）。このような「意思する女性」のイメージは、常に中心点としてある〈私〉とは異なるけれども、究極のポイントで立ち上がる〈私〉という主体のあり方を示しているのではないだろうか。

　"定点としての私"による物語を前提としえない心理療法においては、「意思する女性」のイメージのように、〈私〉という主体が立ち現れる瞬間こそが大切なのではないだろうか。河合（1982）は、「中空構造」のなかに「意思する女性」の姿を見つけ出した時、「絶対無はそれ自身完結しており、他に何者も必要としない。……にもかかわらず、筆者は『意識化』の重要性、あるいは、今までに論じてきたような意識の在り方について配慮し、『無』との関連において、新しい象徴を探り出そうとする試みは必要であると考えている」と述べている。第3章における甲状腺疾患群の語りでは、〈私〉という中心軸がないために、物語る主体も物語られる対象も移り変わっていくように思われながら、どこか一点、協力者という〈私〉の姿が立体的に立ち現れる瞬間が認められたように思われる。第4章のAさんにおいては、「私がない」「物語ることができない」という状態から、夢において究極的な危機を体験した瞬間、受動から能動への反転が生じて現実に参入しようとする強い意思を獲得することになる。Aさんという〈私〉は、まさに「巨人」のように強く立ち上がったのである。Aさんにおける"意思する私"の出現は、自らの内に籠もって、究極的な苦しみに耐える経験を経ることによってしか成し遂げられなかったのかもしれない。

　ここにこそ、近代主体に描かれる物語とは異なる、そして従来的な物語というパラダイムを超えていく症例に応えうる、心理療法のあり方が見出されるのではないだろうか。物語における"意思する私"の現れは、〈私〉が自らの内面に触れる瞬間であるだろう。ただ、「このような転回点がなかったら、だんだんと破滅へと向かってゆくのみになるのであろう」と河合隼雄（2008）に述べられるように、中心に〈私〉がない主体のあり方は、特有の危うさを

孕むものでもある。このような心理療法においては、第3章や第4章で指摘したように、統合性や心理学的境界という点にある種の脆弱性を抱えていることも十分に留意する必要があるだろう。それをふまえて、どのような形態であっても、〈私〉が自らのリアリティに触れる"私の物語"を描いていくプロセスを見守るところに、心理療法の本質があるように思われる。

5.〈私〉の物語としての心理療法

　このように考えると、こころにアプローチする方法として心理療法を基礎づけてきた物語というパラダイムは、実は近代主体を基準にした見方に依ったものだったのではないだろうか。河合 (2013) は、流行の症状が移り変わるなかで物語というパラダイムからアプローチしにくい事例の増加を述べ、「物語や象徴というのが意識の構造であり、またそれを捉えるパラダイムであった時代が終わってしまった」可能性を述べている。これは近代主体による物語のみでは心理療法が成り立たなくなりつつあることを示唆しているだろう。

　本章では、河合隼雄 (1982, 2003, 2008他) による日本の物語の分析を参照することで、物語というパラダイムを捉え直そうと試みてきた。河合は、西洋的近代主体の生み出す問題に向き合う際に、そうではない主体のあり方の参考として日本の物語が役立つのではないかと考えている。これを参考に「物語」と「物語る私」のヴァリエーションを視野に入れると、中空構造に支えられる物語もまた、心理療法を支える「物語」の一つの位相と捉えられるだろう。河合が1989年にユング研究所で『とりかへばや物語』について講義した際に「ポスト・モダーンの物語だ」との意見があったとのエピソードが紹介されているが (河合隼雄, 2008)、これは非常に示唆的だろう。これら前近代の物語が、実は我々の向かう未来につながる可能性を秘めていることを指摘しているように思われるからである。

終　章　〈私〉の物語としての心理療法　235

　最後に、再び『ユング自伝──思い出・夢・思想』（Jung, 1963）から一節を引用したい。自らの生きた軌跡を描き出そうとするユングの姿勢が、ここに見出される。

　　そこで今八十三歳になって私が企てたのは、私個人の神話を物語ることである。とはいえ私にできるのは、直接的な話をすること、つまりただ「物語る」だけである。物語が本当かどうかは問題ではない。私の話しているのが私の神話、私の真実であるかどうかだけが問題なのである。

　こころは止まることなく動き、成長を続けていく。それは、客観的な記述ではなく、物語ることによってしか実現されえない。けれども、これは"定点としての私"の行為に限局されるものではないだろう。近代主体的な〈私〉でなくても、物語のなかに〈私〉が現れてくる瞬間があるのだ。自らの内面とつながりリアリティを獲得するとき、〈私〉は個として自分自身の物語を紡いでいくのである。このようなあり方が「私の物語」としての心理療法なのではないだろうか。

引用文献

Alexander, F. (1950). *Psychosomatic medicine: Its principles and applications.* New York: W. W. Norton.（末松弘行（監訳）(1997)．心身医学　学樹書院）

Ammon, G. (1974). *Psychoanalyse und Psychosomatik.* München: R. Piper & Co. Verlag.（青木宏之（訳）(1979)．精神分析と心身医学　岩崎学術出版社）

青木健次（1986）．バウムテスト　家族画研究会（編）臨床描画研究Ⅰ　金剛出版　pp.68-86．

Berry, P. (1974). An approach to the dream. *Spring,* 2(3), 58-79.

Brown, W. T., & Gildea, E. F. (1937). Hyperthyroidism and personality. *American Journal of Psychiatry,* 94(1), 59-76.

Conrad, A. (1934). The psychiatric study of hyperthyroid patients. *Journal of Nerves and Mental Disease,* 79(5), 505-529, 79(6), 656-676.

土居健郎（1992）．新訂 方法としての面接──臨床家のために　医学書院

Ellenberger, H. F. (1970). *The discovery of the unconscious: The history and evolution of dynamic psychiatry.* New York: Basic Books.（木村敏・中井久夫（監訳）(1980)．無意識の発見（上）──力動精神医学発達史　弘文堂　p.1.）

Eysenck, H. J. (1988). Personality, stress and cancer: Prediction and prophylaxis. *British Journal of Medical Psychology,* 61(1), 57-75.

江崎正博・玉井一・末松弘行・黒川順夫・青木宏之・隈寛二・長滝重信（1978）．バセドウ病の自覚症状についての心身医学的考察　心身医学，18(3)，194-199．

Federn, P. (1952). *Ego psychology and the psychoses.* London: Maresfield Reprints.

Freud, S. (1895). *Studien über Hysterie.*（懸田克躬（訳）(1974)．ヒステリー研究　井村恒郎・小此木啓吾・懸田克躬・高橋義孝・土居健郎（編）フロイト著作集　第7巻　人文書院）

藤波茂忠（1991）．甲状腺機能異常と精神症状　医学のあゆみ，157(1)，67-71．

藤波茂忠・伊藤囶彦（1983）．バセドウ病からみた内分泌精神障害　精神神経学会誌，85(11)，776-787．

藤岡喜愛・吉川公雄（1971）．人類学的に見た、バウムによるイメージの表現　季刊人類学，2(3)，3-28．

Fukao, A., Takamatsu, J., Murakami, Y., Sakane, S., Miyauchi, A., Kuma, K., Hayashi., S., & Hanafusa, T. (2003). The relationship of psychological factors to the prognosis of hyperthyroidism in antithyroid drug-treated patients with Graves' disease. *Clinical Endocrinology,* 58, 550-555.

Greenhalgh, T., & Hurwitz, B. (Eds.) (1998). *Narrative based medicine: Dialogue and discourse in clinical practice.* London: BMJ Books.（斎藤清二・山本和利・岸本寛史（監訳）（2001）．ナラティブ・ベイスト・メディスン──臨床における物語と対話　金剛出版）

濱野清志・杉岡津岐子（2005）．樹木画と風土──自然植生と表現　山中康裕・皆藤章・角野善宏（編）京大心理臨床シリーズ1　バウムの心理臨床　創元社　pp.111-139.

服部令子（1993）．自己不全感を訴えた一女性──箱庭メルヘンとコラージュと　箱庭療法学研究，6(1)，37-48.

東山紘久（1994）．箱庭療法の世界　誠信書房

Hock, P., & Polatin, P. (1949). Psychoneurotic forms of schizophrenia. *Psychiatric Quarterly*, 23, 248-276.

池見酉次郎（1979）．序文（Ammon, G. (1974). *Psychoanalyse und Psychosomatik.* München: R. Piper & Co. Verlag.（青木宏之（訳）（1979）．精神分析と心身医学　岩崎学術出版社　pp.1-3.））

稲富宏之・田中悟郎・林田博典・太田保之（1999）．バウムテスト特徴からみた慢性精神分裂病患者の人格特性──バウムテスト特徴の数量的検討　長崎大学医療技術短期大学部紀要，13，97-101.

Inadomi, H., Tanaka, G., & Ohta, Y. (2003). Characteristics of trees drawn by patients with paranoid schizophrenia. *Psychiatry and Clinical Neurosciences*, 57(4), 347-351.

石原宏（2007）．制作者の主観的体験からみた箱庭療法に関する研究　京都大学大学院教育学研究科提出博士学位論文

伊藤良子（2009）．序章　心身論再考──心と身体・遺伝と環境・偶然と必然　伊藤良子・大山泰宏・角野善宏（編）京大心理臨床シリーズ8　身体の病と心理臨床──遺伝子の次元から考える　創元社　pp.11-20.

岩宮恵子（2009）．フツーの子の思春期──心理療法の現場から　岩波書店

岩宮恵子（2013）．好きなのにはワケがある──宮崎アニメと思春期のこころ　ちくまプリマー新書

岩宮恵子（2014）．物語未満を支える心理療法①　現代の意識と「物語」　こころの科学，175，81-87.

Jung, C. G. (1921). Psychological types. *CW*6. Princeton, NJ: Princeton University Press.

Jung, C. G. (1931). The structure of the psyche. *CW*8. Princeton, NJ: Princeton University Press, pp.136-323.

Jung, C. G. (1935). Principles of practical psychotherapy. *CW*16. Princeton, NJ: Princeton University Press, pp.3-20.

Jung, C. G. (1946). The psychology of the transference. *CW*16. Princeton, NJ: Princeton University Press, 136-323.

Jung, C. G. (1963). *Memories, Dreams, Reflections*. (Recorded and edited by Jaffé, A.) New York: Pantheon Books.（河合隼雄・藤縄昭・出井淑子（訳）(1972-1973)．ユング自伝——思い出・夢・思想　1・2　みすず書房）

Jung, C. G. (1964). *Man and his symbols*. London: Aldus Books Limited.

Jung, C. G. (1987). *Kindertraume*. Olten: Walter Verlag.

Jung, C. G., & Kerényi, C. (1963). *Essays on a science of mythology*. New York: Harper & Row.

Kalff, D. M. (1996). *Sandspiel: Seine therapeutische Wirkung auf die Psyche*. München: Ernst Reinhardt Verlag.

Kaneda, A., Yasui-Furukori, N., Saito, M., Sugawara, N., Nakagami, T., Furukori, H., & Kaneko, S. (2010). Characteristics of the tree-drawing test in chronic schizophrenia. *Psychiatry and Clinical Neurosciences*, 64(2), 141-148.

金田聡子・小山充道（2006）．箱庭制作過程における「ぴったり感」に関する臨床心理学的研究　信州心理臨床紀要, 5(1), 1-10.

笠原嘉（2011）．外来精神医学という方法——笠原嘉臨床論集　みすず書房

片坐慶子（1984）．サンドプレイ——ドラマ法の試験的適用——ドラマについて　大阪教育大学障害児教育研究紀要, 7, 61-69.

片坐慶子（1990）．サンドプレイ——ドラマ法の試験的適用——自分らしく生きられなかった女子大学生の事例を通して　箱庭療法学研究, 3(2), 79-91.

Kawai, H. (1964). The figure of the sun goddess in Japanese mythology. unpublished thesis in C. G. Jung-Institute, Zürich.（河合俊雄・田中康裕・高石玲子（訳）(2009)．日本神話と心の構造——河合隼雄ユング派分析家資格審査論文　岩波書店　pp.109-201.）

河合隼雄（1967）．ユング心理学入門　培風館

河合隼雄（1969）．理論篇　河合隼雄（編）箱庭療法入門　誠信書房　pp.1-51.

河合隼雄（1971）．イメイジの意味と解釈　成瀬悟策（編）催眠シンポジウムⅡ　イメイジ　誠信書房　pp.203-219.

河合隼雄（1982）．昔話と日本人の心　岩波書店

河合隼雄（1987）．影の現象学　講談社学術文庫

河合隼雄（1992）．心理療法序説　岩波書店

河合隼雄（1993）．物語と人間の科学——講演集　岩波書店

河合隼雄・中村雄二郎（1993）．新装版　トポスの知——箱庭療法の世界　TBSブリタニカ

河合隼雄（2001）．〈総論〉「物語る」ことの意義　河合隼雄（編）講座心理療法　第2巻　心理療法と物語　岩波書店　pp.1-20.

河合隼雄（2002a）．物語を生きる——今は昔、昔は今　小学館

河合隼雄（2002b）．座談会　箱庭療法とイメージ——箱庭の輪郭と本質（河合隼雄・藤原勝紀・岡田康伸）　岡田康伸（編）現代のエスプリ別冊　箱庭療法シリーズⅡ　箱庭

療法の本質と周辺　至文堂　pp.9-39.
河合隼雄（2003）．源氏物語と日本人――紫マンダラ　講談社＋α文庫
河合隼雄（2008）．とりかへばや、男と女　新潮選書
河合俊雄（1998a）．概念の心理療法――物語から弁証法へ　日本評論社
河合俊雄（1998b）．重症例の病態水準とその治療的分類　山中康裕・河合俊雄（責任編集）心理臨床の実際　第5巻　境界例・重症例の心理臨床　金子書房　pp.13-25.
河合俊雄（1998c）．分裂病を背景にもつ症例とイメージによる心理臨床　山中康裕・河合俊雄（責任編集）心理臨床の実際　第5巻　境界例・重症例の心理臨床　金子書房　pp.83-91.
河合俊雄（2000）．心理臨床の理論　岩波書店
河合俊雄（2002）．箱庭療法の理論的背景　岡田康伸（編）現代のエスプリ別冊　箱庭療法シリーズⅠ　箱庭療法の現代的意義　至文堂　pp.110-120.
河合俊雄（2007）．箱庭療法の光と影　臨床心理学，7(6)，744-748.
河合俊雄（2008）．内分泌専門病院における心理療法と研究――症状から人へ　河合俊雄（編）こころにおける身体　身体におけるこころ　日本評論社　pp.99-121.
河合俊雄（2010）．対人恐怖から発達障害まで――主体確立をめぐって　河合俊雄（編）発達障害への心理療法的アプローチ　創元社　pp.133-154.
河合俊雄（2013）．第Ⅰ部　解説編　河合俊雄（編著）ユング派心理療法　ミネルヴァ書房　pp.3-89.
Kernberg, O. F. (1967). Borderline personality organization. *Journal of the American Psychoanalytic Association*, 15(3), 641-685.
Kernberg, O. F. (1975). *Borderline conditions and pathological narcissism*. New York: Jason Aronson, Inc.
木村敏（1978）．新装版　自覚の精神病理――自分ということ　紀伊國屋書店
木下康仁（1999）．グラウンデッド・セオリー・アプローチ――質的実証研究の再生　弘文堂
木下康仁（2003）．グラウンデッド・セオリー・アプローチの実践――質的研究への誘い　弘文堂
衣笠隆幸（1998）．境界例の心理療法2――精神分析派　山中康裕・河合俊雄（責任編集）心理臨床の実際　第5巻　境界例・重症例の心理臨床　金子書房　pp.46-59.
岸本寛史（1999）．癌と心理療法　誠信書房
岸本寛史（2002）．バウムの幹先端処理と境界脆弱症候群　心理臨床学研究，20(1)，1-11.
Knight, R. P. (1953). Borderline state. *Bull Menninger Clin*, 17(1), 1-12.
小林敏子（1990）．バウムテストにみる加齢の研究――生理的加齢とアルツハイマー型痴呆にみられる樹木画の変化の検討　精神神経学雑誌，92 (1)，22-58.

Koch, K. (1957). *Der Baumtest: der Baumzeichenversuch als psychodiagnostisches Hilfsmittel* 3. Auflage. Bern: Verlag Hans Huber.（岸本寛史・中島ナオミ・宮崎忠男（訳）（2010）．バウムテスト［第三版］――心理的見立ての補助手段としてのバウム画研究　誠信書房）

隈寛二（2001）．提言　からだとこころ　成田善弘（監修）矢永由里子（編）医療のなかの心理臨床――こころのケアとチーム医療　新曜社　pp.211-228.

国吉政一・林勝造・一谷彊・津田浩一・斎藤通明（1980）．バウム・テスト整理表手引　日本文化科学社．

Lowenfeld, M. (1939). The world pictures of children: A method of recording and studying them. *British Journal of Medical Psychology*, 18(1), 65-101.

MacLean, P. D. (1949). Psychosomatic disease and the 'visceral brain': Recent developments bearing on the Papez theory of emotion. *Psychosomatic Medicine*, 11, 338-353.

松下姫歌（2005）．精神病院での心理臨床におけるバウムの意味について　山中康裕・皆藤章・角野善宏（編）京大心理臨床シリーズ1　バウムの心理臨床　創元社　pp.248-275.

松下姫歌（2006）．バウムテストに見られる肥満児の心理的特徴　広島大学大学院教育学研究科紀要，55，219-226．

McDougall, J. (1978). Primitive communications and the use of the countertransference. *Contemporary Psychoanalysis*, 14(2), 173-209.

三木アヤ（1992）．増補　自己への道――箱庭療法による内的訓育　黎明書房

Mizuta, I., Inoue, Y., Fukunaga, T., Ishii, R., Ogawa, A., & Takeda, M. (2002). Psychological characteristics of eating disorders as evidenced by the combined administration of questionnaires and two projective methods: The tree drawing test (baum Test) and the sentence completion test. *Psychiatry and Clinical Neurosciences*, 56(1), 41-53.

森範行（2007）．箱庭物語法を試みた中三女子の一例――父の急死，不登校，退学から新たな旅立ちへ　岡田康伸・皆藤章・田中康裕（編）京大心理臨床シリーズ4　箱庭療法の事例と展開　創元社　pp.244-255.

名島潤慈（2008）．心理アセスメント　鑪幹八郎・名島潤慈（編著）新版　心理臨床家の手引　誠信書房　pp.31-67.

中井久夫（1984）．中井久夫著作集1　分裂病　岩崎学術出版社

中村このゆ・竹内和子（1987）．バウム・テストによる神経性食思不振症の心的特性　心理測定ジャーナル，23(6)，12-17.

成田善弘（1998）．境界例が精神医学に問いかけるもの　河合隼雄・成田善弘（編）境界例　日本評論社　pp.18-32.

Neumann, E. (1971). *Ursprungsgeschichte des Bewusstseins*. Olten: Walter-Verlag AG.（林道義

（訳）（2006）．意識の起源史　改訂新装版　紀伊國屋書店）
日本甲状腺学会（編）（2011）．バセドウ病薬物治療のガイドライン2011　南江堂　pp.114-122．
野間俊一（2006）．身体の哲学――精神医学からのアプローチ　講談社
野家啓一（2005）．物語の哲学　岩波現代文庫
織田尚生（2002）．シンボルとしての神話　岡田康伸（編）現代のエスプリ別冊　箱庭療法シリーズⅠ　箱庭療法の現代的意義　至文堂　pp.214-225．
岡田康伸（1993）．箱庭療法の展開　誠信書房
小此木啓吾（1985）．現代精神分析の基礎理論　弘文堂
大倉朱美子・岡本三希子・岡本元純・山中康裕（2011）．糖尿病治療教育入院患者に出現したバウムテストの指標「幹の離接」の臨床的意義　心身医学, 51(10), 902-909．
大前玲子（2007）．箱庭療法における認知――物語アプローチの導入　心理臨床学研究, 25(3), 336-345．
大前玲子（2010）．箱庭による認知物語療法――自分で読み解くイメージ表現　誠信書房
大野晋・佐竹昭広・前田金五郎（編）（1974）．岩波古語辞典　岩波書店
大山泰宏（2005）．トラウマとしての身体（「私」と身体・その2）　こころの科学, 122, 121-127．
折口信夫（1974）．死者の書・身毒丸　中公文庫
Ruesch, J. (1948). The infantile personality. *Psychosomatic Medicine*, 10, 134-144.
佐渡忠洋・坂本佳織・伊藤宗親（2009）．バウムテストの幹先端処理に関する基礎的研究――大学生のバウム画より　心理臨床学研究, 27(1), 95-100．
斎藤通明・大和田健夫（1969）．バウムテストの研究（第1報）――精神分裂病の場合　松仁会誌, 8, 83-92．
坂部恵（2008）．かたり――物語の文法　ちくま学芸文庫
Sifneos, P. E. (1973). The prevalence of 'alexithymic' characteristics in psychosomatic patients. *Psychotherapy and Psychosomatics*, 22, 255-262.
末松弘行（1969）．甲状腺機能亢進症の心身医学　内科, 24(3), 459-464．
諏訪春雄（1998）．日本人と遠近法　ちくま新書
鈴木一雄（1978）．心内語の問題　古市貞次（監修）秋山虔（編集）解釈と鑑賞別冊講座日本文学　源氏物語　下　至文堂　pp.163-184．
高橋雅春・高橋依子（2010）．樹木画テスト　北大路書房
高橋亨（1991）．物語と絵の遠近法　ぺりかん社
高石恭子（1996）．風景構成法における構成型の検討――自我発達との関連から　山中康裕（編）風景構成法その後の発展　岩崎学術出版社　pp.239-264．
高石恭子（2009）．高等教育の動向　現代学生のこころの育ちと高等教育に求められるこ

れからの学生支援　京都大学高等教育研究, 15, 79-88.
高階秀爾（2009）. 増補　日本美術を見る眼――東と西の出会い　岩波現代文庫
武野俊弥（1998）. 分裂病的危機に対する精神療法　山中康裕・河合俊雄（責任編集）心理臨床の実際　第5巻　境界例・重症例の心理臨床　pp.91-104.
武野俊弥（2001）. 無意識の神話産生機能と夢分析　河合隼雄（編）講座心理療法　第2巻　心理療法と物語　岩波書店　pp.61-111.
田中美香・金山由美・河合俊雄・隈寛二・山森路子（2005）. 甲状腺専門病院における心理臨床――身体医からリファーされるケースの分類と特徴　日本心理臨床学会第24回大会発表論文集, p.230.
田中美香・山森路子・河合俊雄・金山由美・桑原晴子（2006）. 甲状腺専門病院における神経症圏の事例――精神科からリファーされる事例との違いについて　日本心理臨床学会第25回大会発表論文集, p.113.
田中美香・河合俊雄・金山由美・桑原晴子（2007）. 甲状腺専門病院における摂食障害の事例――身体性に着目して　日本心理臨床学会第26回大会発表論文集, p.89.
田中美香・金山由美・河合俊雄・桑原晴子・山森路子・窪田純久・深田修司・宮内昭（2008）. 甲状腺専門病院における心理臨床――身体医から依頼されるケースの分類と特徴　心療内科, 12(5), 430-435.
田中美香・金山由美・河合俊雄・桑原晴子・窪田純久・深尾篤嗣・網野信行・宮内昭（2013）. バセドウ病患者のカウンセリング過程にみられる特徴について――甲状腺専門病院での実践から　日本心療内科学会誌, 17(3), 174-179.
田中康裕（2012）. 書評　大前玲子著『箱庭による認知物語療法――自分で読み解くイメージ表現』　箱庭療法学研究, 25(2), 133-135.
Taylor, G. J. (1984). Alexithymia: Concept, measurement, and implications for treatment. *American Journal of Psychiatry*, 141(6), 725-732.
Taylor, G. J. (1987). *Psychosomatic medicine and contemporary psychoanalysis*. Madison, CT: International Universities Press.
Taylor, G. J., Bagby, R. M., & Parker, J. (1997). *Disorders of affect regulation: Alexithymia in medical and psychiatric illness*. Cambridge: Cambridge University Press.（福西勇夫（監訳）（1998）. アレキシサイミア――感情制御の障害と精神・身体疾患　星和書店）
富田美穂（2011）. 糖尿病の血糖コントロールが不十分な患者の心理に関する研究――バウムテストの検討　臨床心理学, 11(6), 860-868.
山口晃（2012）. ヘンな日本美術史　祥伝社
山口素子（2001）. 心理療法における自分の物語の発見について　河合隼雄（編）講座心理療法　第2巻　心理療法と物語　岩波書店　pp.113-152.
山口智（2006）. 想像上の仲間に関する研究――二つの発現開始時期とバウムテストに見

られる特徴　心理臨床学研究，24(2)，189-200．
山森路子（2002a）．バウム・テストと心理面接からみたバセドウ病患者──アトピー性皮膚炎との比較　箱庭療法学研究，15(1)，31-42．
山森路子（2002b）バセドウ病患者の空間構成の特徴とその意味──室内画を通して見た主体　心理臨床学研究，20(1)，35-43．
山森路子（2003）．バセドウ病患者の心理学的病態について　京都大学大学院教育学研究科提出博士学位論文
山森路子・橋本尚子・土井真由子（2001）．バセドウ病患者のバウムテスト　平成11年度・12年度科学研究費補助金（基盤研究B(2)）（研究課題番号11410031）研究成果報告書「バセドウ病患者の人格構造に関する研究──投映法と心理面接を用いて」pp.18-36
山中康裕（1976）．精神分裂病におけるバウムテストの研究　心理測定ジャーナル，12(4)，18-23．
山中康裕（1998）．境界例の心理臨床における注意点　山中康裕・河合俊雄（責任編集）心理臨床の実際　第5巻　境界例・重症例の心理臨床　pp.28-33．
山中康裕（2002）．箱庭療法における解釈　岡田康伸（編）現代のエスプリ別冊　箱庭療法シリーズⅠ　箱庭療法の現代的意義　至文堂　pp.135-142．
山中康裕（2003）．山中康裕著作集5　たましいの形──芸術・表現療法①　岩崎学術出版社
山中康裕（2005）．総論　バウムに見る臨床的かつ哲学的思惟──付・漱石のバウム　山中康裕・皆藤章・角野善宏（編）京大心理臨床シリーズ1　バウムの心理臨床　創元社　pp.12-28．
安福純子（1990）．箱庭療法に関する基礎的研究（第二報）──サンドプレイ-ドラマの検討　大阪教育大学紀要，39(1)，171-181．
吉田芙悠紀・松下姫歌（2007）．青年期の友人関係とバウムテストに見られる特徴　広島大学大学院心理臨床教育研究センター紀要，6，113-128．
Whybrow, P. C., & Bauer, M. (2005a). Behavioral and psychiatric aspects of thyrotoxicosis. In L. E. Braverman., & R. D. Utiger (Eds.), *Werner and Ingbar's the thyroid*, 9th ed. Philadelphia: Lippincott-Raven Publishers, pp.664-650.
Whybrow, P. C., & Bauer, M. (2005b). Behavioral and psychiatric aspects of hypothyroidism. In L. E. Braverman., & R. D. Utiger (Eds.), *Werner and Ingbar's the thyroid*, 9th ed. Philadelphia: Lippincott-Raven Publishers, pp.842-849.
Winsa, B., Adami, H., Bergstrom, R., Gamstedt, A., Darlberg, P. A., Adamson, U., Jansson, R., & Karlsson, A. (1991). Stressful life events and Graves' disease. *Lancet*, 338, 1475-1479.

人名索引

[ア行]

アモン（Ammon, G.）　24, 93, 136, 174, 178
アレキサンダー（Alexander, F.）　87, 97
伊藤良子　90, 94
岩宮恵子　25, 194, 217, 219
大前玲子　33, 34, 82
大山泰宏　24, 93
岡田康伸　33, 35
織田尚生　13
折口信夫　16

[カ行]

笠原嘉　88, 91, 96, 138
カルフ（Kalff, D. M.）　12, 32
河合俊雄　14, 20, 21, 23, 24, 26, 46, 87, 91, 93, 179, 191, 194, 220, 222, 224, 234
河合隼雄　13, 15, 18, 19, 27, 31, 32, 184, 187, 190, 217, 221, 225, 232, 234
カーンバーグ（Kernberg, O.）　20, 22
ギーゲリッヒ（Giegerich, W.）　179, 180
岸本寛史　93, 101, 130, 131, 138
木村敏　220
隈寛二　88
グリーンハル（Greenhalgh, T.）　17
コッホ（Koch, K.）　95, 130, 132, 133

[サ行]

坂部恵　16, 17

シフネオス（Sifneos, P. E.）　24, 91
杉岡津岐子　189

[タ行]

高石恭子　25, 223
高階秀爾　190
高橋亨　187, 188
武野俊弥　22
田中美香　93, 96, 98, 139
田中康裕　34
テイラー（Taylor, G. J.）　91, 92
土居健郎　14

[ナ行]

中井久夫　137
成田善弘　23
ノイマン（Neumann, E.）　231
野家啓一　18, 38

[ハ行]

ハーウィッツ（Hurwitz, B.）　17
濱野清志　189
東山紘久　33, 35
ブロイアー（Breuer, J.）　7
フロイト（Freud, S.）　7, 8
ベリー（Berry, P.）　34, 46

[マ行]

三木アヤ　33, 82

[ヤ行]

ヤッフェ（Jaffé, A.）　14
山口素子　32
山中康裕　13, 23, 95, 98, 99, 130, 137, 138, 225

山森路子　88, 93, 99, 131, 137, 139, 186, 191
ユング（Jung, C. G.）　9, 11, 14, 16, 18, 28, 81

[ラ行]
ローエンフェルト（Lowenfeld, M.）
　12

事項索引

[ア行]

アレキシサイミア　24, 91, 92, 152, 172, 229

意識
　——構造　232
　近代——　190
　現代——　27

イメージ　9-12, 14, 15, 19, 23, 24, 26, 35, 46, 56, 57, 80, 83, 227

遠近法　185, 187, 188

お話し療法　8

[カ行]

解離　89, 220
　——構造　25
　——性障害　19, 26

科学　16
　自然——　3, 4, 231

学生相談　25, 194

語り　10, 13, 15, 26, 171, 188, 190, 222

騙り・騙る　17, 34, 81, 83, 84, 228

葛藤（する）　24, 26, 91, 163, 169, 176, 180

記述　16

境界　111, 115, 116, 120, 125, 130, 132, 137, 184
　——脆弱性　99, 131, 132, 137
　　心理学的——　132

境界例・境界性人格障害　19, 23, 26

近代科学　16

近代小説　187, 231

結節性甲状腺腫　96, 97
　——群　125, 132, 135, 137, 172, 173, 177

現実　15, 30, 84

『源氏物語』　185, 187, 188, 232

『源氏物語絵巻』　185, 187-189

甲状腺（疾患）　87, 88, 93, 137, 139, 191
　——患者　93, 99, 139
　——機能亢進症　89, 97
　——機能低下症　97
　——群　96, 132-134, 137, 173, 174, 176, 177, 184, 189, 229

[サ行]

自我境界　99, 130, 135-137, 174, 189

自己意識　222, 223, 225

自己感　130

自己関係　216

自己像　217

思春期　217, 218

主体　17, 18, 26, 179, 182, 187-189, 194, 227
　近代——　179, 180, 184, 187-189, 231, 234
　物語る——　18, 26, 84, 194, 222, 229

症例　アンナ・O嬢　8, 21

神経症　19, 20, 26, 137, 180
　——患者　132
　——群　96, 110, 132-134, 137, 171, 173, 174, 176, 228, 229
　——構造　25, 181, 182, 194

心身医学　87, 88

心身症　19, 23, 87, 88, 97, 136, 138, 174, 184, 228

身体化　90
　　神経症の水準　90
　　心身症の水準　91, 92
　　身体疾患の水準　91, 92
身体疾患　23, 87, 88, 228
　　──患者　138
『身毒丸』　16
心理療法　7, 9, 10, 18, 19, 26, 27, 84, 93, 139, 178, 188, 190, 191, 221, 234
神話　11, 232
スクールカウンセリング　25, 194
前近代の物語　188

[タ行]
第三のもの　10, 14, 15, 23, 35, 227
他者
　　内的な──　222, 224, 225
中空構造　232, 234
中世の物語　184, 185, 187, 190, 191, 231, 232
統合失調症　125, 130, 131
統合性　114, 115, 120, 133, 137, 184
『とりかへばや物語』　187, 232, 234

[ナ行]
内省（する）　171
内面　17, 18, 24-26, 59, 89, 91, 115, 116, 120, 132, 149, 150, 168, 171, 173, 174, 180, 188, 191, 194, 219, 223, 224, 228
悩まない　151, 157
悩む　136, 174, 176-178
ナラティブ・ベイスト・メディスン　17
認知−物語療法　33, 82

[ハ行]
バウムテスト　95, 98, 99, 130, 137, 138, 174, 184, 189, 190, 225
　　一線幹・一線枝　107, 115, 119, 120, 124, 129, 131
　　外空間　124, 125
　　空間倒置　133
　　内空間　111, 114-116, 120, 124, 125, 129-131, 174, 188
　　包冠線　105, 111, 116, 120, 124, 129
　　幹先端処理　101, 111, 116, 131
　　メビウスの木　115, 119, 120, 124, 129, 130, 189
　　漏斗状幹上開　115, 119, 120, 124, 129, 130
『ハウルの動く城』　219
箱庭　10, 12, 15, 26
　　──イメージ　62, 80-82
　　──物語作り法　33-35, 81, 82, 227
　　──療法　12
バセドウ病　87, 96, 97, 99, 137, 177
　　──患者　132, 186, 191
　　──群　116, 132, 135, 172, 173
パーソナリティ　90, 95
　　──検査　24
　　──構造　22, 93
発達障害　19, 26
半構造化面接　140
描画　10
病態水準（論）　20, 24, 27, 92, 96, 99, 136, 137
　　境界例水準　20, 22, 24, 136
　　神経症水準　20, 87, 96, 130, 137, 139
　　精神病水準　20, 21, 99, 130, 136

ファンタジー　15, 30, 91
風景構成法　223
分析心理学　9, 11, 12, 15, 18, 179

[マ行]
慢性甲状腺炎　96, 97
　　──群　120, 132, 135, 137, 172, 173, 177
昔話　232
物語　11, 15, 16, 18, 20-23, 179, 185, 221, 227, 234
　　──構造　11, 12, 15, 44, 80, 191
　　──的展開性　11, 13, 15, 46
物語る（こと）　9, 17, 18, 20, 25, 26, 31, 34, 35, 58, 59, 81, 84, 87, 194, 226, 227
　　──という行為　18, 38
　　──の両面性　33, 34, 57
物語れない　80, 83, 194, 222, 228, 233

[ヤ行]
夢　10, 11, 15, 91, 92, 222
　　──イメージ　12, 195

[ラ行]
リアライゼーション（realization）　15
リアリティ（reality）　15, 19, 56, 81, 82, 190, 221, 224, 228
離人
　　──感　220
　　──症　220

[ワ行]
〈私〉（という主体）　17-19, 26, 27, 30, 38, 44, 56, 58, 80, 81, 84, 179, 188, 194, 219, 221, 223, 226, 227, 233
　　──がない　221, 222, 229, 230, 233
意思する──　191, 233
近代主体としての──　182, 185
定点としての──　180, 229, 230
もう一人の──　222, 224, 225
物語る──　221
流動する──　183, 187, 229, 231

初出一覧

第1章 物語というパラダイムとその揺らぎ
終　章 〈私〉の物語としての心理療法
　▶本書のための書き下ろし

第2章 物語ることの実像——大学生における「箱庭物語作り法」の検討
　▶長谷川千紘（2010）．箱庭制作に伴う物語生成過程の検討　京都大学大学院教育学研究科紀要，56，125-137．
　▶長谷川千紘（2012）．箱庭療法における物語作り法の検討　箱庭療法学研究，24(3)，35-51をもとに加筆修正

第3章 心身症・身体疾患と物語ることの問題——甲状腺疾患における物語の検討
　▶長谷川千紘（2014）．「語り」と主体——神経症と甲状腺疾患患者における語りの構造的特徴の検討　箱庭療法学研究，26(3)，51-63をもとに加筆修正

第4章 〈私〉と物語ることの問題：物語における〈私〉の現れ——「私がない」ことを訴える青年期女性の物語の検討
　▶長谷川千紘（2015）．物語における〈私〉の現れ——「私がない」ことを訴える青年期女性の夢の検討　箱庭療法学研究，27(3)，17-27をもとに加筆修正

謝　辞

　本書は、2014年3月に京都大学大学院教育学研究科より博士（教育学）の学位を授与された学位論文『心理臨床場面における物語の位相――パラダイムとしての「物語」の再検討』に基づいたものです。「箱庭療法学モノグラフ」の一冊として出版されるにあたり、一般社団法人日本箱庭療法学会2015年度木村晴子記念基金による学術論文出版助成を受けました。

　本書が成立するまでには、たいへん多くの方々にお力添えをいただきました。
　京都大学大学院教育学研究科の桑原知子先生には、学部生の頃より長年にわたりご指導をいただきました。何かに迷って先生の研究室に伺うたび、とても印象的な一言を必ず残してくださり、それに導かれて進んできた学生時代であったように感じています。博士論文執筆にあたっては、まったく形にならない草案を抱えて右往左往するばかりの筆者を最後まで温かく励ましてくださいました。心理臨床の道を歩み始める過程を見守ってくださいました桑原先生に、心よりお礼申し上げます。
　京都大学こころの未来研究センターの河合俊雄先生には、センターの研究員であった間に、心理臨床や研究に向かい合われる先生の姿を間近にし、多くのことを学ばせていただきました。こころの未来研究センターで過ごした2年半は、興味深く刺激的なアイディアに触れ、時に震えるようなこころの深みに出会うことになった、たいへん貴重な時間でした。また、京都大学大学院教育学研究科の田中康裕先生には、ケース・カンファレンスや研究会を通して、たくさんのご示唆をいただきました。本質を貫く先生のコメントに触れるたびに、日々の心理療法においてこころの動きを見通す視点をもつことの大切さを学びました。このような機会を与えてくださり、日々の臨床や研究

の道を開いてくださいました河合先生、田中先生に、深く感謝申し上げます。

そして、調査にご協力くださった協力者の皆様、心理療法のなかで多くのことを教えてくださったAさんに感謝いたします。一人ひとりの「物語」に出会い、考えてきたことすべてが、本研究の底流をなしているように思います。

また、調査研究の場を与えていただいた各臨床機関の先生方、京都大学こころの未来研究センターの「甲状腺疾患におけるこころの働きとケア」プロジェクトにおいてご指導・ご助力をいただきました神甲会隈病院の田中美香先生、金山由美先生、桑原晴子先生、深尾篤嗣先生、梅村高太郎さん、鍛治まどかさん、西垣紀子さん、同センターの先輩で臨床の研究とともに日々たくさんのお話をさせていただきました畑中千紘さんにもこの場を借りてお礼申し上げます。

本書の刊行にあたっては、創元社心理学術事業部の柏原隆宏さん、小林晃子さんにたいへんお世話になりました。筆の遅い筆者を、細やかな心配りのもと、現実的に支えていただきました。多大なるご助力に改めてお礼申し上げます。

最後に、「物語好き」の環境を育み、ここまで見守り続けてくれた両親と姉妹にも感謝の気持ちを伝えたいと思います。

※本書第3章は、JSPS科学研究費補助金（若手研究B研究課題番号25780411）の補助を受けました。

2015年9月

長谷川 千紘

著　者──長谷川千紘（はせがわ・ちひろ）

1983年9月、愛知県生まれ。2011年、京都大学大学院教育学研究科博士後期課程研究指導認定退学。京都大学こころの未来研究センター上廣こころ学研究部門研究員を経て、現在、京都文教大学臨床心理学部講師。博士（教育学）。臨床心理士。専門は臨床心理学。
論文に「箱庭療法における物語作り法の検討」（箱庭療法学研究, 24(3), 35-51, 2012年）、「『語り』と主体──神経症と甲状腺疾患患者における語りの構造的特徴の検討」（箱庭療法学研究, 26(3), 51-63, 2014年）、「物語における〈私〉の現れ──「私がない」ことを訴える青年期女性の夢の検討」（箱庭療法学研究, 27(3), 17-27, 2015年）、「Psychological characteristics of the NEO-FFI and the tree drawing test in patients with thyroid disease」（*Psychologia*, 56(2), 138-153, 2013年, 共著）など。

箱庭療法学モノグラフ
第4巻

物語ることと〈私〉
心理療法における物語の可能性

2015年10月10日　第1版第1刷発行

著　者────長谷川千紘
発行者────矢部敬一
発行所────株式会社 創元社
〈本　　社〉
〒541-0047　大阪市中央区淡路町4-3-6
TEL.06-6231-9010(代)　FAX.06-6233-3111(代)
〈東京支店〉
〒162-0825　東京都新宿区神楽坂4-3 煉瓦塔ビル
TEL.03-3269-1051
http://www.sogensha.co.jp/
印刷所────株式会社 太洋社

©2015, Printed in Japan
ISBN978-4-422-11474-3 C3311
〈検印廃止〉
落丁・乱丁のときはお取り替えいたします。

装丁・本文デザイン　長井究衡

JCOPY 〈(社)出版者著作権管理機構 委託出版物〉
本書の無断複写は著作権法上での例外を除き禁じられています。複写される場合は、そのつど事前に、(社)出版者著作権管理機構(電話 03-3513-6969、FAX 03-3513-6979、e-mail: info@jcopy.or.jp)の許諾を得てください。